上海教师教育丛书

知会书系

站稳讲台

新教师行动手册

杨杰 主编

上海教育出版社
SHANGHAI EDUCATIONAL PUBLISHING HOUSE

上海教师教育丛书编委会

本书编委会

主　编　杨　杰

编　委　（以姓氏笔画为序）

王艳峰　刘友霞　吴华清　吴　洁

孟　备　周　萍　周　婷　赵　群

胡风云　钱铁男　黄颂康　蔡盈盈

总 序

教育改革的步伐已经进入了关注教师发展的新阶段。不是因为课程改革已陷于制度性疲倦，不是因为评价改革终将受制于社会发展的瓶颈，也不是因为我们拥有超过千万的中小幼教师队伍，每年有数十万计的青年人正在进入这个领域。课程也好，评价也罢，根本上它们都内在于教师。拥抱“教师的年代”，不在于讨论有多少以教职为生计的人，而在于如何拥有师者的内在品质，值得学生效法，使自己从一名教者成长为一名真正的师者。

关注教师是国际教育改革的普遍趋势

制度化教育确立以来，课程长期占据着学校教育的中心地位。直到20世纪60年代，国际教育界才开始把视线转向教师。这是由于课程、教学、评价、管理这些学校层面的所有改革，最终都离不开教师。尽管半个世纪以来，教师职业到底算不算专业还存有不同的看法，但关于教师的专业化问题持续受到广泛关注。

中国向来具有别于西方的教育传统。中国古代教育有重教师、轻课程的传统，唯这种传统并未演化成现代意义上的教与学的机制，更未形成制度化的学校，因此循着传道授业解惑的路径发展教师素养的希冀，愿望虽好，但缺少登梯之阶，难以形成规范。近年来，随着教育国际交流的增进，尤其是上海学生在PISA项目中的表现，引来国际社会对中国教师组织化程度经验的关注，其中教研组和集体备课被认为是两大亮点。因为在西方，教师的教学行为被认为是从属于个人的专业行为，即便是同行也不得任意干预，可以想见，其结果便影响到授业与指导经验的传播。问题是，中国学校教研组的形式究竟以怎样的方式引导教师提升专业能力，尚缺乏充分的论证和公认的成果。理论上来说，一个组织如果确实发生了影响，既有可能是正面积极的，也有可能是负面消极的。教研组对于教师的影响，既未被证实也未被证伪，能否成为经验尚待科学论证。至于集体备课，不久前在上海对近八千名中小学幼儿园教师所进行的问卷调研显示，面对庞杂的课程事实和众说纷纭的教师要求，一大批成长期的教师从茫然不知所措,到随波逐流;而所谓"成熟期"的教师则顾影自怜地停留在自我经验的世界中,真正知识讲授型教师则难觅踪影。教师发展的局限已成为深化课程改革的短板,这样的局面不改变,教育质量有大滑坡的风险。

教师的成熟需要积累丰富的社会实践

在汉语中,我们把师者称为"老师",一般解释其中的"老"无义,表尊敬。其实《荀子·致士》中强调了做老师有四个条件,其中一条曰"耆艾而信,可以为师"。古人把五十岁的人称为"艾",把六十岁的人称为"耆",把七十岁的人称为"老"。这或是"老师"称谓的早期由来。可见,年龄本是成为教师的一项先决的基本条件。只是在制度化教育出现以后,尤其是以分科为特征的知识传授成为学习的基本形式形成以来,这种年龄的限制才被取消。

古人为什么会对为师者设置年龄限制?是因为教师的职业属性是一名"杂家",这样的"杂家"不经过长期的、丰富的社会实践积累,是难以炼成的。在今人眼里,"杂家"似乎意味着专业程度低人一等。其实,无论是在古代中国还是在近代西方,强调的都是社会中的个体应具备多方面的才能。孔子所谓的"君子不器"不是在谈"杂家"吗?而马克思关于人的全面发展又何尝不是在谈"杂家"呢?及至当代,"把一个人在体力、智力、情绪、伦理各方面的因素综合起来,使他成为一个完善的人,这就是对教育基本目的的一个广义的界说"(《学会生存》)。这句话表明"杂家"较之于"专家"更近于"完善的人"。教师面对的是多姿多彩的学生,每个学生都有各自的阅历,他们的家庭、他们的生活、他们的所见所闻都不尽相同,每个学生都是一个完整的世界,每个学生又都是一个独特的世界。教师要想成为学生精神生活的指引者,自己必须是一个精神生活丰富的人。而精神生活丰富的基础就是有渊博的知识,不仅是专业知识,而且是与之相关的各方面的知识。

岗位成长已成为教师专业发展的共识

我们拥有成熟的师范教育体系,拥有完备的教师任职制度,是否就意味着我们拥有了优秀教师的培养机制?想要回答这一问题,须明了教师是师范院校培养的吗?教师资格认证制度是从教的当然资质吗?

教师知识与技能的习得途径主要有三种:一是书本阅读,二是课堂知识传授,三是实践体悟。前两种可以通过岗前培养与训练获得,后一种则需要在岗锻炼习得。这就意味着，一名真正合格的教师无法在职前培养中完成，亦无法依靠教师资格认证制度自然解决。这也可以解释为什么近年来相当数量的示范性高中多从综合性大学招收新任教师，是示范性高中教学要求低，还是这些学校无视教育的专业属性？答案显然不是。教师的专业性主要不在于“知”，而在于“行”，即一名教师在从教岗位上的实践、探索、体验、反省和觉悟。可以认为，教师是在岗位实践中自我型塑的，师范院校也好，综合性大学也罢，都不过是为一名教师从教所做的预判性准备。

所谓教学，不是教师从书本上把知识搬家一样送到学生面前，它必须融入教师自己的透彻理解，没有教师的透彻理解很难有学生的透彻理解，以其昏昏使人昭昭的事在教育上是难以发生的。在教师透彻理解的基础上，还必须考虑知识传授的方法。采取什么样的方法，除了教师的个人喜好外，还涉及知识的难易程度、学生的接受程度以及教学资源的承受能力等因素，取舍之间，包蕴着非常丰富的个性化知识。一名真正的优秀教师拥有丰富的个性化知识，犹如中医问诊中的察颜把脉。这种知识无法仅仅通过书本研读和知识传授获得，需要通过实践不断揣摩，从而得到一种内化了的知识。显然，它是一种非常个人化的特殊知识，需要教师在对每个学生“辨症”施教中不断积累，其习得主要依赖于教师的个人努力。由此，可以得到一条简单而又明确的结论：帮助一名从教者，使之成为一名真正的师者。可以说，帮助数以千万计的从教者，使其早日成长为师者，这是今日中国教师教育领域的一项重大课题。

助推教师成为教育的思想者、研究者、实践者和创新者

国家兴旺，教育为本；教育优先，教师为基。持续了半个世纪的教育改革浪潮把教师发展推到了历史的前台。在当代教育的历史进程中，教师不是单纯的任务执行者，而是教育的思想者、研究者、实践者和创新者。在专业发展的路径上，教师的主体地位、精神和意识得到了时代的推崇，教师专业化发展和对教师的重新发现将对教育产生重大影响。可以说，教师问题的重要性已无须讨论，而应考虑如何实践。

新一轮课程改革呼唤着教师创造性地施行教与学的行为。吊诡的是，一大批被应试熏陶出来的青年走上讲坛，他们却被要求培养有创新能力的学生。面对变化了的教学材料和教学要求，是施教者的一脸迷茫和不知所措。英国教育

家沛西·能曾说过,教师是学生学习的最大动力。问题是,迷茫中的施教者如何才能让自己成为学生学习的动力呢?

基于上述认识,由上海市师资培训中心主持,联合上海师范大学、华东师范大学以及上海教育出版社等单位,倾力研发并打造了这套"上海教师教育丛书"。本丛书由"知会书系""知新书系"和"知困书系"三部分构成,分别聚焦新教师的教学规范、校本的教师研修经验以及优秀教师的成长启示,旨在从岗位上助推有资历和创造性的教师成长,这是我们的理想和愿望。

鉴于本书系不仅是上海也是国内自改革开放以来第一次全面系统开发的教师在岗培训教材,限于能力和水平,在编写过程中尚有诸多局限和不足,乞教于方家,不吝批评指正!

上海教师教育丛书编委会

2017年4月

前　言

先站稳　再站高

为了进一步加强基础教育教师队伍建设，筑高入职门槛、夯实职初教师专业基础，2011 年 9 月，教育部要求上海市教委探索试点见习教师规范化培训工作，我区荣幸地成为四个试点区之一。在市教委人事处的指导下，区教育局行政推进、区教育学院专业支持、各基地学校积极主动发展三力合一，率先探索了区域见习教师规范化培训工作的组织和实施，积累了一些有益的经验。2012 年 4 月 11 日下午，上海市中小学(幼儿园)见习教师规范化培训启动大会在我区晋元高级中学隆重举行，时任市政府副秘书长翁铁慧、市教委主任薛明扬等领导，各区教育局、教育学院领导及相关学校校长、教师代表近 400 人参加了会议。我区代表聚焦区域见习教师规范化培训的有效管理作了题为“建规范 重落实 显成效”的大会发言，我区曹杨二中、晋元高级中学、江宁学校、华师大附小、上海市实验幼儿园成为上海市首批教师专业发展示范校(全市共 20 所)。本次会议标志着见习教师规范化培训将作为教师队伍系统建设和在职培训的重要一环，在全市各区全面推行。

从 2011 年开始试点到 2019 年 6 月，我区共有 1851 位见习教师参加了规范化培训。基于区情和校情，聚焦培训的针对性和实效性，我们先后探索和总结了脱产岗前培训、互动网络研修、正高级教师报告、骨干教师特训和“新蕾杯”评优展示的“4+1”培训模式以及基地校和录用校“双导师制”等做法，取得了较好的成效。经过规范化培训的见习教师的职业素养和专业基础有较快的提升，获得用人学校的普遍好评，很多教师在全市的见习教师技能评优展示活动中获得较好成绩，全区有 23 所各年段学校获评成为市、区两级教师专业发展学校。

我区在实施见习教师规范培训的过程中，发现随着社会、经济的发展，以独生子女为主体的见习教师队伍呈现出许多不同于前辈教师的特点。他们的成长与发展，受到诸多主客观因素的制约，对教师职业的热爱和认可度、对教师工作的责任心和积极性、师范类和非师范类专业的来源差异等，这些因素使得他们在课标教材的研读、教学设计和课堂管理、师生关系和家校互动等方面显露出一些普遍性问题。针对这些问题，我院培训中心、教研室、德育室、科研室、图情中心等部门的部分专业人员围绕新教师应怎样正确理解教师的工作特点与职业价值、怎样解读课标教材并进行有效的教学设计和学案设计、怎样与学生有效沟通管理好课堂与班级、怎样规划自身的教师职业生涯发展等方面的问题进行了深入的梳理与研讨。本书在上述基础之上，结合市教委人事处见习教师"四个模块18个要点"的培训要求(职业感悟与师德修养、课堂经历与教学实践、班级工作与德育体验、教学研究与专业发展)，从职业生涯规划、师德修养加强、课堂教学规范、班级管理体验、教育科研开展等方面进行了理论与实务相结合的阐述。

本手册力图以高起点、高标准引领新教师入"行"，用规范化、科学化推动新教师懂"行"，用专业化、优质化促进新教师专"行"，使见习教师尽快"入门"，站稳讲台。希望能为见习教师提供以下三方面的指导和经验。

全面性。将见习教师规范化培训"四个模块"的内容与要求，经历这18个要点的过程或完成这18个要点的有关任务贯穿其中。

经验性。根据区域各专业发展学校提供的案例、课例、问卷调查、访谈、视频等素材，梳理和提炼多年积累的经验与做法，力图体现规范，注重实效，创造空间。

操作性。阐述的内容有"概念"有"策略"、有"步骤"有"建议"，可以按照一定的规范和要领进行实践操作，从模仿走向内化。

对于见习教师的规范化培训以及新教师的专业发展，志存高远固然重要，但千里之行始于足下，迈出脚踏实地的第一步更重要。只有迈好第一步，才能继续努力攀登到专业发展的更高处。倘若本书能够为一届届见习教师顺利完成规范化培训出一点力，能够为职初教师的专业发展提供一点帮助，我们将不胜欣慰。

本书的编写，得到了吴国平、宁彦锋等专家的精心指导，得到了上海市师资培训中心和上海教育出版社的大力支持，在此致以衷心感谢，并期盼能够得到广大读者、同行、专家的批评指正。

杨　杰

2019年6月

目　　录

第一章　规划职业生涯 …… 1

第一节　新教师职业规划的准备 …… 3

第二节　新教师职业规划的制定 …… 12

第三节　新教师职业规划的执行 …… 23

第二章　加强师德修养 …… 37

第一节　正确认识师德内涵 …… 39

第二节　严格遵循师德规范 …… 43

第三节　掌握师德养成关键 …… 63

第三章　规范课堂教学(上) …… 67

第一节　研读课程标准 …… 69

第二节　进行教学设计 …… 96

第四章　规范课堂教学(下) …… 113

第一节　开展教学活动 …… 115

第二节　实施教学评估 …… 147

第五章　体验班级管理 …… 161

第一节　认识班级的教育功能 …… 163

第二节　担当班主任的多重角色…………………………………… 168
第三节　带领学生共同成长…………………………………………… 173
第四节　携手家长合力育人…………………………………………… 186

第六章　研究助力成长……………………………………………………… 199
第一节　学做校本教研………………………………………………… 201
第二节　学会专业阅读………………………………………………… 211
第三节　掌握研究方法………………………………………………… 221

后　记……………………………………………………………………… 244

第一章

规划职业生涯

选择了做教师，就意味着开始了一种新的生涯，意味着人生的角色除了家庭角色、社会角色之外，还将拥有“教师”这一职业角色，并且这个职业角色还将对家庭和社会角色产生影响，甚至将改变我们的整个生命过程。人生在世，有人活得精彩，有人活得黯淡，这固然与机遇、环境、能力等相关，还有非常重要的一点是能否合理地规划和管理自己的职业生涯。本章主要针对新教师，谈谈关于准备、设计、执行教师职业生涯规划的一些概念和理论、步骤和技术、策略和要点。

第一节 新教师职业规划的准备

一、认识教师职业生涯规划

（一）教师职业生涯规划的意义

教师职业生涯规划，就是作为教师的个人依据自身的实际情况以及周围环境的客观条件，规划出适合自己的发展目标、预期成就和行动方案，最大限度发挥自身的潜力，以期体验教师职业生涯中应有的幸福和快乐。

也许有人认为，教师的工作相对稳定、有规律，甚至比较单纯，有没有生涯规划都无所谓，这是对教师这一职业独特而丰富的生涯体验的误解。凡事“预则立，不预则废”，新教师如果缺乏职业追求目标，无视自身和所处环境的优劣，很可能在一段热情过后陷入迷茫，遇到困难和挫折就打退堂鼓，职业倦怠也会早早降临，很难体验教师职业生命中的精彩。简单来说，教师职业生涯规划的意义在于以下几点。

1. 有助于教师确立目标，主动发展自身

现代教师发展理论告诉我们，教师是一个持续发展、终身发展的职业。尤其是在飞速发展的现代社会，教师不能单纯遵循“学校要求—学校组织—教师实践—总结提升”这样的传统模式，而应该走“自我认知和反思—制定生涯规划—理论学习和准备—实践和行动研究—总结提升”这一新型发展之路。前者是被动发展，对自己要达到什么目标、通过哪些阶段达到目标、自己现在处于什么阶段等问题均模糊不清，没有考虑。后者是主动发展，对自己过去、现在和将来做什么、为什么做、怎么做有较清晰的认识，所以后者的专业生涯更自觉，发展更快，归属感和幸福感也会更强。

2. 有助于教师适应快速发展的社会需求和教育环境

现代社会发展一日千里，知识和信息过几年也许就已经陈旧淘汰，技术和能力刚学会可能又落伍了，面对的学生也跟自己做学生时的状况完全不同。更考验人的是，整个社会对教育、对教师的期望和要求越来越多元复杂。“靠一支粉笔一本书混一辈子教师”已然是一个“神话”,教师必须对自己面临的挑战有思想准备和通盘考虑。生涯规划是保证教师终身学习、持续进步的推进器。

3. 有助于缓解教师的职业倦怠

职业倦怠是指个体无法应付外界超出个人能力和资源的过度要求而产生的身心耗竭状态。如果没有生涯规划的引导和激励,教师的教学水平和能力很容易处在“高原期”,缺乏成就感和发展感,职业倦怠和退缩也会很快出现。

(二)教师职业生涯阶段

任何职业都有其固有的生涯规律可循,教师职业也一样,都要经历最初的彷徨、选择到漫长的探索,经历职业“高原期”,步入再适应阶段,最后淡出、退休。了解一些教师职业生涯的阶段理论,可以帮助新教师尽快适应教师生活,做好自己的生涯规划。

1. 教师专业发展的阶段划分

教师的职业生涯过程就是其专业发展的过程。千千万万教师的成长,总是从生疏到熟练,有一部分教师最终走向卓越。国内学者在分析优秀教师的成长过程时,通常用新手型、熟手型、专家型教师进行阶段划分。新手型教师——完成从学生到教师的过渡,全面进入教师角色;熟手型教师——已经高度认同教师的职业价值,不断构建自身的经验体系,自身的工作能力和业务素质均得到很大提高;专家型教师——一般具备先进的教学理念,形成了自己个性化的教学风格,拥有丰富而突出的科研成果和较高的社会地位。

每位教师面临的环境不同、个性禀赋不同、各自选择不同,经历的生涯历程也是千变万化、起伏不平。不是每位教师都会自动经历上述阶段或周期,半路出局、一蹶不振者不乏其例。即便是优秀教师,也可能经历过职业倦怠期。可能大部分教师未能达到出类拔萃的境界就退休了。有的从教几十年,始终停滞在“熟练工”的水平,渐渐失去当初对教育的那份热忱;有的甚至长期处于职业倦怠状态,日复一日的枯燥工作成为心理负担,埋怨学校、埋怨学生和家长,盼望早日退休。这些都不是新教师的愿景。命运眷顾有备者,在每个阶段、每个时期规划好自己的下一程,教师的教育生涯就有了指向成功的导航器。

2. 新时代新手教师专业发展特点

新手教师是相对于老教师、成熟教师而言,“新”并不意味着一张白纸从头开始,新教师应看到自己身处快速发展的新时代,过去所受的教育、当前面临的社会、学校乃至家庭环境对加快自身专业成长的优势。成长于新时代的新手教师,有以下一些特点。

(1) 起点高,环境优

新时代成长起来的新教师,接受了新知识、新观念、新技术的系统教育,加上加速现代化进程中的社会环境影响,他们的起点普遍比过去的新教师更高。这就为新时代的新教师向理念先进、视野开阔、充满智慧的高素质人才发展奠定了基础。大部分新手教师在校学习时便掌握了比老教师更多、更熟练的现代信息技术和网络手段,这对刚走上教育岗位的教师提升从教信心有极大的帮助,也更易于通过现代教育技术手段改善课堂教学,提升效能。尤其是生活在大城市的教师,在理念转变、信息获取等方面具有先天优势,跨文化交流、国际合作办学、出国考察等机会也比较多,为在职教师的专业发展塑造了激励和促进的外在环境。

(2) 对社会转型时期的学生更容易接近和理解

目前城市的中小学生与过去相比有很大的区别,不仅表现在身体形态、神经系统和性发育方面,也表现在见识广、思维活跃、价值观多元,独生子女家庭教育背景下的心理和习惯问题比较突出,连一些老教师也感觉现在的孩子不好教。刚从学校毕业走上教师岗位的新手教师,在完成学生角色到教师角色转换的同时,对其所面临的学生的心态较为熟悉,也就更能在理解的基础上接近自己的学生,跟他们交心,有利于解决问题。这给新手教师快速适应教书育人的工作,步入专业成长的轨道提供了有利条件。

当然,新时代成长起来的新教师,也许本身也带有学生时代的一些特征,也许也怕苦不能受挫折,有工作压力和经济压力造成的心理问题,等等。但只要对此有清晰的认识,不断向老教师请教学习,这些问题都可以很快扭转。就上海市普陀区近几年开展见习教师规范化培训的情况来看,经过一年的培训,新教师都能快速转换角色,走出专业发展扎实的第一步,有不少新教师入职1—3 年便成为"教坛新秀",有的甚至成为学校骨干。

二、做好教师生涯规划准备

新教师的职业生涯规划并不是一进入教学岗位就可以马上设计完成的,即使是从师范院校毕业有过一段教学实习经验的新教师也往往对教育究竟是什么仍然懵懂无知。作为新教师,着手规划自己的教育人生之前,必须作好相应的准备,包括教育教学的深入实践和体验,以及对职业规划的正确认识。

(一) 直面职初阶段的困惑

大部分新教师入职之初都会产生很多困惑,这些困惑会直接影响到自身职业生涯规划的制定。在上海市武宁路小学参加见习培训的邬老师是一名入职才半年的新教师,她的困惑或许会引起许多新教师的共鸣。

【案例】

邬老师的困惑①

可能在许多老教师眼里,我还未完全脱去稚气或是校园带给我的书卷气,现在我却要以一名师长的身份来爱孩子们。这样的定位我还没有完全适应,或者说经验和阅历上的不足让我在拿捏和孩子们相处时的距离上存在一些迷思。

我一直想要与孩子们形成"亦师亦友"的师生关系,希望既能在上课时传授知识和人生的道理,也能在课余时间分享他们生活中的欢乐与挫折。

上班的第一个星期,我就发现下课时许多小朋友喜欢走到讲台边来跟我交谈。交谈的内容几乎无所不包,不管是有关上课时不太清楚的知识,还是生活上的一些琐事,都透露着他们对我的好奇和想要接近我这个看上去像"大姐姐"的小老师的意图。甚至我的穿着打扮或是身上的一些细节都是他们关注的焦点,他们会问"老师,你今天为什么没有戴眼镜呢?"或是"老师,你怎么最近发痘痘了?"我总是非常愿意回答他们的每一个问题,那时我会有一种获得了孩子们珍贵友谊的幸福感和成就感。

可是,渐渐地我发现孩子们对我似乎少了一些像对老教师那样的敬畏,多了一些轻慢的味道,对我提出的要求也不能很好地执行,总觉得有和我商量的余地,或是觉得就算不做到我也不会严厉地批评或惩罚他们,因为我更多时候是那个亲切的"大姐姐"而不是威严的老师。

意识到这一点之后,我仔细观察了其他老师和孩子们的相处模式。我

① 本案例由上海市武宁路小学提供,有改编。

发现他们并不是一味地接近孩子们，而是跟他们保持一定的距离。孩子们对他们既敬畏又有些想要亲近。他们有许许多多对待孩子的“秘诀”，总能找到最佳的方法处理每天发生的琐事；他们既维护着教师的权威地位，也能让孩子们感受到老师的亲切和良苦用心。

可以看出，邬老师是一位具有教育理想和热情的教师，在处理与学生的关系上遭遇了困惑，而且其困惑非常具有普遍性——想跟学生打成一片，赢得了“友谊”却丧失了“威严”，影响到班级管理和上课效果；满腔热情想要成为理想的“师长”，却感觉缺少“拿捏”的本事和“秘诀”，于是最初的热情就会慢慢消退。从老教师与孩子们的“相处模式”中，反衬出自己“经验和阅历的不足”，邬老师看到的不仅是与孩子相处的距离，也是自己与经验丰富的老教师之间的距离，这些距离难免会让其产生“迷思”。

当然，邬老师没有回避这个问题，她很快从“迷思”转入了“反思”——主动观察老教师的行为方式，同自己进行比较，研究他们处理学生关系的“秘诀”。这就是一种正视自己作为新手的不足的态度。如果再进一步，能够从如何处理学生关系的技术层面，深入到如何教书育人的层面理解，她便能实现新的跨越。正如子夏形容他的老师孔子时说的，“望之俨然，即之也温，听其言也厉”，这种“温而厉”，正是新教师要追求的师生关系。

其实，这些还只是班级管理和学生工作的一个侧面，新教师在最初的1—3年适应期内，遇到的问题远不止这些。例如，自己花了大量的心血进行备课，却连自己都觉得索然无味，再看看老教师的课堂效果，心理落差和压力越来越大。大学里学的教育学、心理学似乎都用不上，对课堂上千变万化的情况应对乏术；面对学生家长、同事、领导时，感觉备受关注、压力巨大，等等。

困惑是不可回避的客观存在。如何才能直面困惑和压力，及早扭转局面？怎样通过反省自身，调整心态，尽快熟悉环境、取得同伴的帮助？这些都需要教师思考今后立足于教坛的行动方案——制定第一份初涉教坛的三年生涯规划。

（二）职业生涯规划的前提

新教师制定职业生涯规划，大多是其生命成长中的第一次，需要特别慎重。那么，在着手制定职业生涯规划前，应该做好哪些准备？概括起来有以下几方面的前提条件。

1. 树立正确的职业理想

一个人选择怎样的职业，为什么选择这个职业，通常是以其职业理想为出发点的。这个职业理想将在其职业生涯规划的设计过程中起着调节和指南的作用。新教师必须对自己选择教师职业的动因进行审视。也许你最初的那个选择理由看起来不是那么高大上——“我喜欢跟孩子在一起”“做老师受人尊敬”“当老师工作比较稳定，有寒暑假”。这还不是你真正的职业理想和追求目标，任何人的职业理想必然要受到社会环境、社会现实的影响和制约，有这些动因并没错，经过一段时间的职业熟悉了解，把你的选择理由跟社会需求、人民利益联系起来，才能真正树立起正确的个人志向和职业理想。

2. 经历一段必要的职业实践

对于新上岗的教师而言，通常需要半年到一年的教学实践，对教师职业有了基本的身份认同，对教育教学常规有一个初步的了解掌握，培养了一定的实践能力，经历了一些课内课外的磨炼摔打，这个时候就基本清楚自己所面临的职业究竟是什么以及今后该如何面对，规划奋斗的目标时就有了方向。

3. 掌握一定的分析方法

主要应掌握科学的自我分析方法和职业环境分析方法。要对自己的兴趣、气质、性格、能力等进行全面认识，弄清自己的优势和特长、劣势和不足。同时，要了解自己所处的区域、学校、岗位的环境条件，了解教育发展的前景、需要的特殊能力，等等。正所谓“知己知彼，百战不殆”，只有正确地认识自己和自己所处的位置环境，才能确定今后要去的方向和目的地。有关这方面的分析技术，将在后文中介绍。

4. 寻求学校和同伴的支持

经过半年到一年的实践，新教师对学校环境和同事有了一定的了解，学校的历史文化、办学理念、发展方向以及周围同事都对新教师产生着潜移默化的影响。在准备做第一份职业规划时，如果能够适应学校发展的愿景和规划，尽可能与学校对教师的要求和发展目标同步，并进一步取得学校领导和一些经验丰富的优秀教师的支持，在这种情形下所做的第一份职业生涯规划，就会同学校发展规划产生“共振效应”。

5. 具备务实的态度和实干的精神

职业规划是关系到教师专业走向的大事，特别是新教师的第一份规划，既不能脱离实际地无限拔高，建筑空中楼阁，也不能敷衍了事，作为任务应付。学校方面需要郑重其事地予以支持和指导，新教师需要以满腔的热情和实事求是的专业精神来对待。如果没有务实的态度和真实的渴望，说明制定职业规划的条件尚未具备。

6. 选择生涯规划的合适类型和时机

教师职业生涯规划并非一纸定终身，而是分阶段制定的。规划所包含的时间长度短则一到三年，长则五年乃至十年，容量、形式等也因人因时而异。在上海这样的大城市中，新教师本身起点较高，经历了一学年的见习期以后，一般建议在老教师的指导下，制定一个三年规划，主要针对适应期的自身专业发展，争取三年内打下教育教学的基本功，能够站稳讲台、熟悉学校生活。上海市开展的见习教师规范化培训中有一项要求，即在见习后期撰写提交一份自身专业发展三年计划，实际上它就是新教师的第一份生涯规划。可见制定生涯规划比较有利的时机是在从教半年到一年之间，这是上述几个条件都基本成熟的时机。

（三）主动规划教师生涯

教师的职业生涯规划不是为写而写，也不是为完成领导交代的任务而写，是为了自己追求教师生涯的圆满和成功而写。只有明白了什么是成功的教师生涯，才能主动自觉地规划通向成功的路线图。

1. 怎样的教师生涯是成功的

通常对于一个人的职业生涯是否成功，人们有不同的判断标准。有的注重社会评价——那些可测量可比较的东西，如薪金、职位等；有的则注重于自己的内心感受，依据是否在工作中达到了个人期望值来判断，即以职业满意度为评判标准。同样，教师职业生涯的成功与否，既有外部的客观标准，也有内部的主观标准。外部客观标准，往往是指职称、职务、报酬、荣誉、地位，等等。内部的主观标准，则是指教师自主发展的水平、个人职业的体验、学生的肯定和社会的尊重等。

影响教师职业生涯成功与否，有哪些重要因素？总的来说，也分内外两方面——个人因素和环境因素。

个人因素方面，首先是个人专业知识和专业能力的储备和提升。专业知识既包括学科知识,又包括教学知识(如何教的知识)、经验知识(实践经验)。其中经验知识是教师走上工作岗位后亲历体验积累的默会知识,老教师之所以教学效果好主要是因为经验知识丰富。专业能力则包括语言表达、组织管理、沟通等能力。其次,个人的性格特征也影响着职业成功。教师的良好性格应包括独立性(独立处理问题、有主见)、热情开朗(朝气蓬勃、与人为善、关怀他人)、耐心细致(诲人不倦、毅力坚韧)。最后也是最重要的,教师要有正确的职业价值观,要能够从职业信念中获得激励和力量,能够从职业满意度中获得快乐和幸福。

环境因素方面,主要指学校的校风校貌和体制制度以及学校对个人专业发展的支持,如学校的整体风气、人际关系、教师评价制度、培训进修的保障制度。如果学校经常提供教师外出观摩研讨的机会,经常邀请名师和专家学者来校讲学,经常提供教师接受新任务的挑战机会,那么教师成功的概率会有大幅提升。另外,环境因素还包括社会大环境、家长对教师的期望、教师自身的家庭环境等。

认识这些影响教师职业生涯成功的因素,便于教师正确分析并把握自己的生涯特点和走向,主动规划自己的职业生涯。

2. 如何主动规划教师职业生涯

主动规划自己的职业生涯,应注意以下几个方面。

(1) 切合自身实际

首先,目标精准、水平适度。正如篮球架的设置高度,既不是高不可攀,又不是触手可及,而是要根据自己的“身高”条件“跳一跳,够得着”。其次,扬长避短、梯度合理。了解自己的优势和劣势在哪里,如兴趣、爱好、特长、脾气、性格等方面,有的放矢地策划行动方案。也可以将职业生涯目标分解为若干阶段,每个时间段有较明确的起点和终点。

(2) 置身时代发展

教师的职业历程总是跟整个国家和时代的发展紧密相关,教师必须具有与时代发展合拍的时代精神,把自己置身于时代前行的洪流中。作为新教师,不能无视教育所处大环境的时代要求,教师制定生涯规划时,应以国家战略、城市目标为参照。十几年后,现在的新手型教师大多会成长为熟手型教师,有的会成长为专家型教师,成为教育领域中的主力军。那时候的教师是否能在专业水平、信息素养、国际视野、创新能力和综合素质等方面真正达到国际一流水平,与当下新教师所制定的生涯规划有很大关系。

(3) 聚焦专业成长

教师的生涯经历离不开专业成长,教师生涯规划要聚焦于自身的专业化实现。首先,从外部讲要符合国家的专业标准。我国在2012年颁布了幼儿园、小学、中学教师的专业标准,如中学教师的专业标准包括“专业理念和师德”“专业知识”“专业能力”共3个维度14个领域63条基本要求,中学教师的职业发展基本上就是向这些标准努力的过程。其次,从内部讲要实现教师的专业自我和归属。教师的归属感是个人对学校的一种依赖、一种信任,是一个心灵的居所。这种归属感使教师对教育事业产生高度的信任和深深的眷恋,从而在潜意识里将自己融入教育事业和学校的具体教育教学工作中,将教育事业作为自己从事工作的出发点和归结点。

(4) 融入区域环境

区域环境对于新手教师的快速成长具有不可低估的促进作用,好的区域环境能使新教师“在成长的道路上少走弯路,踏上一条捷径”。上海市每年都要对招聘入职的新教师进行为期一年的见习教师规范化培训,内容包括职业感悟与师德修养、课堂经历与教学实践、班级工作与育德体验、教研与专业发展四个方面。新教师在一年的见习期里,一半时间到指定的基地学校由见习导师带教学习,一半时间在自己聘任的学校岗位实践。培训方式既有集中培训也有个别带教,其中以个别带教为主;既有线上活动也有现场活动,其中以现场活动为主。基地学校都是市、区两级教师专业发展学校,大都师资力量强大、教育资源雄厚、软硬件配置齐全。每位新教师在基地学校均配备有学科教学和班主任工作两名指导教师,实行“浸润式”“高起点”的上岗培训,为新教师快速适应教育教学工作、打下扎实基本功营造了“富营养”的区域环境。对新教师自身来说,应该主动融入这样的环境氛围。这一年,虽然要奔波于两校之间,要按既定规范完成各种任务,但相较于“走弯路”“走长路”,这样的汗水和付出是值得的。

综上所述,对于新教师如何做好规划前的准备,归纳起来无非是三条:端正职业理想和愿景、树立切实合理的目标、明确学校和时代的需要。需要重点思考的有以下几个方面:(1)“我是谁?”——端正自己的理想,清晰自己的角色,分析自身的长短,明确自己的目标;(2)“我在哪里?”——包括我的心灵居所在何处,我有没有务实真干的心理准备,我目前的专业状况处于什么位置,我的周边环境要求我、允许我达到怎样的目标;(3)“我将去哪里?”——综合自身、学校、区域乃至整个时代的因素,思考我的终极目标是什么,近期目标是什么,哪条路最近。

第二节　新教师职业规划的制定

有了以上的准备,新教师就可以着手制定自己的职业生涯规划了。在这一节里,新教师需要先了解规划是怎么一个模样,然后按照四个步骤进行制定。

一、教师生涯规划模板

撰写教师职业生涯规划有一定的格式内容要求,需要用文字回答“我是谁”(个人信息和状况评估)、“我在哪里”(环境状况评估)、“我将要去哪里”(目标设置)、“我怎么去”(措施制定)这四个问题。

表 1－1　教师职业生涯规划模板

标题:

姓名		性别		年龄		职称	
学历		学科		岗位			
一、自我评价(概括自身的优势、劣势,充分认识自己的发展状况、对学科素养的判定及对任教学段学生认知特点的了解等)							
二、环境评估(以学校环境为主,可包括学校文化、价值观、管理制度、发展平台、人际关系等)							

（续表）

三、个人发展目标（总目标+分时段目标或分领域目标） 例如： 我的三年总目标 我的分学年目标 第一学年 第二学年 第三学年
四、达成目标的具体措施或策略 例如： 学科教学方面 班主任工作方面 科研课题方面 个人阅读、进修方面

上述模板是常规模板，但也并非一成不变，新教师可根据个人特点和风格进行适当调整。此模板主要是第三和第四部分的变化，可以将这两个部分合并起来。例如，将学年目标和具体措施一一对应，这样更方便操作——第一学年目标及具体措施、第二学年目标及具体措施……

还可以按领域对目标和措施进行细分——教学能力目标和措施、班级管理能力目标和措施、教育科研能力目标和措施、个人修养及进修目标和措施……

二、规划步骤一：自我评估

只有真正了解自己，才能合理规划人生。自我评估的内容可以包括个人过往的表现、对教育的认识和期望（职业理想和价值观），个人人格特征，个人在知识结构、教学能力、管理能力等方面的优势和弱项。

（一）个人过往表现评估

个人过往表现评估其实是对个人现状的分析，既可以是大学学习期间的表现，也可以是初涉教坛后的表现。简要回顾这些经历，概括出自己的特长、成绩、体会，有助于发现自己是否真的热爱所从事的教育工作，明确今后在哪方面会发展得快以及哪方面可能遇到挫折。

有的新教师在大学期间做过学生工作，有的是团干部，有的组织过演出，有的组织过志愿者活动……所有的经历都会在人的成长中留下印记，对今后从事的职业产生影响。更重要的是，新教师在经历了一年的岗位锻炼后，通常已经度过了最艰难的求生期，对教育教学的基本程序和要求有了感性的认识，在教学设计、课堂组织和调控、与学生的交往等经历中，初步体验了当教师的酸甜苦辣，也明白了现阶段自己与符合专业要求的合格教师的差距在哪里。准确地定位自身在专业发展中的位置，以及自己对教育教学的认识、对所教学生认知水平的认识，这些毫无疑问也应该成为自我评估的重要内容。在上海市见习教师规范化培训的基地学校，一般还要求见习教师全面总结一年的见习收获和体会，许多见习教师在撰写三年发展规划时都会提到登上讲台一年的最大收获、突出进步或特别的感悟。教师个人过往表现的评估是三年规划的新起点，并能在制定规划的一开始就提升教师的信心。

（二）职业价值观评估

人的行为——接受什么、拒绝什么——都有其内在的价值标准，也就是价值观。职业价值观是人生目标和人生态度在职业选择方面的具体表现，也就是一个人对职业的认识和态度以及对职业目标的追求和向往。只有明确自己为什么选择教师职业，并能从积极正面的方向矫正，才能在职业生涯中沿着正确的道路走下去。

价值观是一种深层次的东西，个体往往不能明确地意识到，它还伴随着个人主观的情绪，让人捉摸不透。美国心理学家洛克经过研究，提出了 13 种价值观，分别是成就感、美感追求、挑战、健康、收入与财富、独立性、爱和家庭和人际关系、道德感、欢乐、权力、安全感、自我成长、协助他人。你可能觉得这些都需要，但当面临某种选择时你内心最直接的想法会真实反映你的价值观。例如，校长希望你接手一个差班，你接还是不接？这时候你内心是考虑迎接挑战、获得成就，还是考虑稳妥安全？那个背后的“小心思”其实就是你的价值考量。

（三）人格特征评估

人格是心理学的概念，也称个性，是指个体区别于他人的稳定而统一的心理品质和特征。教师的人格是教师职业最重要的本质特征。研究者认为,好教师通常有其共同的健康的人格特征,主要表现在情感特征、意志特征和领导力特征等方面。

1. 以“爱”为核心的情感特征

一个好教师情感特征的核心是“爱”,爱学生、爱事业。教育家陶行知所谓“爱满天下”,就是要求教师要爱护每一个学生,无论其家庭背景好坏、长相美丑,甚至道德品行优劣,教师都要真诚地关心和爱护每一个学生。这是一种“泛爱”而非“偏爱”。

2. 以“心”为基础的意志特征

意志力是人格中的重要组成因素,对人的一生有着重大影响。人要获得成功必须要有意志力作为保证,而这个意志力实际上就是心理素质。优秀教师通常表现出四个方面的意志特征:(1)目的明确,执着追求。以明确坚定的目标和百折不挠的毅力来解决各种难题和障碍。(2)明辨是非,坚定果断。遇事保持清醒的头脑,对问题有周密的思考和分析,能分清轻重缓急,果断做出抉择。(3)处事沉稳,自制力强。既善于激励自己勇敢地去执行采取的决定,又善于抑制那些不符合既定目标的愿望、动机、行为和情绪。(4)精力充沛,意志顽强。面对千头万绪的教育工作能做到应付自如、有条不紊。新教师要对自身意志力状况有一个清晰的认识,并自觉加以磨炼。

【案例】

不把情绪带进课堂[①]

上海市普陀区汇丽幼儿园的一位新教师,在绿洲幼儿园基地校参训期间师从陈老师,她说:“见习期间,我不仅学到了很多知识、技能,同时也得到了灵魂的洗礼,感受到了师德、师爱的伟大。从陈老师身上,我还学到了无论你今天心情如何,都不能把情绪带到课堂中。回想过去我遇到不愉快的事情时,上课的时候往往就会对孩子缺乏耐心。身为教师,我们的一言一行,都会深刻影响到孩子们的成长。所以,教师把情绪带到课堂来,对孩子来说是很不负责的。陈老师在上课前可能也会有各种情绪,可一旦开始接

---

① 本案例由上海市普陀区绿洲幼儿园提供,有改编。

触孩子,就始终对他们和颜悦色,就算有孩子不听话闯祸,陈老师也不会把负面情绪发泄到他们身上。这才是真正的成熟型教师,这才是师德在日常教学中的体现。"

3. 以"A"为主导的领导力特征

教师领导着一个班集体,其领导方式会直接影响到班级风气、课堂气氛、师生关系以及学生的个性发展。加拿大学者伯恩认为,个体的领导结构一般由P、A、C相互作用的三态构成。PAC三态就是"父母""成人""儿童"状态,取Parent、Adult和Child这三个英文单词的第一个英文字母,所以简称人格结构的PAC分析。这三种状态在每个人身上都交互存在,也就是说这三者是构成个体多重性格的三部分。P"父母"状态主导的教师有明显的权威感和优越感,通常表现为统治、训斥、责骂等专制作风。课堂上常使用"你必须……""你绝不可……"之类的命令口吻,学生很难参与享受教学过程。A"成人"状态主导的教师具有客观理智的特征,善于根据过去的经验估计各种可能性,然后做出决策。学生的思维没有限定的框框。C"儿童"状态主导的教师则像儿童那样冲动,感情用事、喜怒无常、缺乏主见、优柔寡断、遇事畏缩。显然,A型人格结构主导的教师最可能取得理想的教学效果。

良好的个性品质是教师从事教育工作的必要条件,优秀教师身上往往具有诸如情绪稳定、性格开朗、兴趣广泛、积极进取、坚韧不拔、心胸开阔、兼容并包等特质。新教师评估自身人格特征,是为了对照教育工作者应有的人格特征,分析利弊,更好地塑造身为人师的良好品格。

通常一个成熟的人对于自己的性格特征多少有些"自知之明",如果确实需要进行专业评估,建议寻求专业人士的帮助,也可以通过一些专业评测工具进行测试。但是,这些评估只是手段,并非目的,目的是真正了解自己,明白自身性格与职业要求之间的贴合程度,以便有意识地通过职业生涯的规划重塑自己。

三、规划步骤二:环境评估

对职业环境的评估和分析,能让新教师了解所处环境的特点,找出对自己职业发展有利和不利的方面,帮助自己确定职业目标以及成长发展的路径。环境评估包括社会环境、学校环境、对象环境、家庭环境等。

（一）社会环境

首先是对宏观社会发展环境的分析。相信大多数新教师在选择教师职业之前，已经有了较多的考察——社会发展对教师岗位的需求情况、国家对教师的新要求和新政策，由此了解教师的职业价值、地位、前途。考察大环境时应特别关注到，现代社会处于科技、经济快速发展的时代，人才培养的模式、教育方式和教育技术日新月异。也许当你站在讲台上的时候，已经跟自己小学、中学时代的课堂教学环境有很大不同，学生的基础和状况也有很大不同。也许再过几年，智能机器人应用、虚拟现实、VR+教育、个性化教育将成为课堂常规。

其次是教育改革环境的考察分析。国家在从教育大国向教育强国转变的过程中，需要进行一次次的教育改革，包括课程结构、课程内容、教育观念、教学理念、教学方式等。教改大环境的发展，既是挑战也是新教师的机遇。

（二）学校环境

学校是教师每天都要接触的小环境，它既影响着学生的成长，也直接影响着教师的发展。同样水平的教师在不同的学校里教学，若干年后可能会有很大的差别，入职有利于自身发展的学校非常重要。

学校环境对于新手教师来说，主要考察其文化制度环境和资源环境。一所学校如果具有宽容的、开放的、民主的、有历史积淀的文化场，身处其间的教师就能身心愉悦、爱校敬业，教师的知识能力、教育智慧也能得到更好地提升。反之，身处集权式管理的学校，容易使教师没有自主发展的动力，人际关系紧张、人心涣散、不思进取。学校的资源环境对教师发展也非常重要，如果学校里优秀教师群集，特别是身边有学科特级教师；如果学校的硬件条件高于同类学校，有特别便利的实验设施、现代化教室；如果学校有丰富的课程开发资源，能提供教师研究开发的机会和平台……可想而知，处于资源丰富的小环境中的教师，其专业成长就有了更多的保障和支撑。

（三）对象环境

对象环境指新教师直接面对的、具有直接影响的环境。

其一，学生状况。学生是教师需要每天面对的对象，是教师工作的对象。他们的基础好不好？纪律好不好？有没有特别拔尖的或特别调皮的学生？新教师花在维持课堂秩序的时间超过授课时间的现象十分常见,学生状况将直接影响到教师制定规划时的倾向和重点。

其二,学生家庭状况。新教师通常都会接触学生的家长,学生家庭环境通常是造成学生现状的主要因素,很多情况下学生的问题出在家庭环境上,甚至有时来自不同居住小区的学生群体也会有明显的差异。

其三,所教学科状况。所教学科在这个学校这个年级是否受到重视?它在区域中处于怎样的水平?在任教的班级里这个学科是强势学科还是弱势学科?了解了这些状况,有助于新教师分析自己的应对策略,调整好自己的近期目标。这是职业生涯规划制定中不可忽略的部分。

当然,正如自我评估时需要兼顾优势和劣势两方面一样,环境评估也需要进行正反两方面的考察。无论是社会环境、学校环境还是对象环境,不可能样样称心如意,对个人有利的方面是机会,不利的方面是威胁。理论上新教师面临的环境威胁多了,其成长就不顺,但如果能把威胁看作挑战,迎难而上,这些应对威胁的过程很可能就会成为宝贵的经验。更何况,凡事都应从两面看,优劣是相对的、可以转化的。你是教英语的,该校的英语学科在区域内拔尖,英语教研组里强手林立,这当然是有利环境。但是,如果你处处依赖别人,不就比处于学科弱势的那些人少了些打拼磨砺的机会吗?

(四) 家庭环境

除了社会和学校以外,教师的家庭环境也非常重要,许多新教师还没有组建自己的小家庭,有的可能在入职开始的几年中恋爱、结婚。个人和家庭的任何重大变故都可能对个人的职业生涯造成一定影响。在生涯规划时,不妨也考察一下家庭环境对你今后几年可能的影响。诸如配偶或其他家庭成员对你的工作是否支持?家庭的经济条件和文化氛围对你的工作与发展有什么样的影响?你能否克服那些不利的影响?

特别需要注意的是,初任教师在工作上花的时间较多,往往将工作延伸到家庭里完成,容易使工作和家庭二者之间产生矛盾。你能不能取得家庭成员的支持和理解?能不能合理安排时间,做到工作家庭两不误?只有当职业生活获得家庭的支持帮助时,职业生活的幸福感和创造性才能表现出来。

四、规划步骤三：设定目标

在教师职业生涯规划中，职业目标是核心，之前的个人评估和环境评估是为了得出目标，而后的措施行动是为了达到目标。教师职业生涯的目标是教师这一职业所应预期呈现的成果，是教师职业生涯规划内容、程序和方法的前提，它使教师工作有方向、前进有动力，是帮助教师到达成功彼岸的指路灯塔。

（一）设立目标的意义

人生有无目标对人的一生将产生非常重要的影响。对于新教师而言，设立目标的意义在哪里？

1. 对职业生涯起导向作用

在整个职业生涯中，不同阶段有不同层次的目标。随着目标的实现，教师的专业水平得到提升，其在学校的资历和信任度也开始不断上升，领导、同事、学生也会给予其更多的关注，相应开始承担更多更加重要的工作。这时教师会给自己制定更高层次的目标，直到发展成为专家型教师，并在工作中作出更突出的贡献。在这样的良性循环中，目标起着不断向上的导向作用。

2. 对个人起激励作用

选择了教师职业，意味着准备在教育事业中发挥自己的才华，施展自己的才能，实现自己的梦想。但是事情往往不是一帆风顺的，事物发展有曲折挫败，人的情绪有高亢低落，不断用自己定下的目标对照和激励自己，能对个人产生积极影响，有助于教师集中于特定方向，振作精神，避免拖延懈怠。

（二）设立目标的类型

教师职业生涯目标多种多样，大致可以分为以下几种。

1. 基于时间的划分

按时间划分，有长期目标、中期目标、短期目标。长期目标是根据自身条件和外在环境，勾勒职业生涯的远景，个人将要到达的职业高峰。它可以是10年或者更长，与自己的人生理想联系在一起。中期目标一般3到6年，与长期目标一致，但要具体些，是实现长期目标的中间站。短期目标是以中长期目标为发展方向的行动性、操作性目标，时长一般为一学期到一学年，短期目标的制定既要符合自己的中长期目标需求，也需要与学校的具体要求、布置的活动等结合起来。

2. 基于性质的划分

按性质划分,有外生涯目标和内生涯目标。外生涯目标通常是指职务目标(如教务主任或高级职称)、工作内容目标(如要达到的教学成果或科研成果)、收入目标、工作环境目标(如调动到别的学校),外职业生涯目标侧重职业生涯显性的外在标记,与利益相关。内职业生涯指个人的基本知识、观念、经历、内心感受等一系列因素在职业生涯中发展的过程,是别人无法替代的人生财富。内职业生涯目标通常涵盖提高工作能力的目标、增加工作成果的目标、提高心理素质和改变观念的目标。例如,课堂管理能力、应变能力、创造业绩(如班级成绩的显著提升)、发表成果,等等。

内生涯目标是核心内容,外生涯目标是表现形式。设立生涯目标时不能急功近利,一味追求外在生涯目标,而应把二者有机结合起来,形成具有因果关系的逻辑链,如观念更新目标—掌握新知识目标—提高工作能力目标—增加工作成果目标—职务晋升目标。

(三)设立目标的原则和方法

教师职业生涯规划目标的设定,既要注意一般职业生涯目标设定的规律,也要关注教师职业的特点,主要应遵循以下原则和方法。

1. 适合自身,符合发展逻辑

职业发展目标的个性化极强,不同教师的起点、理想、环境各不相同,目标自然不同。现实中常看到许多新教师的规划目标趋同甚至完全一样,那是对自己的不负责任,也会失去规划的意义。目标从哪里来?是在对自身和环境的方方面面进行科学分析判断的基础上,加上自己从业的理想,进行合乎逻辑的推断的结果。

适合自身,首先要发挥个人的优势,诸如个人的兴趣、爱好、专长等。同时也要兼顾自己的弱势方面是否影响到自己教书育人的工作,如果有就要努力改变自己。例如,生性活泼并有文艺爱好的新手教师,可以通过组织学生文艺活动和表演来接触了解学生,尽快在学生中建立信任感。如果觉得自己的字写得不怎么样,特别是板书很难看,这显然不符合作为中小学教师的工作要求,那就需要有意识地挑战自己,比如设定一个书法练习方面的中期目标。

适合自身，还要对目标进行多元组合。教师工作纷繁复杂，涉及面广，教师的专业成长也从来不是单方面的成长，而是各方面同步前行。既要教好书，又要育好人；既要懂教材，又要懂学生。所以新教师在制定第一次职业规划时，设定的目标不可单一化，而是要多元组合，教学、班主任、科研、个人读书修养都必须兼顾。几方面目标组合，它们之间又有内在关联，相互促进。

2. 梯度合理，具有挑战性

合适的梯度，首先是指时间梯度。短期、中期、长期目标本身就是一种时间安排，需要由近到远分段实现。每一个时间段都应该有明确的起点和终点，便于今后评估检查。其次是指目标的幅度。目标越窄，用力越集中，成功的概率越大，反之，目标越宽，越有可能哪方面都没有突破。作为新教师，开始几年最为重要的是打下教育教学的基本功，规划目标时应在一个合格教师最基本的部分用力，不宜设得过宽。

合理的目标梯度，还在于目标具有一定的挑战性，但是又能够通过努力实现，也就是“跳一跳，够得着”的目标。既不能太贪心，好高骛远，不着实地，也不能畏首畏尾，对自身能力估计不足。如果自己心里没有底，不妨征求一下师傅、同事或学校领导的意见。

3. 全面兼顾，聚焦专业发展

许多研究者认为，职业生涯规划需要全面完整，要有职业内的也要有职业外的，如个人身体健康、家庭生活，甚至娱乐休闲等。固然，职业内外的因素不是孤立的，它们会互相产生影响，如果身体出问题、家庭不和谐、心理压力大，都可能影响职业生涯目标的顺利实现。但笔者认为，新教师初入职场，其身体状况、家庭负担等一般没有较大的问题，职业生涯规划应尽可能集中在职业内。而且由于教师职业的特殊性，应主要集中在个人的专业化发展方面。一个刚从师范院校毕业的大学生，具备了某学科的学科专业知识和相关教学法知识，这时候他（她）还不能算一个完全胜任的教职人员，他们跟成熟教师还存在较大差距，弥补这些差距的过程就是其专业发展的过程。

普遍认可的观点认为，教师的专业程度是凭借实践性知识来加以保障的。所谓实践性知识，包括五个方面的特点：“其一，它是依存于有限情景的经验性知识，比起理论性知识来说缺乏严密性和普遍性，但却是一种鲜活的、功能灵活的知识；其二，它是作为一种‘案例知识’而积累并传承的；其三，它是以实践性问题的解决为中心的综合多学科的知识;其四,它是作为一种‘隐性知识’发挥作用的;其五,它是一种拥有个性性格的‘个体性知识’。这些知识是通过日常教育实践的创造与反思过程才得以形成的。”①

由此可知,新教师站稳讲台的主要目标是尽快获得最基本的实践性知识,而这些知识的获取途径主要不靠外来的传授,而是在亲临实践中感悟积累而成。明确了这一点,新教师在设置自己的生涯目标时,就要尽可能多地参与到教育教学实践中,经历越多,实践性知识越丰富。

4. 突出主体,主动把握机会

新教师投身教育教学实践,要懂得将自己置于主体地位,追求自主、自动、自觉的发展。有很多教师制定自我发展规划时,直接把学校的要求和任务移植过来,似乎不是“我要发展”,而是“我被学校发展”,失去了自我规划的本意。

同时,教师也要认识到自我发展不排除学校要求,特别是短期计划尤其需要结合学校要求,因为本质上个人发展与学校发展是同步、促进的关系。在设置个人目标时,完全可以将学校的要求、学校开展的活动视为有利的外界条件加以利用。例如,某校准备开展教学大比拼竞赛,要求人人参与,那何不审时度势给自己定下一个拿“一等奖”的目标呢?

五、规划步骤四:拟定措施

拟定措施有以下几个要点。

(1) 指向性。每一项目标,特别是短期目标,都应配有切实可行的行动方案,它可以是粗略的,也可以是详细的,但一定是指向某个目标的。常见有些新教师在规划的措施和目标之间缺乏逻辑关联,表明其对于规划的内在逻辑并没有想清楚。不妨请教一下老教师,让他们出出点子。

(2) 可行性。措施应建立在实际可行的基础上才不至于踏空,这个可行既指自身条件可行,也指外部环境允许,还指具有可操作性。例如,有位新教师为了最大限度挑战自己,准备上一堂区级的公开课,除了对自己的能力有一个正确的评估之外,还得看看学校能否推荐你。如果每校只出一个名额,你的可能性多大?区教研室有没有你这个学科的公开课活动项目?关于这个措施的可行性究

① 钟启泉.教师“专业化”:理念、制度、课题[J].教育研究,2001(12):12-16.

竟如何，还是应该请教有经验的老教师比较妥当。

（3）具体性。每项措施应该至少包含这些要素：时间、内容、标准。也就是什么时候做什么事情做到什么程度。历时比较久的措施，还应分出几个小的时间段，分别从开始到结束。例如，准备在一年里读几本教育著作以增加理论储备，不妨分成几个阶段，如果能把每本书的阅读跟自己的教育实践和探究结合起来更好。措施的内容也要尽量具体，如要实现提高反思能力的目标，就该想一想哪些具体措施对自己提高反思能力最有效。要不要每次都写反思日记？有没有时间写？要不要在两个平行班进行实验？要不要借助教研组或其他同伴的力量？目前阶段最需要通过反思有所改进的是什么？至于标准，指的是措施最终达成的程度，对于自己定下的目标，怎样的行动结果算基本达成，怎样的行动结果算完全达成，要做到心中有数。

以上粗略介绍了新教师职业生涯规划的设计方法和步骤，正如“教学有法，教无定法”一样，职业生涯规划的撰写也是形式多样，可以表格形式呈现，也可以纯文本形式呈现。随着对教育认识的增长和实践的磨炼，可以随时对规划进行修改补充。每个人的情况不同，新教师在制定职业规划时要素具备、重点突出、适合自己的就是好的。

第三节 新教师职业规划的执行

从以上有关新教师职业生涯规划的设计过程看，它不能简单地用“写规划”来表述，它实质上是对新教师身内身外的一次大“体检”，是教师职业生涯起步时对职业前程和远景的一种眺望，它是一项非常严肃、慎重、前程攸关的大事，不可草率对待。制定规划就是为了更好地行动，下面将就执行规划过程中特别重要又带有普遍性的问题，为新教师做一些重要的提示。

一、调适心态，度过心理适应期

新教师除了工作场所、工作技能等方面的熟悉和学习需要一段时间之外，还有一个心理适应期。几乎所有的新教师初上讲台都有过一段“痛苦”的经历，紧张、失望、不知所措、懊恼，一系列挫败给新教师带来心理压力。这种情形下，新教师如果不调整自己的心理，即便有了完整的生涯规划，也会在执行过程中大打折扣。新教师主要面临以下心理问题。

1. 角色转换不畅引起的心理问题

从求学者到为人师表的教育者，这种角色的转换过程并不像局外人想象中的那么华丽精彩。原先是受教育的对象，所有的一切似乎都由别人安排设计好，而今开始独立地面对生活和工作的种种问题，独立承担新角色带来的社会责任和压力，很容易造成心理焦虑和失落感。加上现在的新教师多半是独生子女，以前比较容易以自我为中心，如今要处理学生关系、同事关系、家长关系、领导关系，一时可能难以适应。当今社会期望教师都是“人类灵魂工程师”，家长期望教师都是孩子幸福人生的“启明星”，过高的社会角色定位也加重了新教师的心理压力。

2. 理想与现实落差造成的心理问题

原本满怀一腔热血投身教育事业，对前途充满憧憬和理想，而现实工作场景似乎并不如愿。校长好像并不特别关注自己？同事似乎都比自己高一头？学生怎么那么不听话？辛辛苦苦忙活下来，得不到肯定和赞扬，反而听到许多家长的不满、老教师的“点评”。如此种种，没有充分思想准备的教师就可能产生心理失衡，出现自卑感、失落感和焦虑症状。

3. 实践性知识缺乏带来的心理问题

新教师面临的最大问题通常是教学不顺利。看着挺简单易懂的知识，为什么用心备了课，学生还是不能跟着自己的思路走？以至于使自己乱了阵脚。为什么老教师总能预见学生会出现什么情况，及早采取措施，自己却总是等到问题出现了，还不知如何补救？实践性知识的缺乏，教学和管理经验的不足，还会导致教学事故的发生，引发学生和家长的对立情绪。这会使新教师产生强烈的挫折感，进而产生心理压力。

以上心理问题或多或少在每位新教师身上出现过，可以说是较普遍的现象，事实上有不少新教师上岗不久，就被心理压力压得喘不过气来，有些甚至导致其放弃教师生涯。这些心理问题，无疑会给新教师在履行职业生涯规划时带来障碍。

克服心理障碍，顺利度过适应期，固然需要学校、家长乃至社会的关心，以宽容、博大的胸怀助其成长起来，更重要的还是新教师的自我心理调适。其方法主要有以下几点。

1. 善于寻找“幸福感”和“满足感”

新教师要善于从日常琐碎的工作中寻找职业的“幸福感”和“满足感”，走出焦虑和自卑。职业的幸福感是个体在从事某一职业时，基于需要得到满足、潜能得到发挥、力量得以增长所获得的持续快乐体验。作为新教师，要学会发现自己从事的工作对学生产生的哪怕是细微的影响，与学生一起感受成长的快乐；学会分析形成精神压力的原因，摆脱成堆的作业、挑剔的家长、分数的排名等外在纷扰，用心体验内在精神世界的获得感。

2. 善于通过自我分析重新自我定位

如前所述，新教师的心理问题大多源于不能正确地处理好与外界的关系，所以新教师要学会通过正确的自我分析进行自我定位，在改变外界之前，先改变自己，在改变自己之前，先认识自己。每个人都有两个“自我”，一个是“现实自我”，一个是“理想自我”。只有学会客观看待“现实自我”，合理设计自己的发展目标，认同自己的职业角色，坦然面对社会现实和人际竞争，与同伴、学生之间建立起融洽的关系，从中找到自己的位置，才能不断缩小与“理想自我”的距离。例如，新教师经常把人生奋斗目标定得太高，远离自我的实际能力，以致经过自己的最大努力还无法实现，从而产生失落感。这时候，应该从实际出发，重新调整定位自己规划的目标，提高自信，增强满足感和成就感。

3. 要掌握合理调适心态的方法

心理保健在竞争激烈的今天显得越来越重要，平和心态的保持在当今社会环境下愈益成为一种奢侈品。对新教师而言，尤其要有一颗“平常心”、一份“自信心”、一种“达观心”。应该掌握一些基本的心理调节技巧和方法，以提升自己的心理素质。例如，经常有意识地给自己鼓气，撕掉那些消极的标签，暗示自己“一定能做好”。可以经常与亲朋好友谈心，与成熟教师交流，将精神上的重荷和愤懑宣泄出来，求得他人的劝慰开导；也可以通过旅游、聚会、文娱体育活动等“换换心情”。

二、注重细节，做好每一件小事

细节决定成败，对初定职业生涯规划的新教师尤其如此。老子曾说：“天下难事，必作于易；天下大事，必作于细。”有些新教师在当初择业的时候，雄心勃勃豪情万丈，想在教育事业上大干一番。到了工作岗位，发现每天无非就是早早到校，看看班里有谁迟到缺席，有谁请假；上课时要处理一些偶发的、意外的、随机的事件；下了课同出乱子的同学谈谈心、找班干部聊聊班会，抱一堆作业本批改，留心谁没交、谁错了、为什么……似乎每天有忙不完的“小事”，应接不暇。新教师往往没有意识到教育的过程就是这样“润物细无声”，教育在细节中发生。

不管生涯规划有多完美、多宏大，总是由日常的具体而细小的行动去履行去实现，若无涓涓细流何来大江大河。许多地方正在推广的“教师应当做好的78个工作细节”，归纳出了“教师形象、教师沟通、班级管理、教学常规”四大类共78条工作细节，新教师可以对照参考。

注重细节问题，应该多向优秀教师学习。上海市普陀区曹杨中学新教师金老师读了《于漪教育思想》一书后深有体会：“我触动于她对每一节课煞费苦心、力寻完美地不断改进。于漪老师为了改正授课不规范的口头用语，将备课时的每一句话都写下来修改成规范的书面用语背诵下来再口语化。每一堂课的点点滴滴都逐步琢磨和设计，正如她所说‘是把它当作艺术作品来教课的’。打磨一件艺术作品需要耗费多少心力，而于漪老师的每一堂课就是一件件艺术作品，经过了不断改进打磨。”

优秀教师正是日复一日年复一年地精心打磨每一堂课，对每一个班、每一个学生倾注其爱心和匠心，“一辈子做教师，一辈子学做教师”的精神，成就了于漪这样的教育楷模。有些新教师急于求成，心浮气躁，希望走捷径，复制其他老教师的教案来上课，有的则自以为是，备课粗糙，寄希望于临场发挥，这些已经不是细节问题，而是对教育的不负责任。好课不能被复制，教学中注重细节首先体现在老老实实备课、踏踏实实备学生。

比起教书过程中的注重细节问题，注重育人中的细节更为重要也更困难。有位小学教师看到班级卫生情况非常糟糕，孩子们常把零食带到学校来吃，吃完后到处扔，多次教育仍收效甚微。有一次，她走进教室看到教室里有纸屑果皮，就试着不是命令学生捡起来，而是自己不动声色地弯下腰把垃圾捡起来。没想到，同学们也纷纷把自己身旁的垃圾捡了起来。这样一个细微的动作，竟然产生了意想不到的效果。以后再有粉笔头、纸片等在地上，同学们会抢在老师之前将其捡起来。这个事例说明教师的身教细节具有强大的教育功能。

人格浓缩在细节里，大爱体现在小事里，教师的精神、学校的风貌也都可以通过细节展现和渗透。注重细节本身就是一种教育智慧，是一种敬业的精神，新教师尤其要学会从点滴小事中寻找和获取教育的大智慧。要把自己平时做的每一件细小的事、每一个言行都看作对制定规划时所做承诺的回应，想想自己的行为是否脱离了当初预设的轨道。

三、培养习惯，在反思中前行

亚里士多德曾说："我们每一个人都是由自己一再重复的行为所铸造的。因而优秀不是一种行为，而是一种习惯。"养成好习惯，对于学生如此，对于教师亦如此，尤其对初入教育职场的新教师更为重要。习惯一旦养成，很可能终生为伴，或推动你走向优秀和成功，或拖累你走向平庸甚至失败。作为知识传授者和思想启蒙者的教师，自身良好的素质和素养是职业的基本要求，而良好的工作习惯恰恰是这一要求的必然条件。好习惯能影响教师的一生，能弥补教师先天的性格缺陷，能有效促进专业发展，也能确保职业生涯规划的顺利实现。

人的习惯是一种行为倾向，它是稳定的甚至是自动化的行为，一旦成型较难改变。教师的习惯表现在各人身上也不尽相同。比如：有的教师上课喜欢拖堂，没讲完的一定得讲完才下课；有的教师时间观念极强，铃声一响就戛然而止；有的教师上课时要求学生全神贯注，保持绝对安静；有的教师则喜欢课堂气氛活跃，学生随时可以插话提问。很显然，教师的许多习惯受其教育观念、个性性格的影响，反过来，一种好习惯的刻意养成又可以帮助教师改变教育观念乃至性格特征。

习惯有大有小，有好有坏。就初涉教育岗位的新教师而言，在执行个人职业生涯规划中需要有意识地培养自己的一些好习惯，其中最重要的习惯就是反思。得此习惯，受用终生。

美国心理学家波斯纳提出了著名的教师成长公式：成长＝经验+反思。教育教学的经验积累固然是教师成长的必要条件，但不是充分条件，如果一个教师仅满足于获得经验而不对经验进行深入的思考，那么即使有几十年的教学经验，也只是一年工作的几十次重复。所谓反思，是人的一种可贵的思维方式，是认识自我、检视自身行为和结果、改进行为的一种过程。正常人的"求胜"本能和"自我实现”的需求,使人们不自觉地会对行为进行反思和改进,否则人就很难成长。

但是,由于教师是一种比较特殊的职业,教育不能像流水线上的产品,做坏一批可以重新改进再做一批。教育需要持续性的反思改进和行为过程,保证每一批“产品”越做越好。所以教师所需要的反思,应该是一种特定的、主动性的、习惯性的思维过程,即教师以自己的教育教学活动为思考对象,对自己的行为、决策以及由此产生的结果进行审视和分析,并对下一步的教育教学实践进行理性选择的过程。对新手教师而言,自觉的反思是一种觉察自我、主动发展的专业成长方式——反思可以发现自己教学中存在的问题并对此展开分析研究,这就是觉察自我;通过补充学习相关知识或借鉴旁人经验,从新的角度投入新的实践,这就是主动发展。关于新教师的反思,有以下几点需要注意。

1. 向优秀教师学习反思的精神和方法

优秀教师之所以优秀,是他们勇于直面自己的短处,善于反思的结果。正如于漪老师说的:“我上了一辈子课,教了一辈子语文,但还是上了一辈子深感遗憾的课。”于漪在教学上从来不重复自己,即使是同一篇课文反复地教,也绝不重复。教育没有彩排,每一天都是现场直播。于漪说自己上了一辈子深感遗憾的课,正如维纳斯的美在于她的不完美:遗憾是因为不完美,不完美预示着还有提升的空间。

于漪老师有常年保持反思的习惯,即每上完一节课都有一个“教后记”,要记上学生的闪光点,记下自己的不足、缺陷,以利于改进。在课堂上,于漪老师努力做到“要言不烦,一语中的”。她明白当自己讲课最含糊的时候就是废话最多的时候,教师废话一多,学生就如坠云里雾中,于是她每次都会给自己留下“废话记录”。也有时候,学生能够超水平发挥,提出一些超出备课时预设的问题,于漪老师也都把它们一一记下,记下解答后的感悟,记下解答留下的遗憾。

于漪老师特别注重反思过程的真诚和深入,不为作秀,从不敷衍。她的反思只遵循自己的心灵与本真。她的反思还有许多是对人生的反思,这就不仅仅是对自己所行之事的追问,更多的是心灵深处的叩问,甚至是来自灵魂的拷问。于漪老师这种全方位的反思是一种自我解剖,是对自己所肩负使命的深沉回应。这是教育家的精神元素,是教育家的底色和灵魂所在。

2. 反思需要全方位、多途径

反思的习惯不是一朝一夕能够养成的,需要持之以恒的坚持,也需要掌握一些反思的方法。首先要明确反思什么？概括地说，有关教育教学所有方面的实践都应该纳入反思的范畴。教师的反思主要包括以下几方面。

（1）对观念和角色的反思。每一种教学行为背后总有一定的教育观念在支配着，反思的对象往往是行为，检视的目光却要聚焦于自己的观念，要用先进的教育理念对自身外显的行为进行质疑，检验行为的合理性和科学性。有时候一堂课滔滔不绝讲下来，教师自感酣畅淋漓，学生似乎也都懂了。这时教师还需要用现代教育理念反思一下：是不是自己仅仅充当了传道授业的角色，而忽略了学生的主体地位？是否缺了点平等合作、主动探究的引导？是否没有顾及学生的差异和个性发展？

（2）对教学过程的反思。教学过程是教师反思的主要对象，包含整个教学活动的过程。准备的教案是否成功实现？再上这样的课应该在哪些方面改进？教学策略和方法选择得当吗？哪些环节出了问题？偶发事件出现时应对合理吗？学生、同行对授课的反映和评价怎么样？

（3）对个人经验的反思。个人经验是很多教师反思时容易忽略的方面。为什么波斯纳认为光有教学经验不够，还要加上反思才能促成教师的成长？因为个人的经验受到个人价值观、阅历等影响，它往往是狭隘的、片面的，甚至是错误的。只有经过反思，使原始的经验不断地处于被审视、被修正、被强化、被否定的思维加工中，去粗存精，去伪存真，经验才会得到提炼、得到升华，从而有效地发挥反思的作用，使教师的专业技能不断提高。新教师在反思过程中，应该每隔一段时间对自己的实践经验进行回顾整理和鉴别，使之沉淀为具有积极意义的真正的经验。

至于反思的方法途径，除了通常的个人对教学实践过程的反思外，还应注意运用另外两种有效的反思方式。

（1）在与同伴的对话中反思。教师每天独立面对整个班的学生，工作环境相对封闭，但其成长却需要一个群体的支持。积极参加教研组、备课组的活动，经常与自己身边的同伴进行非正式的对话交流，会碰撞出新的思维，或者注意到一些未曾想到的问题。

（2）在发现中反思。教师要善于观察发现，观察自身也观察同伴。观察最好的途径就是相互听课，带着发现的眼光听课或被听课，反思就有了内容，不断发现新问题，解决新问题，教育智慧就会得以形成。

下面是上海市普陀区江宁学校参加见习培训的罗老师在上完小学语文课文《下雨啦》后的反思(摘录)。

【案例】

罗老师的课后反思①

上好一堂课,除了要掌握上课的技巧和方法,还要配合孩子的学习能力和年龄特点灵活应用。在每天的学习过程中,不仅要纳新,还要忆旧。

这堂课上下来,有一些环节的效果和预设一样,还是比较成功的。例如,课堂的一开始就以歌曲来吸引住小朋友的视线,并通过图片引出情景,让他们体会下雨了的欢快之情。这样的引入环节很自然,比起谈话能更快地让学生进入角色。

帮助记忆生字的两个游戏环节也很快地调动起了学生的积极性,几乎全体学生都全身心投入其中。这一环节不仅起到了巩固、加深印象的作用,而且其中一字开花的游戏更是帮助学生拓展了词汇量。记忆每个字的方法都是根据每个字自身的特点而定,孩子接受起来很快。尤其是“雨”和“桃”两个字与实物图片相联系,看起来更加直观生动。

教案的设计既然是老师自己的预设,那么实际中还是会存在一些突发的问题。例如,虽然课文的生字只有四个,但是对于刚学习生字的孩子来说,除了“下”,其他的字笔画还是挺多的。每个字我都有记忆方法上的侧重点,只是有时一上课就容易忽略孩子的现有水平,觉得认识字形还不够,还得记住笔画顺序。对于第一课时来说,其实没有必要让孩子掌握得那么深入,教师教得累,孩子也学得累。

孩子对于根据给出的句子来创造一个新句子的形式还不是很熟悉,再加上他们大多数阅读量和知识面还不是很广,所以一上来就让他们创新有些困难。这时候,我应该事先准备一些例子和图片,尝试引导他们说出新的例子。有时候学生不太举手不是因为他们不想举手,而是对于问题实在不知道怎样回答,所以我作为老师在设计教学内容时需要多考虑本阶段孩子的特点和能力,而不是一味只知道鼓励孩子举手发言。

---

① 本案例由上海市江宁学校提供,有改编。

对于课文阅读的指导我还有些不到位。一点是在课堂上读的次数比较少，还有一点是没有很好地让孩子理解课文中桃树、柳树对于下雨的欣喜之情。我应该先创设一个情景，用说故事的语气引导孩子去认知下雨的重要性，这样有利于他们阅读时读出感叹的语气。

罗老师的课后反思比较到位，既肯定了课的成功之处，又着重对备课时没有预设到的“突发”情况有一个较深入的思考；既指出了问题所在，也想到了今后改进的措施。特别值得肯定的是，罗老师在反思中关注了许多教学细节，并能从学生的角度分析这些教学行为为何“不到位”，这样的反思持之以恒地坚持下去，必有成效。

在多数新教师的职业生涯规划中，都有“反思”这个关键词，而要在日复一日的工作中持之以恒，真正培养起正确反思的习惯，并不是一件容易的事。有意识地计划写教学案例、教育叙事、教学随笔等就是一种较好的培养习惯的方法。

四、依靠团队，汲取集体的营养

教师的劳动虽然在形式上是个体性的，但其劳动成果却是集体性的，教师在学校中也不是孤立的，而是在一个个行政性的或非行政性的集体中成长起来的。为了特定目标而按照一定规则结合在一起，相互作用、相互依赖的教师群体，就是教师团队。教师团队对于教师专业发展的巨大推力已经越来越得到认同和重视，能否利用团队的力量促进自己的快速成长，也是新教师顺利实现职业生涯规划的重要保障。

从团队组织形式上看，目前中小学的教师团队有教研组、年级组、备课组等“官方”团队，也有“课题组”“工作坊”“名师工作室”等临时性团队，还有“微信群”“QQ 群”等“民间”团队。上海市在推行见习教师规范化培训中，各基地学校还针对各学科新教师组建了“带教团队”。各种团队功能和目标不同，在各个角度各个领域促进教师的专业发展中发挥着不同的作用。可以说，能否高效地利用团队的智慧和力量，是新教师能否快速度过适应期、站稳教学岗位的关键之一。有的新教师在团队中如鱼得水获益多多，有的新教师却融入困难甚至感到十分孤独。

【案例】

融入不同，效果迥异①

“我是青年新教师小程，虽然平时比较内向，不太善于交际，可说实话我在师范院校学习期间成绩是很不错的，自从走上教学岗位后却一直不顺。首先是跟带教师傅搞不好关系，觉得师傅总是以长者自居，动不动就指责这也不对那也不对，一点不留面子。其次是参加教研组的活动时，自己有想法，又怕跟同事的意见相悖，一犹豫又被其他人抢先说了。一个学期下来，班级成绩上不去，家长、同学都有怨言。他们为什么都看不到我已经付出了这么多？”

“我是小汤，参加同济大学第二附属中学基地校的见习教师培训已有一个多学期了。在过去的一学期里，我积极旁听带教师傅的课程，从中学习课程的排布、重点难点的讲解、教学语言和教态。一旦有问题，我就主动向带教老师请教，寻求解决方法，我还融入了自己的理解，加以修改，再运用到授课中。我教两个平行班，经常在第一个班上完课后进行反思，找出自己的不足，再去上第二个班。我现在逐渐具备了独立备课的能力，还能与办公室老师一起讨论课程的安排，根据他们的意见来修改课件，在家长和学生有疑问时与他们一起商讨如何解决问题。备课组、学科组定期不定期的教研活动更是让我收获颇多。一上手便担任六年级数学的教学，我确实有些忐忑。好在每一次开学科组会议的时候，其他老师都会提醒我有哪些重点难点。特别让我感恩的事是，老师们在我遇到问题之前已经将学生可能遇到的问题以及解决方法告诉了我，这让我上起课来得心应手了很多。”

两位青年教师有如此大的差异，除了个性的因素，更重要的原因是对于教师团队力量的依靠和利用不同。没有团队帮助，有可能使许多青年教师走很多弯路。

各种形式的教师团队实质上就是同伴互助的组织形式，是一个互相合作、分享经验、彼此支持、共同成长的共同体。每一个成员需要具备良好的合作精神和

① 本案例由同济大学第二附属中学提供，有改编。

团队意识,新教师是这些团队的新成员,尽快地融入其中,确立自己的角色,与同伴建立起信任的关系,也是摆在新教师面前一个绕不过去的课题。它可以检测新教师人际关系能力的高低,可以影响教师职业生涯规划的执行进程。

要得到团队成员的帮助,最重要的是人际关系的维持和改善,它需要遵循一些基本的原则,如相互尊重、平等相待、真诚交往、互惠多赢。新教师是团队的新成员,在资历、业务、经验和年龄方面又处于弱势,与团队成员相处应该注意运用以下几方面的策略。

1. 虚心诚恳

新教师在教学上是新手,即便学历可能比别人高,但是在工作上也没有太多值得骄傲的地方。真心诚意地把所有同伴视为师傅,虚心求教,新教师同样会得到对方的尊重和认可。

2. 加强沟通

沟通是让别人了解你同时你了解别人,建立良好人际关系最重要的方式。但是心理学家发现实际上大多数人都不能进行良好的沟通,如果一个人想表达的是100%,却往往说出来80%,而别人只听到了60%,只理解了40%,最后只记住20%。很多人之所以有良好的愿望却仍搞不好关系,就是在沟通技术上出了问题。

沟通技术分为倾听和表达两方面。正如卡内基说的:“专心听别人讲话的态度,是我们所能给予别人的最大赞美。”认真倾听就等于告诉对方,你的话很有价值,我很感兴趣。倾听不仅用耳,还要用心,不要随意打断别人的谈话,即使有不同的意见,也要等别人说完以后再表达,因为只有准确地理解对方的意思,才有可能做出你的判断。

表达和倾听一样重要。作为新教师,要十分注意说话的分寸感。有分寸不代表隐瞒自己的想法,相反只有把自己内心的感受、想法和态度告知别人,才可能让别人充分了解认识自己。如果你不愿敞开自我,人家也必然会以为你没有坦诚以待,关系只会停留在表层,无法深入。正如美国社会心理学家西迪尼·朱亚德所说:“自我暴露会增加他人对自己的喜欢。”表达时不要用指责、不留余地的语气,多考虑对方的感受,多用“我觉得”“我个人认为”“我的意见不知对不对”,会给对方留下诚恳的印象。

3. 学会共情

“共情”的同义词是同感心、同理心、设身处地等。心理学家认为共情就是体验别人内心世界的能力。共情能力在团队人际关系中起着非常微妙的作用，共情是人类的基本需求。人与人的关系是相互的，人需要得到别人的尊重和同情。当你设身处地地理解和体谅对方的感受、需要、痛苦时，对方会感到自己被理解接受，从而感到满足、愉快，同时你也能得到对方的理解和关心，促进彼此的交流沟通，拉近人际关系。上述案例中的小程，很大程度上就是缺乏共情能力，一切只从自己的感受出发，才会感觉别人都委屈了自己。如果能够强化共情能力，即使与别人产生了矛盾，也能以建设性的方式去处理。值得注意的是，网络生活会削弱人面对面交流的技能，生长在互联网时代的青年教师，尤其要有意识地提升自己的共情能力，这样才能有效地处理好与同事、学生、家长之间的关系。

4. 乐于助人

俗话说“与人方便，与己方便”，帮助别人是一种美德，它不仅仅帮别人解决了困难和疑惑，实际上也能帮自己发现自身的人生价值，感受自己在团队中被需要、被接受，有时还能得到意想不到的回报和惊喜。当然，助人的出发点不能是求回报，而应该充满诚意。有些新教师会觉得自己是新手，同事们都比自己强，自己只有虚心学习的份。其实，新教师应该看到自己身上也有优势，例如，在信息技术能力、外语能力、先进技术的学习能力等方面都有先天的优势。如果新教师能主动把自己的优势分享给他人，既可以帮助他人，又可以促进新老教师间的协作。

5. 善于“聊天”

这里的聊天特指关于教育教学的聊天，是学校同事之间的“非正式专业对话”。一项针对中学教师的国际性调查 TALIS 项目结果显示，世界各国的受访教师一致认为，在所有专业发展活动中，最为普遍的还是“关于改善教学的非正式谈话”。也就是说，平时较少被关注的教师生活中持续性的、情景性的非正式专业对话，实际上是参与率最高的教师专业发展活动，有 86.7%的受访教师认可其对教学实践的影响。它之所以如此广泛地得到教师认可，是因为它发生在专业实践情景中，有问题导向和及时反馈的特征，能够最大限度地回应教师个体和情景的需要。新教师在上任初期必定有许多迷茫之处，如果把那些即时发生的、基于特定背景的问题都留到团队活动时提出来寻求帮助，很可能到时候已经被其他热点所掩盖，或者由于时过境迁而遗忘，与其如此，不如趁热打铁，找自己的师傅、知心同伴或其他人聊起来。微博、微信、QQ 等一系列新媒介也给新时代的教师创造了新的非正式专业聊天的空间，不过教师千万不要放弃面对面交流的机会。

依靠团队力量，新教师不再是孤军奋战，职业生涯规划的实现可能会少走很多弯路。教师在获得集体帮助的同时，也增进了同事的友谊，改善了人际关系。

思考

1. 撰写一份自己的教师职业生涯规划。您觉得已经做好准备了吗？还需要在哪些地方进一步充实条件？

2. 您觉得自己的职业生涯规划重点应该放在什么方面？

3. 实现您职业生涯目标最大的障碍和困难是什么？您觉得应该修改目标还是修改自己的行动方案或策略？

第二章

加强师德修养

师德是职业道德与角色道德的统一体。作为新入职的教师应当深刻把握师德内涵:师德是教师灵魂,是内在需求,也是外在要求。师德作为一种特殊的道德形态主要调节与教师有关的四重关系,包括教师与国家的伦理道德关系、教师与学生的伦理道德关系、教师与教育系统内群体的关系、教师与教育系统外群体的关系四个层次。作为新教师应当有明确的行为规范:爱国守法、爱岗敬业、关爱学生、教书育人、为人师表、终身学习等。作为新教师,要认真学习和践行中小学教师职业道德规范的精神和要求,将教师职业道德规范的外在要求转化为内在需要,自觉积极地进行道德修炼,不断提升道德修养境界,以德修身,以德立教,为人师表,谱写人生的新篇章。

第一节　正确认识师德内涵

一、准确把握师德特点

（一）师德是教师灵魂

何谓师德？从字面上理解，师德即教师道德。从逻辑上看，对师德可以从两个层面来理解：一是职业角度，所谓的师德就是一种职业道德，是教师必须遵守的行规和理应具有的职业操守，即在教书育人职业过程中，教师应该受到师德的规约、评价；二是社会角色角度，是指具有教师身份的这一社会角色所应当具有的德性、德行，它包含了人们对其提出的道德要求与角色期待。教师既是一种职业也是一种角色，因而包含了职业道德与角色道德。因此，师德是教师职业共同体所应遵守的道德准则，是社会对教师这一社会角色的道德要求、行为期待所体现的精神风尚。师德并不是一个单一性概念，而是师德规范与教师美德需求的有机整体。

师德是教师的灵魂。这一灵魂使得教师区别于其他社会角色。教师从事教书育人以及其他的相关活动，在与社会发生的诸种联系中须发挥特定的功能与作用，并形成特定的社会形象以满足社会主体的需求与社会期待，这就产生了教师角色。教师角色在教书育人这一职业活动中，具有一定的身份、地位、职责及行为模式。这一行为模式的内核就是师德。因此，师德是教师职业道德与社会角色道德的统一，从某种意义上说，师德是一种超越了职业道德的角色道德，包含教师职业共同体的道德规范与教师个体美德需求两部分，两者构成了教师之灵魂。

（二）师德是内在需求

师德是教师的自我构建，是教师在自我成长与发展过程中的内在需求。教师职业道德是教师内化的自我修养以及内在需求，来源于教师对教育教学的强烈事业心，来源于对学生的高度责任感。作为一名新教师，要崇尚教师是“人之模范”的自律精神。在古代教育中，一直很讲究师道尊严，“其身正，不令而行;其身不正,虽令不从"就是基于教育学生来强调教师本身应有示范作用。教师以自己的道德风范和人格魅力去感染学生,通过言传身教,学生才会成为有用之才。

自律精神也是新时代师德基本规范发展的趋势、特点与要求。随着师德水平的不断提高和对师德研究的不断深入,师德规范发展的一个显著趋势就是逐渐由他律走向自律。作为一名新入职的教师,师德养成要积极发挥自身的主体性作用,培养自律精神,激发内在需求。

(三) 师德是外在要求

师德是教师的外在要求,不仅是我国传统教育思想的内容,也是新时代教育理论的主流观点。在传统教育思想中,对师德的要求具有丰富的内涵,主要包括以下几个方面。

1. "诲人不倦"的敬业精神

教师在教化民风、安邦兴国的神圣使命下,要保持胸襟广阔,心怀天下,无私奉献。"诲人不倦"就是仁义之表现,是君子所为。

2. "有教无类"的教育理念

孔子主张,对教育对象不能区别对待,不能歧视,应当是"有教无类"。在平等教育思想的指导下,教师把全心全意教导学生、热爱学生、勤于为学生操劳作为人生之乐事。

3. "人之模范"的自律精神

强调教师本身应有示范作用,从生活到治学,处处身正垂范,以自己的道德风范及人格力量感染学生,以身立教,学生才会成为有用之才。

4. "学而不已"的进取精神

教师要完成"传道授业解惑"的职责,自身就必须具有谦虚谨慎、不耻下问的态度,在教育教学过程中要始终贯彻"三人行,必有我师""学不可以已""博学之,审问之",不断丰富自己的知识结构,用以培养学生的智慧。

(四) 师德是细微小事

一名教师如何认知师德、如何修炼师德,既是一个理论思考的过程,也是一个实践的过程。教师的师德体现在每一个细微的小事上,教师应树立"处处是师德,时时是师德,事事是师德"的理念。

【案例】

处处是师德，时时是师德，事事是师德

吕老师是学校的师德标兵，她不仅教学效果好，关心学校发展，而且与同事相处很融洽，特别是对待学生特别用心。她是个十分爱孩子的人，很少严厉地批评谁，她性格十分温和，说话总是很温柔，就连批评孩子的口气都柔柔的，有时让调皮的孩子听了也会难过地掉下眼泪，因为他们明白吕老师说得十分有道理。例如，班级里有一名学生在刚转来的时候，每天的家庭作业一个字也不写，吕老师每天不厌其烦地教导他，慢慢地，他从不写到开始写一点儿……这个学生在这半个学期中改变了自己的行为。吕老师十分注重培养学生的阅读潜力，她会要求学生饭后在家里看课外书，这不仅仅使学生养成每天阅读的好习惯，还能让学生明白饭后乱跑乱跳会影响健康。

关于师德，新教师也许很困惑，总以为高尚的师德是惊天地、泣鬼神的，像黄继光堵枪眼一样壮烈，像瞿秋白就义一样凛然。其实高尚的师德是朴素的，它不但没有闪闪的金光，而且朴素得不着痕迹，就像春天的小雨，无声无息地飘落下来，滋润着学生的心，浸润着同事的心。吕老师的师德就体现在日常的教学实践中，对学生的爱就体现在一件件小事上，比如不厌其烦地纠正学生的不良习惯，让学生改变其不良行为。因此，师德不是抽象的，而是具体的。是一种状态，是教师行为上的温文尔雅，事业上的精益求精；它是一种行动，是教师对学生的悉心呵护，耐心辅导；它是一种精神，是教师的一丝不苟，严肃认真；它更是一种风格，是教师的朝气蓬勃，安定从容。师德很具体，它体现在对教育事业的执着与追求，体现在和谐的师生关系与同事关系，体现在教师这一职业共同体致力于教育事业的发展。

二、正确认识师德价值

（一）师德是教师职业发展的主心骨

教师的职业道德水平在一定程度上影响着教育教学质量，是教师队伍建设的核心、是教师发展的灵魂。正如苏联教育家苏霍姆林斯基所言，教育者的崇高道德品质是教育获得成功的最重要的前提。教师发展就是一个教师不断习得教

师角色和社会期待、由不成熟到成熟的动态过程,它包括知识、技能、师德等内容的成长,其中师德的成长是教师发展的灵魂,在整个教师发展中起着指引性、精神性的作用。因此,高尚的师德对教师的发展具有决定性作用,是教师职业发展的主心骨。

新教师对师德的性质、地位、作用等的认识与理解,影响其对待职业道德的态度与情感。教师形成对教师职业的价值认同是教师职业道德建设的关键所在,这种认同使得教师职业道德建设由外在要求转化为教师发展的内在需求,由他律转变成自律,为教师职业道德建设提供一种内在的、持续的强大动力。教师应该充分认识到,教师职业道德不仅仅是社会对教师职业的道德期待与要求,更是其职业发展的内在生命需求。新教师应当将教师职业道德作为其教师生命的重要组成部分,是实现和彰显其人生价值的重要维度;要全面准确地把握师德的本质、规律以及同自身职业发展的内在关联,形成职业道德的价值认同,把教师职业道德修养提升到内在的生命需求和自觉的行动。

(二) 师德是教师行为的主标尺

师德是教师行为的主标尺,具有明确的法律依据,也是党的教育方针的基本内涵。《中华人民共和国教师法》对教师职业道德进行了强调与说明:以为学生服务为核心,以爱岗敬业为原则,以严谨治学、教书育人、为人师表、廉洁从教为基本思路与基本要求。在德法并举的理念下,师德较之以往任何时候都更受社会关注。教师基本道德规范是教师的基本遵循与最后守护,是弘扬高尚师德、推进依法治教、加快法治社会进程的最有力抓手。

教师基本道德规范除了有着与公民基本道德规范一般意义上相同的内涵与法治意蕴以外,还有其立德树人、安于教学、学术创新、团结协作、名利得失、公正仁爱、遵纪守法等方面的内在规定性。这种内在规定性主要体现于《中华人民共和国教师法》及教育部等部门颁布的《关于建立健全中小学师德建设长效机制的意见》《中等职业学校教师职业道德规范》《幼儿园工作规程》等教育法律法规对教师所规定的职责和义务。道德与法律历来是相辅相成的,法律是道德的底线,也是道德的屏障。道德蕴含法律的精神,法律体现的是法治社会的基本道德规范,二者共同指向道德的底线。作为新教师,要准确处理师德基本规范与法律之间的关系,让师德成为教师行为的主标尺。

（三）师德是教师成长的发动机

师德作为教师职业发展的核心内容，应把师德修养纳入到教师专业发展的全过程，把师德发展同专业技能提升有机结合起来。师德修养一旦和教师专业发展有机结合起来，就找到了现实的载体，师德也就成为教师成长的发动机，成为教师专业知识和能力提升的精神力量。

作为新入职的教师应当将职业道德理想作为自己职业道德修养的最高价值目标，只有这样才能为实现自己的价值目标提供精神力量源泉。因此，新教师应当自觉地在教育教学实践中积极开展职业道德修炼，提升自己的师德修养水平，自觉用职业道德理想统领自身的教育教学思想、理念和行为，实现师德修养与专业发展的融合，从而促进自己的职业成长。

总之，新教师应当深刻领会，师德是教师职业发展的主心骨，师德是教师行为的主标尺，师德是教师成长的发动机。教师要将加强师德修养贯穿教育教学的全过程，将师德修养化为一种直觉行动。教师应时刻牢记，教育是一项“良心活”，事事是德育，处处有德育，时时皆德育。

第二节 严格遵循师德规范

随着教育的不断发展，教师职业道德的内涵、特性与要求在不同的历史时期和不同的国家甚至不同地区有着一定的差异，体现出一定时期社会与教育的发展状况。作为新教师，应当准确把握我国教师职业道德的基本规范，并努力将这些规范内化于日常的教育教学工作中。

一、教师职业道德基本规范概述

由于教师职业的专业化，教师职业道德规范逐渐形成一个完整的道德理论体系。从 1984 年至今，我国共颁布了四次中小学教师职业道德规范（表 2－1）。从规范中可以看出，虽然随着时代的变迁，教师职业道德基本规范的主要内容有所不同，但是总体上看都一直很强调教师的“四重关系”——教师与国家和社会的伦理道德关系、与学生的伦理道德关系、与学校集体的伦理道德关系、与家长等社会群体的伦理道德关系。这四层关系涵盖了教师基本道德规范的方方面面，也为新教师理解师德提供了一种清晰的思路，对新教师的实践具有很好的指导意义。

表 2－1　不同时期我国教师职业道德基本规范

教师职业道德规范文件	主要内容	体现关系
1984 年，《中小学职业道德要求（试行）》	• 爱国爱党，热爱教育事业； • 执行教育方针，教书育人； • 认真学习，努力提高业务水平； • 热爱学生，建立良好师生关系； • 遵纪守法，处理好与学校、家长和社会的关系； • 注重个人修养，为人师表。	主要调节教师的四重关系：教师作为公民与国家、社会的伦理道德关系，教师与学生的伦理道德关系，教师与学校集体的伦理道德关系，教师与家长等社会群体的伦理道德关系。
1991 年，《中小学教师职业道德规范》	• 爱国爱党，加强思想学习； • 执行教育方针，教书育人； • 提高理论水平，钻研业务； • 热爱学生，保护其身心健康； • 热爱学校，团结协作； • 注重个人修养，为人师表。	主要调节教师的三重关系：教师作为公民与国家的关系，教师与学生的伦理道德关系，教师与学校集体的伦理道德关系。（未提及教师与家长的关系）
1997 年，《中小学教师职业道德规范》	• 依法执教 • 爱岗敬业 • 热爱学生 • 严谨治学 • 团结协作 • 尊重家长 • 廉洁从教 • 为人师表	主要调节教师的四重关系：教师与国家的伦理道德关系，教师与教育系统内群体的伦理关系，教师与学生的伦理关系，教师与教育系统外群体的伦理关系。
2008 年，《中小学教师职业道德规范》	• 爱国守法 • 爱岗敬业 • 关爱学生 • 教书育人 • 为人师表 • 终身学习	主要调节教师的四重关系：教师与国家的伦理道德关系，教师与学生的伦理道德关系，教师与教育系统内群体的关系，教师与教育系统外群体的关系。

从上述教师的“四重关系”出发，可以将师德划分为四个方面，即对待教育事业的道德、对待教育对象（学生）的道德、对待其他教师及教师集体的道德、对待家长及其他社会人员的道德。作为新入职的教师一定要重视对这些关系的处理，明确相关的师德原则和规则，这是迈好职业生涯第一步的关键。

二、对待教育事业

教师要忠诚于人民的教育事业。综合来说，新教师要忠于职守，依法执教，为人师表，积极进取。

（一）忠于职守

新教师在教育教学工作中应尽心尽力地完成教师岗位所赋予的各项职责，所付出的劳动应不辜负社会给予自己的地位、荣誉和报酬。忠于职守的核心是贯彻党和国家的教育方针、坚持正确的教育导向，教书育人，积极推进素质教育和课程改革。教师要志存高远，勤恳敬业，甘为人梯，乐于奉献；对工作高度负责，认真备课上课，认真批改作业，认真辅导学生，不敷衍塞责。

（二）依法执教

依法执教是指教师严格依照法律规定来开展教育教学活动，它是教师教育教学法治化的必然要求。新教师要自觉遵守教育法律法规，在教育教学中依法办事，依法保护学生的合法权益，不得有违背党和国家方针政策的言行。从教师职业行为的规范要求看，国家教育行政部门根据其特点对中小学教师以及幼儿园教师的职业行为分别做了不同的规范性要求，既有正面的列举，也有负面的列举，形成了新时代中小学教师以及幼儿园教师职业行为的基本准则。作为新教师应当严格按照规范的要求，规范自己的职业行为。

【案例】

教师行为失范处理案例①

2014年9月10日，因学生未向任课老师赠送教师节礼物，依兰县高级中学高二年级（十七）班班主任冯群超在第八节课上对学生进行了长时间

① 本案例来源于教育部网站：http://www.moe.gov.cn/ jyb_xxgk/s5743/s5972 /201409/t20140924 _175372.html。

训斥和谩骂。冯群超离开班级后，该班学生每人凑钱1至5元，凑了395元，加上班费281元，共计676元，由5名学生到超市购买6箱牛奶送给包括冯群超在内的6名任课老师，共花费296元，剩余380元交给管理班费的同学。此前的9月5日，依兰县教育局开会传达教育部《严禁教师违规收受学生及家长礼品礼金等行为的规定》，要求各学校传达到每位教师，但该校对相关文件没有传达贯彻。教师节期间，该校34名教师接受学生赠送的茶叶、水杯、剃须刀、篮球、服装等各种礼品，合计价值4084元，人均120.12元。最终哈尔滨市及依兰县有关部门依据相关规定，给予相关人员不同程度的处分。

教师职业行为如果触犯了相关师德规范，教师将受到教育行政处分。教师冯群超在课堂上谩骂学生并索要礼物的行为，严重违背作为一名教师应有的基本职业道德和操守，严重损害了教师队伍的整体形象和职业声誉，对学生健康发展造成了难以估量的损害，产生了恶劣的社会影响。根据相关规定，该教师被开除出教师队伍。作为新教师，务必严格遵守教育法规，依法执教，这是教师教育行为的底线。

（三）为人师表

教师是学生思想品德形成和发展的重要影响因素。教师在教育教学以及管理过程中所表现出来的良好师德修养会在一定程度上激励和感染学生，对学生的人格发展发挥显著的榜样效果。为人师表意味着要求学生做到的，自己首先应该做到。比如老师要求学生不能迟到，首先自己平时是不是一个守时的人？要求学生诚信，首先自己是不是诚信的人？老师要求学生刻苦学习、认真做事，首先自己备课、对待工作是不是认真？等等。

【案例】

轻声换轻声，让幼童学会倾听[1]

孙老师在A幼儿园参加见习教师规范化培训期间，一直跟着戴老师和大（五）班的孩子们一起学习生活。在跟岗的过程中，孙老师发现戴老师常

---

① 本案例由上海市普陀区童的梦艺术幼儿园孙琰灵提供。

常用中等的音量缓缓地和孩子们交流,孩子们都能够清晰地听到指令且井然有序地活动。有一次,大(五)班有个男孩在自由活动时大声地和小朋友说笑着,戴老师就走到他的身边,轻轻地对他说:“轩轩,请你说话声音轻轻地,你的朋友就在边上,他能够听见你的声音! 声音太响了,其他小朋友就听不清他的朋友说什么了。”轩轩听了戴老师的话后,明显降低音调,小声地和身边的朋友一边玩小火车一边聊天。

孙老师自己带班的时候常常遇到孩子们在自由活动的时候声音很大,有时还会出现尖叫声。孙老师没办法,只能用更大的声音去提醒他们“请你们用悄悄话的声音和边上的朋友说话”,就像和孩子们比嗓音一样,一声还比一声高,可是效果却不明显,整个教室还是闹哄哄的,孙老师也感觉很累。

后来,在戴老师的指导下,孙老师尝试着从最初的来园活动就开始和孩子们用中等的音量打招呼,并对他们提出了要求:“从今天开始,孙老师要考验考验你们耳朵的本领,我会用这样轻轻的声音和你们说话,你们想要很清楚地听见就要怎么样呀?”“要安静!”“要耳朵仔细听!”果然通过这样的初步尝试,这一天的教室比平时安静了许多,孩子们也不像过去那样显得很浮躁。

作为一名新教师,要率先垂范,为人师表,不断提升自身的职业道德修养,以实际行动滋养学生的品行;要时常内省,以师德标准深刻反思自己的言行举止,进行自我反思与批判,进而不断地提高自我,逐步地认同职业道德,修正教育教学行为,最终达到自觉的师德境界。

(四) 积极进取

积极进取是指教师在工作中根据时代变化发展的要求,不断改善和提高自身工作质量,向更高的目标迈进。教师积极进取就是要实现师德与教育教学的融合。那么,新教师如何以问题导向促成师德与教育教学的融合? 这其实包含两个层面的问题:一是新教师要善于反思,发现师德养成中的具体困惑与问题;二是怎么样通过反思问题促成师德与教育教学的融合。只有将两个方面的问题处理好,才能真正实现师德的养成与教育教学专业发展的有机结合。

【案例】

于漪老师用语言“粘”住学生①

一次,一个调皮的男同学在听了学校组织的专家报告后对于漪老师说:“他讲了一百五十多个‘这个’,其他我什么也没有听到。”说完,还把练习簿打开给于漪老师看,上面画满了计数的一个个“正”字。这件偶然的小事对于漪老师震动很大,她意识到不规范的教学语言对教学效果有如此大的危害性。于漪老师马上反躬自省,觉得自己的教学语言毛病也不少,可能影响到学生的学习质量。于是,于漪老师立即着手提升自己教学语言的规范性、科学性、生动性,于漪老师是这样做的:用语言“粘”住学生。于漪老师的目标是“出口成章,下笔成文”。在于漪老师看来,我是语文教师,在语言的应用方面,应该成为学生的榜样,不能说的是一套,自己行的不一样。如何规范自己的语言,清除语言中的杂质,提高语言的质量?她用了“以死求活”的方法,用比较规范的书面语言改造自己不规范的口头语言。当时,年纪轻,有劲儿,追求完美。她把上课的每一句话都写下来,然后自己修改,把不必要的字、词、句删除,把不合逻辑的地方改掉,然后,背下来,然后,再口语化。这样一来,啰唆、重复、语病大大减少。每天到学校,她要走20分钟路才乘到公共汽车。这20分钟里她就把上课的内容“过电影”,在脑子里放一遍:怎么开头,怎么展开,怎么发展,怎么掀起高潮,怎么结尾;这个问题下去,学生怎么回答,回答不出,怎么引导,怎么铺垫……乘上车,有时继续想,乘过站的情况经常发生。这样做的结果,不仅完善了教学语言,而且一堂堂课心中很踏实,无丝毫飘浮感。课后,再记个“教后”,简要地记下学生学习的闪光点和自己教学的缺陷、不足,乃至错误。一步一个脚印,打好做一名合格教师的基础。每学期两大本教案,红笔进行修改,于漪老师坚持了两年,她的口头表达能力有明显提高,教学用语文化含量加大,教学语言更加生动了、流畅了。

于漪老师的做法生动地诠释了教师如何以问题导向促成师德与教育教学的

① 本案例选自《岁月如歌》,上海教育出版社2007年版。

融合。正是因为她对工作、对学生高度的责任感,才能在一次偶发的小事中发现其蕴含的教育问题。反躬自省,意识到自己也存在相似问题,立即着手解决,毫不含糊。详写教案,反复精修,背诵教案,撰写教后记,如此反复,整整两年。于漪老师采用看似非常死板的方法,最后修炼出令学生着迷、自己满意的课堂,做到了用语言"粘"住学生。这是她作为一名语文教师进取心的自觉,更是一名教师对自己课堂负责的自觉。努力让自己的课堂更有吸引力,更富专业性和教育性,这就是师德的最佳表现。新教师只要向于漪老师学习,尊重教育职业,敬畏课堂,积极反思自己教学中存在的问题,下大力气予以解决,假以时日一定能够赢得学生的喜爱,成长为一名师德高尚的人民教师。

但是,在教育实践中,教师尤其是新教师往往很难把握自己的行为边界。为了让新教师更好地理解和贯彻教师职业道德规范,规范自己的职业行为,以下罗列了在教育实践中教师对待教育事业的负面清单,以便新教师明确自己的行为边界。

表 2－2　对待教育事业师德的负面清单

内容	负面清单
对待教育事业的师德规范举例	(1) 不准在生活或网络中有违背国家法律、方针和政策的言行,不准参加和支持有损国家和人民利益的活动; (2) 不准参与赌博、变相赌博、封建迷信活动和酗酒等不健康活动; (3) 不准无故迟到、旷课,随意调课和对工作敷衍塞责,不思进取; (4) 不准在工作时间内做与教育、教学工作无关的事情 ; (5) 不准在课堂上抽烟和使用手机、电话等影响课堂教学正常进行的通信工具; (6) 不准利用专业职务或专业工作的便利,收受他人的财物; (7) 不准未经组织批准从事第二职业和经商活动; (8) 不准不修边幅、着奇装异服、浓妆艳抹等。

三、对待教育对象

教师与学生的关系是教师在教育工作中面临的最重要的关系。新教师要平等、公正、民主地对待每一位学生,在处理与学生的关系时,要把自己摆在与学生平等的位置上;要公正地对待每一个学生,不得以成绩、家庭、性别、相貌为由,偏袒或歧视学生；要充分考虑大多数学生的意愿和建议，不能剥夺学生的民主权利。

（一）平等

在教育教学中，教师往往处于“教育学生”的位置，加之成人又具有知识、能力等方面的优势，因此有些教师会把师生关系错误地理解为“上下级关系”，追求教师的“霸权”。不平等的师生关系往往会影响教育教学的效果，甚至会让学生产生反感。因此，教师要把自己放在与学生平等的位置上，和学生保持亦师亦友的关系，不应该把师生关系错误地理解为上下级关系，追求教师的绝对权威。新入职教师要走进学生的心灵，首先就要尊重学生和学生平等相待。

【案例】

于漪老师以学生为中心的先进事迹[①]

教师必须充满爱心，漫长的半个世纪，几十年的春风化雨，我教过的学生数以千计。尽管这些学生来自不同的年代，有过不同的社会背景，然而，我对他们的爱是始终如一的，我对每一个学生的尊重也都是同样真诚的。在我眼中，教育事业是爱的事业，师爱超越亲子之爱、友人之爱。作为教师，教育对象没有选择性，每个学生都是“变数”。成长有先后，教师不能用一成不变的眼光看待学生。教师对他们要满腔热情满腔爱。在这种心目中有学生、一个心眼为学生的思想指引下，虽然我带过不少乱班、乱年级，但是无论再乱，我对教育学生的痴情不改。1973 年，我带了一个全校最乱的年级，经过与年级组全体老师的共同努力，到 1977 年时，年级组被评为上海市先进集体。20 世纪 70 年代初期，我带学生下农村劳动，一位女同学半夜里突然发高烧。由于医疗条件差，交通不便，我和另一位女同学顶着寒风，背着生病的同学步行十多里地到医院治病。当时，我已人到中年，腹部刚动手术不久，到医院已汗透全身，两眼发黑。我发现，人有很大的忍受力，也有很大的潜能，只要真正把学生放在心上，就会超越自己，释放出巨大能量来。这“巨大能量”正是来源于我的职业理想，来源于我对学生无私的爱。

对学生的爱不是说在嘴上，写在纸上，而是要身体力行，用行动检验。

① 本案例选自《育德：滴灌生命之魂》，上海教育出版社 2017 年版。

我只有一个独生子，由于我先后患胃溃疡、肝炎等重病，孩子身体极坏，多次病危。我夜里陪夜，白天照常上班。谁没有亲子之爱？看到孩子被病魔折磨得痛苦万分，我多次想请假，但我教的学生面临高三毕业，怎能耽误他们呢？我不是医生，不会治病，我的岗位在学校。于是，我咬咬牙，坚持上班，不动声色。几十年来，我没有为家庭私事，包括母亲病故、婆母逝世，脱过一节课，脱过一天班，这样做，我觉得心里很踏实，对得起学生。

作为新教师，如何处理与学生之间的关系是新教师入职后直接面临的问题。于漪老师的先进事迹给新教师如何处理与学生之间的关系树立了榜样，那就是平等对待学生、用心爱学生。

一名教师，尤其作为一名新教师，有责任和义务建构亦师亦友的师生关系。学生处在成长期，有其独立的人格，渴望独立和尊重，具有强烈的自我意识。新教师要顺应学生的心理需求，以学生为中心，尊重学生的人格，平等对待学生，爱护学生、尊重学生、帮助学生，努力构建和谐的师生关系，提升自身教育道德修养。

（二）公正

教师公正主要是指教师对待学生的公正，即教师在教育教学的实践过程中，公正地处理教师与学生、学生与学生之间的关系。教师公正是教育公正的核心，是素质教育的内在要求，也是当今教师必备的职业责任与职业道德。教师对于学生的公正具体表现在以下几个方面：从全体学生来看，是否做到一视同仁；从学生个体来看，是否做到因材施教；从人格的角度来看，是否做到尊重学生；从发展的角度来看，是否为每个学生提供了适应其身心发展特点的教育；从教育资源分配的角度来看，是否做到公平合理；从对学生评价的角度来看，是否做到了赏罚分明。

【案例】

老师，我也想参加比赛①

月初，学校举行一年一度的新生体操比赛。体育老师在帮我班排队的时候，发现我班队列多出一个人，显得不整齐，而小麦练操时总是跟不上节

① 本案例改编自刘凯：《老师，请尊重学生》，《班主任》2019 年第 2 期。

拍，动作也不到位。

“别让她上了。”体育老师跟我建议说。我想小麦的不合拍肯定会影响班里的比赛名次，于是默认了体育老师的安排。

在以后的日子里，体育老师每天都会带着大家练操，小麦就一个人坐在旁边的树荫下默默地看着。可临近比赛的前一天，我收到了小麦的一张字条，她说自己其实也很想参加比赛，还说她哭了很久。

“这么长时间没参加排练，现在上怎么行呢?!”我心里想着，顺手把纸条放在一边。那次比赛，我班如愿夺得冠军。可是，在期末的学生民主评议老师环节，我班的同学对我有许多不好的评价，学校领导找我谈话，并让我自己了解学生对我真实的评议意见。我一张一张地看着，越看脸色越难看，越看心情越沉重。“老师，请您不要单看我的外表，更要看我所做的努力，别老认为我是班级的累赘。”我想，这肯定是小麦的心声。

我决心在班会课上向小麦道歉，请小麦原谅我。那一刻，掌声雷动，小麦激动得哽咽起来，走上讲台紧紧地抱着我。我感谢同学们对我的宽容，更庆幸自己有机会改正了错误。

在本案例中，教师打着班级荣誉的旗号，无视学生小麦参赛的渴求，其实是剥夺了学生正当的参与权利，这是有违师德的表现。教育，绝不能为了目的而不择手段。教师牺牲部分学生合理权益的做法，不仅伤害了师生关系，更是给学生树立了一种为追求目的可以不择手段，枉顾他人利益的坏榜样，这与新时代教育要落实立德树人根本任务是背道而驰的。新教师在教育教学过程中，千万不能因为个人功利的需求，做出有损学生利益的行为。

教师在与学生交往的过程中，要公正地对待每一个学生，不得以民族、性别、家庭背景、地域、相貌、身心的发展水平为由偏袒或歧视某些学生，应当时刻提醒自己教育的真正目的是促进每位学生的健全发展，从而在教育教学的实践过程中，自觉地践行公正行为，建立公正的师生关系。

（三）民主

民主是指教师在处理与学生的关系或做决定时，应充分考虑大多数学生的意愿和建议。但在过于强调师道尊严的传统师生关系中，往往过于强调教师的权威地位，师生之间容易沦为单向的命令—服从关系，长久以往，既妨碍建立亲师向师的良好关系，影响教育教学质量，又不利于培育学生的民主意识，影响其未来作为现代公民参与社会管理。

倡导建立民主的师生关系，主要表现在三个方面：一是尊重学生，创设民主平等的氛围，让学生参与学校和班级规范的制定，充分体验“主人翁”当家做主的感受；二是改革以灌输和静听为主的课堂，强调学生的主体地位，多使用讨论、探究的教学方式，解放学生的思维；三是鼓励学生积极参与综合实践活动，在尝试解决社区、社会问题时，鼓励学生平等参与和独立判断。

【案例】

班级改革求发展，顺口溜中向前看①

李老师是一名非常有经验的班主任，每接手一个班，第一件事就是组织学生自己把班规制定好。新学期，李老师又接手了一个新班。为了充分贯彻民主精神，李老师组织学生进行以“发现”为主题的调查活动，要求大家记录哪些行为是文明的，哪些行为是不文明的，哪些是需要改进的，可以采取什么措施。记录下来的现象统一汇总给班委会整理，再由全班表决形成班规。

一周后，梳理好的班规交上来了。好家伙！有180多条呢！再仔细一看，一连串的“不”赫然映入眼帘：不乱说、不乱丢、不乱带……怎么全是禁止？教育难道就是管住学生的行为吗？李老师想可不可以将班规变成鼓励和提醒，改成顺口溜。同时，对于提醒无效的学生，如果连续三次犯错不改，就按照以前的班规处置。

那么多的班规要改成顺口溜。怎么写？谁来写？这又是一个问题。交给学生！李老师做出了一个大胆的决定。于是她抽出一节课给学生讲解写“诗”的基本常识：从押韵、平仄到古风、律诗、绝句、顺口溜、打油诗，李老师讲了个遍。学生个个听得跃跃欲试，摩拳擦掌。于是，《九(5)班一日常规》《安全常识顺口溜》《宿舍管理顺口溜》等像雨后春笋冒了出来，班级管理渐入正轨，正所谓：班级改革求发展，顺口溜中向前看。年终评优九(5)班，团

---

① 本案例改编自刘玉琴、陈建军：《重拾优雅——“新锐班主任”李艳妮的学生自治之道》，《新班主任》2019年第2期。

结一心笑开颜。

案例中的李老师，在长期的教育教学过程中，已经牢固树立了信任学生、民主管理的理念，并落实到教育教学管理实践中。李老师勇于创新，意识到现在的孩子都不喜欢听老师说教，但是喜欢朗朗上口的顺口溜，就尝试把自己想说的道理融进顺口溜中，这样学生就乐于接受了。班级管理顺口溜既体现了规则性，又体现了人文关怀，何乐而不为呢？

如果教师在与学生相处时恪守“民主原则”，那么“民主原则”就可能在学生幼小的心灵中生根。

表 2－3　对待教育对象的行为负面清单

内容	负面清单
教师与学生之间的关系	（1）不准以任何借口歧视、侮辱学生，不准使用威胁性的语言以及体罚或变相体罚学生； （2）不准以成绩优劣、家庭、相貌、性别、民族、地域为由偏袒或歧视学生； （3）不准凭借教师工作的便利，向学生推销商品或未经国家和省教育主管部门审定的课外书刊、教辅复习资料、音像制作成品； （4）不准以任何借口向学生索要财物或接受学生的馈赠； （5）不准乱办班乱收费，强制有偿补课； （6）不准以任何借口隐匿、毁弃、查阅学生的日记和信件； （7）不准泄露学生及其家庭的隐私； （8）不准利用教师的优势地位和便利条件与学生谈恋爱。

四、对待其他教师和教师集体

在教育实践中，作为教师一分子与其他教师构成教师集体共同完成教育教学任务，是现代学校教育系统的主导模式。良好的人际关系对于新教师的职场适应非常关键。而如何处理好同事之间的关系，是有一些基本的原则可以遵循的。新教师要谦虚谨慎、团结互助，自觉维护同事与教师集体的荣誉，共创文明校风和文明集体。教师之间要相互信任和尊重、协同工作、共同发展。

（一）相互信任和尊重

每一个教师都应该理解其他教师的工作责任和工作环境，以平等的态度信任和尊重其他教师。新教师刚进入新的学校,有可能会因为自身的性格、气质等方面的差异,而很难尽快地适应新的环境。新教师要意识到无论在什么样的关系中,相互信任和尊重都是非常重要的,尤其是像教育这样工作效果群体性和工作过程协作性都非常强的工作,和谐、团结、协作的工作关系尤其重要。在与其他教师相处的过程中,新教师首先要学会相互信任和尊重。

现在很多新教师都毕业于高等院校,基本上都是本科文凭甚至还有不少教师是硕士文凭。与很多参加工作许多年的老教师相比,新教师的学历确实更高,思想观念往往也更加新潮和前卫,教育理论知识也更加扎实和灵活,但是在具体的教育教学实践中新教师也确实有很多薄弱的地方,比如有些新教师自恃才高、学历高而目中无人、狂妄自大。新教师当然也不要为了恭敬谦虚而去刻意迎合他人。

【案例】

真的是"不给面子"吗?

新教师小韩所在的学校教学研讨氛围较浓,每位教师一学期至少要开两次校级公开课。这次,排到韩老师上公开课了。韩老师很重视,多次向自己的带教老师请教,并利用自己高超的电脑技术,制作了生动活泼的PPT。课后,韩老师自我感觉还比较好,但到评课环节,性格直爽的李老师点评最多,批评得最严厉。他说讲课不是作秀,要实在,要真实,要通俗,要说孩子的话,不要照本宣科。当着那么多教师,一点情面也不留,弄得韩老师满脸通红,羞愧难当。幸亏,性格温和的张老师打了圆场。评课结束后,韩老师平定心情,认真思考李老师对这节课的点评,特别是批评部分,韩老师意识到自己虽然认真地备了教材,但是对学生的学情了解不够,自认为生动的PPT的确没有对教学起到促进作用,反而代替了学生的思考过程。想到这里,韩老师非常感谢李老师的直言不讳。韩老师并不记恨李老师的"不给面子",相反,他非常感激李老师,每次有不明白的问题,都虚心向他请教。李老师也意识到小韩老师"孺子可教也",对他的指导更加用心了,韩老师教学进步得很快。一年后,小韩老师在区级教学比武中代表学校参赛,获得一等奖的殊荣。

案例中李老师点评韩老师的课，当着众多老师的面批评指出韩老师上课的不当之处，弄得韩老师满脸通红，羞愧难当。这是李老师故意给小韩老师找碴儿吗？显然不是的。李老师是在实事求是指出韩老师上课的不足之处，帮助他改进。新教师要知道，在工作中能够遇到这样“不留情面”直指自己工作不足之处的老教师是一件很幸运的事情，老教师中肯的批评和建议对于自己教育教学能力的提升会有很大的帮助。当遇到这样的情况时，新教师要摆正心态，明白这些批评和指正是“对事不对人”的，是可以帮助自己提升能力的，要虚心听取并努力改正。

（二）协同工作

新教师应该认识到自己的工作是整个教育工作的一部分，教育集体最终目标的实现需要集体中各位教师的协同工作。没有其他教师的支持与协同，就没有自己分内工作的顺利开展。因此，一定要团结一致，相互支持，为达成教育目标而共同努力。

在学校中有年级组、教研组等不同的教师组织群体，这些团体为教师之间的协同工作提供了很好的平台。年级组的建立有利于同年级不同学科教师之间的协同合作，因为同年级教师面对的教育对象是相同的，很多教育问题具有相似性，同年级教师之间往往有很多可以相互借鉴和共享的经验和资源，通常会有更多的共同语言。新教师要积极参加年级组活动，多与年级组的教师沟通交流，这样可以更深入地了解教育对象，有些教育教学中的问题也可以和年级组教师共同协作解决。教研组是同学科不同年级教师之间交流沟通的主要平台，新教师要积极参与教研组的教研活动，虚心向老教师请教，可以有利于自身专业能力的提升，共同努力加强学校的学科建设。

【案例】

这个我会，我来教你

星期二，新教师李老师去学校财务室交班级学生午餐费，会计正在核算学校全体教职工的绩效工资。李老师带着满脸笑容推门而入，却见会计邓老师愁眉苦脸，正埋头在电脑前。原来会计正在核算学校全体教职工的绩效工资，正在从一个电子表格里一个个查找数据，已经半个多小时了，可是还有一半的数据没有核实。邓老师指着电脑说：“一个个查找数据，太麻烦，工作效率也低，我的眼睛都吃不消了！”李老师恰好知道 VLOOKUP 函数就是专门查找匹配数据的，马上就手把手地教邓老师，半小时后，邓老师终于掌握了这种查找方法，愁苦的脸马上绽放出笑容。他兴奋地说：“太谢谢你了，我本来需要一个小时，现在一分钟不到就轻松搞定了。谢谢你让我学习了一个新技能。”

案例中李老师看到会计邓老师遇到技术难题，并不是嘲笑挖苦或置之不理，而是充分发挥新教师了解计算机技术的优势，耐心帮助老教师学会一门新的专业技术，大大提升老教师的工作效率。小李老师的做法，不仅为自己攒了人品，结下好人缘，有利于个人快速融入学校新环境，更是说明他能够自觉认同学校教师集体互帮互助、协同发展的学校文化。

（三）共同发展

教师之间应摒弃“文人相轻”“钩心斗角”等错误观念和做法，相互之间的协作应当是互利的，是谋求工作的顺利开展和最佳教育效果的成功获得。

【案例】

勇于担当，助推自我发展

十一月中旬，任教五年级(一)班语文的王老师突发急病，需要住院治疗。学期已快过半，谁来接任她的班级？校长很是苦恼，于是，她召集学校语文组会议，和老师们商讨解决方案，希望有老师能够勇挑重担，兼任五年级(一)班的语文教学。校长的话音落地，小小的会议室一片安静，无人发言。詹老师毕业已经四年了，目前任教四年级的语文，她环顾四周，看着其他老师为难的面容，非常能够理解，几位教师中，有的刚休完产假，有的孩子正处于初三紧张时期……詹老师虽然自觉教学经验还不够丰富，更重要的是高年级的教学压力也大得多，她知道这是个“烫手山芋”，但是现在学校困难，语文组碰到了大难题，自己作为青年教师，理应挺身而出。

于是，詹老师自告奋勇地对校长说：“我来接手王老师的语文课，我有信心教好他们。”詹老师的话音刚落，校长和其他老师都高兴地为她鼓掌，并纷纷表示会帮助她上好课。从此，詹老师每天除了上课批改作业就是伏案备课，有时晚上加班到深夜。其他老师热心地帮助她备课，特别是五年级

(一)班的班主任用心帮助她熟悉每个学生的特点,让她尽快地适应新的课堂。期末考试,詹老师兼任的五年级(一)班语文成绩名列前茅,校长、老师们都向詹老师表示祝贺。詹老师收获了自己辛勤付出的喜悦,更感受到了同事们对自己的真心帮助,集体荣誉感更强了。

案例中的詹老师在同事突发急病学校教师紧缺的情况下,勇挑重担,帮助学校解决燃眉之急。她的做法一方面体现了教师之间的团结协作精神,相互补位;另一方面体现了教师对学生的高度责任心,担心教师的缺位影响学生的发展;更重要的是体现了教师敢于挑战、主动发展专业能力的自觉性。当然,詹老师的成功,离不开校长的信任和其他教师的专业帮助与支持。

表 2-4　对待其他教师和教师群体道德的负面行为清单

内容	负面清单
教师与同事、集体之间关系	(1) 不准利用职务的便利和影响,妨碍同事的正常工作; (2) 不准以任何借口在公共场合或学生面前采取造谣中伤或诽谤等方式诋毁其他教师或教育集体的人格、声誉; (3) 无正当理由,不准违反教育集体共同做出的决定、规则而擅自行动; (4) 不准抄袭、剽窃、贬低他人的学术成果。

五、对待家长和其他社会人员

家长是教师日常工作中面对的一个非常重要的群体,尊重家长、善待家长是教师做好教育教学工作的重要保障之一。教师在面对学生家长时首先要主动沟通,其次需要平等相待,另外还需要时刻牢记自己教师的身份。

(一) 主动沟通

在与家长及相关社会人员的交往中,教师应担当主动沟通的角色。教师主动与家长沟通,有利于学校教育工作及时有序地展开,也有利于教师把握好沟通的时机,从而取得更好的教育效果。新教师要明白,教师和家长是同盟军的关系,彼此的目的是共同的,都是孩子健康成长的引路人,都肩负着教育好孩子的重任,教师和家长都应该对孩子的成长起教育、引导和示范的作用。新教师要克服心理障碍,积极主动地与学生家长沟通交流,时常与家长联系汇报学生在校的学习情况。

教师可以采用家长会、家访、电话、书信、网络信息等沟通方式，主动与学生家长及时沟通，交流学生在校内外的表现，商讨促进学生成长进步的方式方法。家长和孩子朝夕相处，对自己孩子的性格特点、兴趣爱好了如指掌，能较为真实全面地反映学生在校外的情况。在教育过程中出现问题，教师应该及时与学生家长取得联系，并且要注意放下“教育权威”的架子，向家长征求意见，共同解决问题。

教师在与家长沟通的过程中要注意讲话的方式，要多表扬孩子的长处和进步，“多报喜，巧报忧”，把教师对于学生的爱心、耐心、责任心流露给家长，让家长深切地感受到教师是真心实意地关心爱护自己的孩子，教师是真心为自己的孩子好，这样一来，教师的工作就会比较容易得到家长的理解、支持和配合。

【案例】

他只是没人理解①

早读时分，靠窗那头的第一个座位仍旧空着，第三天了，他还没来上学。

两天以来，我和小豪的妈妈通过三次电话，得到的回答总是“他生病，今天让他休息休息，明天应该会来”，然后就匆匆挂了电话。孩子三天没来上学，母亲的话语简短又不自然，考虑到这是一个单亲家庭，我不由觉得事有蹊跷。家访之后才了解具体情况。小豪的妈妈平日里工作繁忙，起早贪黑，无法像大多数父母一样，周到细心地照料孩子的日常起居。小豪的生活就是每天拿着妈妈留在桌上的五十元钱，领“薪”度日。让他最介意的是，即便母子二人能够有一些相伴的时间，也总被妈妈的训斥占据，久而久之，他便想要逃离这样的生活，网络游戏最终成了他的归宿……

白天不懂夜的黑，孩子眼里不管自己的父母，和父母眼里不懂事的孩子，也着实是让人两难的棋局。在和小豪妈妈沟通的过程，我说：“您这种处境，我真的真的很能理解！但是您想过没有，小豪会不会也有这种感受？成绩好的时候，也不见您怎么表扬；成绩拿不出手的时候，您会不会也不给

---

① 本案例由上海市曹杨中学阎俊提供。

他好脸色看？您对他的关心如果方式不对，在他的眼里会不会觉得您把他当成了一个读书机器？我们希望一个领导对下属多关怀少催促，多贴心的问候少冰冷的苛责。孩子也是人呀，他难道不希望妈妈是那个最理解他的人吗？您的难处我们成年人都懂，可孩子的心智没有那么成熟，您不懂他，他更不懂您啊！”小豪的妈妈只是叹气，没有作声，或许是她不曾想过我所说的话，缓不过神，抑或是她觉得眼前年纪轻轻的老师依然无法体会她一人育子的艰辛。这一幕，正是师、生、家长在处理教育问题过程中，最为真实的一幕。

总之，哪怕是自己的孩子，也只有你试着去了解他，才会真正走进他的内心。所谓“教育”只有发生在这样的前提下才真正有效，老师和家长皆是如此。第二天清晨，窗头的座位上并没有空着。我知道，那会是一个全新的开始。

和很多沉迷于游戏的孩子不完全一样，像小豪这样的情况，并非是被游戏中那种娱乐性的快感而吸引。他不来上学也要留在家里打游戏的举动更像是对母亲的一种控诉，是一种典型的因情感呵护缺失而导致的心理叛逆。案例中的青年教师通过家访及时了解到小豪不上学的真实原因，主动和家长沟通，并提出可行的解决方案，在“冰冻母子”的关系中架起了一座桥梁，让双方能够互相谅解。

（二）平等相待

新教师在处理与家长的关系时要坚守平等相待的原则，不能傲慢、贬低家长，同时也不能一味地迎合讨好家长。在沟通的过程中教师要尽量理解家长的难处，不能指责、训斥家长，更不能说侮辱学生家长人格的话。不准暗示学生家长体罚或变相体罚学生。不准向学生家长索要钱物或谋求其他方面的方便或好处。不准因民族、性别、地域、经济状况、职业、职务、相貌等原因，偏袒或歧视学生家长。否则很可能会造成教师与家长之间的隔阂甚至是对立，不仅会损害教师的形象，还会大大降低教育的效果。那种自恃自己有一定的专业知识，在教育学生问题上处于有利地位，从而轻视学生家长的态度和做法，既违反了正常人际关系的平等原则，也不利于教师与家长沟通和交往目标的实现。

【案例】

当体育活动遭遇家长抵制[1]

新学期，学校决定在各班组建男、女足球队，并定期举行“健身杯”足球赛。李老师班级的足球队很快组建完毕，队员们个个热情高涨，训练积极。他们充分利用早晨上课前、下午第四节课及周日下午的时间，铆足劲头，加紧备战。

可惜好景不长，两周后竟有约三分之一的队员要求退队，导致整个球队士气低落，训练效果极差。经过多方了解，原来退队的同学并不是自己不愿意参加，而是家长不允许孩子参加足球队，主要是怕影响学习成绩。怎么处理家长的不配合呢？李老师想：既不能用班级荣誉来强迫学生参加，也不能粗暴地批评家长不支持学校工作。李老师决定用不记名的方式进行问卷调查，让家长填写问卷，了解家长的顾虑究竟有哪些。问卷回收后，李老师对家长们反对的理由进行了归类：第一类是怕参加训练及比赛影响孩子的学习成绩；第二类是怕教练为了取得好成绩，训练得太苦，怕孩子身体吃不消。

针对家长提出的问题，李老师和学校认真沟通，逐一提出了解决方法。随后，李老师召开了家长会。一开始到会的家长脸上全都没有一丝笑容，眼中充满着疑惑，空气中还多少弥漫着一些“火药味”。李老师面带笑容，以平和的声调向家长们介绍了他与学校商讨准备采取的措施：(1)把下午第四节课由文化课全部改为活动课，全校学生都要参加踢球、跳绳、画画等活动；(2)学校要求教练在训练时，要循序渐进，既不能太过透支学生体力，也不能达不到负荷；(3)万一因训练和比赛令孩子们耽误了学习，学校会为孩子们进行补课。总之，学校的一切都是为了孩子的发展，既让孩子们踢好球，也让他们学好习。家长们听着听着，火消了，气散了，满脸的“乌云”不见了，不少家长还露出了笑容，纷纷表示一定积极支持、大力配合。

没有了后顾之忧，孩子们训练时变得主动、积极了。训练时间一到，他们就悉数到场，认真听教练讲解。训练场上，他们勇于拼搏，相互配合；休息时间，他们和教练一起，研究战术，切磋踢法……经过刻苦的训练，不到一年

---

① 本案例改编自夏慧敏：《当体育活动遭遇家长抵制》，《班主任》2019年第1期。

时间，李老师班级的足球队就获得了“健身杯”足球赛的冠军。

该案例中，家长以孩子学业成绩作为主要目标，再加上信息沟通不畅，导致不支持学校的体育活动。李老师采取尊重家长的意愿，想办法主动满足家长的合理需求，以民主的方式很好地解决了这次冲突，达到了家长、教师、学生都满意的结果。

（三）时刻注意师德修养

有些教师会觉得我是一名教师，工作时间内我在学校从事教学时遵守师德的要求就可以，下班后我在家或者社区活动就无须再严格遵守教师的职业道德，甚至有些教师会认为上班时间才涉及师德，下班后自己的所为与师德无关。这是不对的。倘若一名教师上班时工作兢兢业业，做了一名教师该做的，非工作时间扰乱小区公共秩序或从事不正当活动，那他还是一名好老师吗？

任何一名教师都不可能仅承担一种角色，所承担的多种社会角色又总是与更多的社会角色相联系。教师个体不管担当何种社会角色都要始终追求道德上的卓越与人格上的完美，以此养成高尚而稳定的教师人格。教师要明确师德不仅局限于教师职业活动领域，还应扩展到教师私人生活的领域，要处理好教师角色与其他角色之间的关系，努力在各种社会角色转换中保持美德的统一性。

表 2－5　对待家长的负面行为清单

内容	负面清单
教师与家长之间的关系	（1）不准因学生的原因，训斥、羞辱学生家长； （2）不准暗示学生家长体罚或变相体罚学生； （3）不准向学生家长索要钱物或谋求其他方面的方便或好处； （4）不准因民族、性别、地域、经济状况、职业、职务、是否残疾及相貌等原因，偏袒或歧视学生家长。

上海市普陀区为了进一步加强师德规范的可操作性，在师德的规范性与操作性上进行了一些探索，也更体现了普陀区师德建设的现状，形成了具有普陀特点的师德规范体系，即普陀区教育系统教师“六要六不”师德师风规范。作为新教师，既要准确把握国家层面上的师德基本规范，也要准确认知普陀区层面上的师德基本规范。

表 2-6　普陀师德师风规范："六要六不"

"六要"	• 要忠于初心、爱岗敬业，做有理想信念的好教师； • 要勤于学习、因材施教，做有扎实学识的好教师； • 要善于倾听、尊重理解，做有仁爱之心的好教师； • 要甘于奉献、以德立身，做有道德情操的好教师； • 要勇于超越、合作奋进，做能创新发展的好教师； • 要敢于担当、言行一致，做能廉洁自律的好教师。
"六不"	• 不在教育教学活动中有违背党和国家方针政策的言行； • 不体罚学生，严禁以侮辱、歧视等方式变相体罚学生； • 不增加学生过重课业负担，严禁违规组织校内外成绩排名； • 不弄虚作假，严禁在招生考试、考核评价、职务评审、教研科研中有造假行为； • 不开展、组织有偿补课，严禁参与校外培训机构兼职； • 不索要或收受学生及家长赠送的礼品礼金、有价证券或支付凭证等财物。

第三节　掌握师德养成关键

师德的养成是一个长期的过程，首先是解决教师认识的偏差。正如有学者指出，在以规范替代德行以及道德工具化的境遇中，教师角色美德亦即教师个体德行的养成成为一个边缘性的话题。一系列教师失德乱象在很大程度上昭示了当下教师师德的危机，但人们在放言谴责、释放一腔道德激情之外很少对其进行冷静而深入的探究。而且，教师角色美德的养成是一个个体私人性的、长期而复杂的积习过程，主要依靠个体在日常生活中自觉的点滴之"行"。因此，在追求眼球效应与轰动效果的社会氛围中，在以"短平快"和普遍性为特征的社会心理支配下，关于教师角色美德的养成问题被边缘化、无人深入探究也就在情理之中了。[①] 但是，人们对教师角色美德养成问题的漠视不但不能否认该问题的重要性，而且更加凸显了思考解决该问题的紧迫性。

① 冯丕红，李建华. 师德内涵的二维阐释[J]. 武陵学刊，2015,40(02):1-7.

一、增强职业认同感

通过长期的不懈努力，我国教师职业道德建设取得了显著成效，为提高教育教学质量和推动教师建设提供了坚实的保障。但是，随着经济全球化、思想多元化加快，人们的思想观念以及行为发生着深刻的变化，物质主义、享乐主义、个人主义对教师职业道德产生了一定程度的冲击，使得教师职业道德呈现滑坡的态势。不少数据表明，教师队伍存在缺乏敬业精神、进取精神的问题。教师师德的滑坡对教师发展和教育质量产生了消极的影响，已成为一个亟须解决的现实问题。

解决这一现实问题的根本就是，要增强教师尤其是新教师的职业认同感。职业认同是指个体对于所从事职业感受的正面评价。只有人们有强烈的职业认同感，才会热爱自己的职业，才会认真对待自己的工作。如果教师职业的社会认同不足以让我们心生向往时，精神鼓励以及自身的职业认同就显得尤为必要。职业认同具有很强的主观性，新教师需要换一个角度来看待其职业，要认识到教师职业的价值不在于物质享受，而在于内在的精神追求。学生的成长、学校的发展、自身的专业成长都是幸福的源泉。

二、避免师德庸俗化

师德是教师的精神家园，真正的教育关乎人的精神世界，引领生命境界的提升。教育是对人灵魂的塑造，而非仅仅是知识的学习。如果一个教师过于关注职业给予的物质享受，以个人主义作为自己的价值取向，那么，其师德就必然陷入庸俗化的陷阱。事实上，一个优秀的教师，不仅具有渊博的知识，更多的是包含对职业情感与态度、做人道德在内的师德修养。师德是以知识为载体，内含着某种心灵的引导和精神的激励，其过程应该充满着关怀、温暖和理解。一个优秀的教师，应当具备教育信仰，因为信仰超越了知识技能，他心怀学生生命成长的使命，他始终对教育本质与教育良知充满敬畏。一个优秀的教师，必然履行其道德上的义务，走进学生的生活，从生活的细节开始，去关注不同学生的道德困惑和精神状态，真正对学生的精神世界予以唤醒和触动。

作为新教师，应当坚守教育信仰，依靠教育信仰来支撑其职业的发展。教师有信仰，教育才会有发展。因为信仰，教师才会努力追求美好的教育生活，才会通过教师职业发展,去寻求其人生价值和精神归依。教育就是教师尤其是新教师赖以生存的生活方式和精神栖居,真正的教育信仰需要教师在认清生活真相之后依然热爱生活。这是拥有教育信仰的执着与行动。在任何时候都不会迷失和放弃,在坚守中提升自己、促进学生成长,最终推动中国教育发展。

三、避免师德理想化

师德建设需要加强信仰教育,避免师德的理想化。过于理想化的师德建设往往脱离了教育生活,变成了不切实际的空想。师德建设应归于生活,师德即生活。教师应当从为人处事做起,注重生活中的点点滴滴,注重个人修养,通过生活体悟人生,实现道德情感、认知与行为的统一。因此,师德建设要注意融入教师生活。陶行知先生讲:“是生活就是教育,不是生活就不是教育;是好生活就是好教育,是坏生活就是坏教育。”师德在本质上源于教师的日常交往,本质上就是一种生活,它引导教师追求幸福和善,师德的追求是教师的生命价值充实和实现的过程。师德建设要不断增强时代感,要有强烈的问题导向,要有针对性,要讲究师德建设的实效性,特别是要克服形式主义,让师德建设贴近实际、贴近教师生活。

作为新教师,要充分认识师德与生活存在的内在联系,要针对我国教育改革的现实要求和学校教育改革的实际情况,要针对其专业发展中的实际问题,解开精神上的困惑,提升教育教学的智慧和技能,从而实现人生价值的升华与超越。新教师要理解教育职业生活的目的,将师德的修养作为一种积极的生存方式。如果没有对生活的热爱和对事业的执着追求之精神,就会缺乏工作的原动力和持久力。一旦选择了教师这份职业,不能仅仅将教师作为一种谋生的手段,更应将其视为一种追求幸福美好生活的舞台,在这个平台上舞动人生的精彩。

师德是教师的自我构建,是教师在自我成长与发展过程中产生的内在需求。教师职业道德是教师内化的自我修养以及内在需求,来源于教师对教育教学的强烈事业心,来源于对学生的高度责任感。马克思主义认识观告诉我们,影响任何事物发展的因素有内外两方面,但是,起决定作用的是内因。职业道德就是教师进行教育教学工作的主要内因,能促使教师积极主动地投入教育教学过程中，全心全意教育引导学生，并且能主动不断地去学习前沿知识和先进教学经验，提高自身理论水平和实践经验，从而促进自身的发展。

我国对中小学教师的职业道德有着明确的规范要求，包括爱国守法、爱岗敬业、关爱学生、教书育人、为人师表、终身学习六大方面。育人先育己，德高方为范。作为新教师，一定要认真学习和践行中小学教师职业道德规范的精神和要求，将中小学教师职业道德规范的外在要求转化为内在需要，自觉积极地进行道德修养，不断提升道德修养境界，以德修身，以德立教，为人师表，谱写人生的新篇章。总之，一个新入职的教师，必须以学生为中心，以师德的理性为引领，实现教育与教学的融合，并不断反思教育教学行为，实现师德的养成并引领自身的成长。

思考

1. 作为新教师，你是如何科学理解师德内涵的？
2. 请联系实际，谈一谈你对我国中小学教师师德规范及其处理办法的理解。
3. 作为新教师，应该如何结合实际情况加强自身的师德修养？

第三章

规范课堂教学(上)

课堂教学能力是教师必备的基础能力,是教师站稳讲台的第一要素。课堂教学包括诸多环节:课前要研读课程标准、进行教学设计,课中要进行教学实施,课后要进行作业辅导与评价。本章主要介绍课前的两个环节:研读课程标准和进行教学设计。

第一节　研读课程标准

课程标准是国家颁布的纲领性文件，体现了国家的意志，关系到为谁培养人、培养什么人、怎样培养人的问题。新入职的教师要想站稳讲台，就要具备扎实的学科素养和必要的教育教学技能，更要关注国家制定的学科课程标准，认真学习、仔细研读，并且落实到日常教学中。

2013 年，教育部启动了普通高中课程方案和课程标准修订工作，历时 4 年全部完成，经国家教材委员会审查通过并印发。新的课程方案和课程标准体现了鲜明的育人导向，思想性、科学性、时代性、整体性等明显增强。本节主要讨论 2017 年版高中课程标准的研读与学习。

一、2017 年版课程标准主要特点

2017 年版课程方案和课程标准的修订是落实党的十八大、十九大关于立德树人基本任务的要求，是进一步深化基础教育课程改革的要求。因此修订后的普通高中课程方案和课程标准力求成为“既符合我国实际情况，又具有国际视野的纲领性教学文件”，从而“构建具有中国特色的普通高中课程体系”。[①]

修订后的普通高中课程标准具有以下鲜明的特点：

（一）落实立德树人根本任务

党的十九大明确提出：“要全面贯彻党的教育方针，落实立德树人根本任务，发展素质教育，推进教育公平，培养德智体美全面发展的社会主义建设者和接班人。”基础教育课程是国家意志在具体领域的直接体现，承载着立德树人的根本任务。

这次课标修订，各学科都努力结合各自特点，落实立德树人根本任务，都把落实党的十八大、十九大精神，落实习近平新时代中国特色社会主义思想和社会主义核心价值观作为修订的指导思想，结合学科内容进行了有机渗透。多数学科在课

① 中华人民共和国教育部.普通高中课程方案（2017 年版）[M].北京：人民教育出版社，2018.

程性质与基本理念部分，把立德树人作为首要的课程理念提了出来。如数学学科课程理念的第一条是如此表述的："高中数学课程以学生发展为本，落实立德树人根本任务，培育科学精神和创新意识，提升数学学科核心素养。高中数学课程面向全体学生，实现人人都能获得良好的数学教育，不同的人在数学上得到不同的发展。"①部分学科把落实立德树人根本任务融到了课程性质中，如高中音乐学科在课程性质部分表述如下："普通高中音乐课程的性质，与义务教育阶段音乐课程的人文性、审美性和实践性一脉相承，同时体现普通高中课程方案提出的思想性、时代性、基础性、选择性和关联性，培育和践行社会主义核心价值观，培养学生的音乐学科核心素养，为落实立德树人根本任务、发展素质教育服务。"②

（二）凝练了学科核心素养

某种意义上说，对学科素养的凝练是2017修订版普通高中课程标准的最大亮点，因此有人称2017版普通高中课程标准为"学科素养版"。

学科核心素养是学科育人价值的集中体现，是学生通过学科学习而逐步形成的正确价值观念、必备品格和关键能力。为建立核心素养与课程教学的内在联系，充分挖掘各学科课程教学对全面贯彻党的教育方针、落实立德树人根本任务、发展素质教育的独特育人价值，各学科基于学科本质凝练了本学科的核心素养，明确了学生学习该学科课程后应达成的正确价值观念、必备品格和关键能力，对知识与技能、过程与方法、情感态度价值观三维目标进行了整合。③

（三）研制了学业质量标准

2014年，教育部颁发《关于全面深化课程改革落实立德树人根本任务的意见》，提出"研究制订学生发展核心素养体系和学业质量标准"。核心素养和学业质量标准都是对学生所要达到的能力和品格的要求，但两者指导的范围不尽相同。核心素养是党的教育方针的具体体现，反映在教育目标，用以指导课程和教学改革。学业质量标准是核心素养和课程内容有机结合后制定的，可以直接指导教师的课堂教学和教育评价。它是促进核心素养进入学科和课程标准，用

①②③ 中华人民共和国教育部.普通高中课程方案（2017年版）[M].北京：人民教育出版社，2018.

以指导教育评价的桥梁。①

学业质量标准是核心素养融入课程的重要环节。学业质量标准主要界定学生经过一段时间教育后应该或必须达到的基本能力水平和程度要求,是学生核心素养在具体学段、具体学科中的体现,直接反映了学生应达到的学业结果。在功能上,学业质量标准在教育教学实践中更具操作意义,与学科教学连接得更加紧密,能够更加有效地指导教师教学的深度广度,更加直接地指导教育评价。②

二、课程标准的基本结构

2017 版高中课程标准有统一的结构,都是由"课程性质与基本理念""学科核心素养与课程目标""课程结构""课程内容""学业质量""实施建议""附录"七部分组成,每一部分又由几项具体内容组成,具体内容因为学科的不同又有微调。以下以语文学科为例,列表呈现:

表 3-1 高中语文学科课程标准结构表

课程性质与基本理念	学科核心素养与课程目标	课程结构	课程内容	学业质量	实施建议	附录
课程性质 基本理念	学科核心素养; 课程目标	设计依据; 结构学分与选课	学习任务群; 学习要求	学业质量内涵; 学业质量水平; 学业质量水平与考试评价的关系	教学与评价建议; 学业水平考试与高考命题建议; 教材编写建议; 课程资源的利用与开发; 地方和学校实施本课程的建议	古诗文背诵推荐篇目; 关于课内外读物的建议

①② 辛涛.学业质量标准:连接核心素养与课程标准、考试、评价的桥梁[J].人民教育,2016(19):17-18.

其他学科的教师可以仔细阅读本学科课程标准，填写本学科的结构表。

三、课程标准的研读

（一）课程性质与基本理念

教师需要对任教学科的学科功能有比较清晰的认识。课程标准的“课程性质与基本理念”“学科核心素养与课程目标”两部分是教师深入理解任教学科功能的基础。课程性质与基本理念阐述了各门课程的指导思想，引领着各门课程的改革方向，对于教师正确地进行教学实施、提高教学质量非常重要。因此，新教师更应该认真阅读、学习体会本学科的课程标准，深入理解本学科的课程性质与基本理念。

课程性质是对某门课程的定位进行描述。在2017版高中14门学科的课程标准中，每门学科对课程性质的描述不完全相同，大多包括课程的概念界定、地位和价值（功能与任务）、基本特点等方面，有的还包括课程的简要历史、课程的时代性等。

【案例】

体育与健康课程性质与基本理念简要分析①

概念界定：普通高中体育与健康课程是一门以身体练习为主要手段，以体育与健康知识、技能和方法为主要学习内容，以培养高中学生的体育与健康学科核心素养和增进高中学生身心健康为主要目标的课程。其中，“以身体练习为主要手段”强调了本课程的独特之处在于体能与运动技能的学练与运用；“以体育与健康知识、技能和方法为主要学习内容”强调了本课程的三大学习内容。

地位与价值：本课程是普通高中课程体系的重要组成部分，是面向全体高中学生的基础教育，对落实立德树人根本任务，发展素质教育和培养全面发展的人具有独特的功能和价值。

主要特点：本课程具有基础性、实践性、选择性和综合性。基础性强调

---

① 季浏.促进学生身心健康、体魄强健、全面发展——关于《课程标准（2017年版）》课程性质和基本理念的解读[J].中国学校体育，2018（03）：6－9.

在义务教育基础上进一步全面提高学生的学科核心素养，为学生终身体育锻炼和保持健康奠定坚实的基础；实践性强调以身体练习为主要手段，关注学生通过适宜的运动负荷和方法进行体能练习和运动技能学习，积极参加课内体育与健康学习以及课外体育锻炼、体育社团活动和体育竞赛活动；选择性强调学生根据自身的特点和需求，在学校开设的若干运动项目中进行自主选择，较为系统地学习1—3个运动项目，培养运动爱好和专长，养成体育锻炼习惯；综合性强调关注多种内容和方法的整合，以体育教育为主，融合健康教育，注重学科德育，培养学生的健康意识和行为，促进学生全面发展。

基础性强调学科核心素养是学生发展的基础；实践性特别强调适宜的运动负荷；选择性强调学生系统学习1—3个运动项目；综合性强调本学科是多种内容与方法的整合，特别强调了与健康教育的融合。

阅读本学科课程标准课程性质部分，参阅学科专家的相关解读，认真思考体会，完成下表。

表3-2 ________学科课程性质

	概念界定	地位和价值（功能与任务）	基本特点	简要历史	其他
主要内容					
个人体会					

2017年修订版的课程标准，每门学科都根据学科素养的大背景重新提炼了本学科的基本理念。每门学科的学科理念条目数不同，大都处于3—5条之间，主要包括落实立德树人要求、落实学科素养要求、教学内容与教学方式的改革、评价方式的变革等。

【案例】

体育与健康学科的课程理念①

1. 落实立德树人根本任务和健康第一指导思想，促进学生健康与全面发展；

① 中华人民共和国教育部.普通高中体育与健康课程标准[M].北京：人民教育出版社，2018.

2. 尊重学生的学习需求，培养学生对运动的喜爱；

3. 改革课程内容与教学方式，提高学生的综合能力和优良品格；

4. 注重学生运动专长的培养，奠定学生终身体育的基础；

5. 建立多元学习评价体系，激励学生更好地学习和发展。

体育与健康学科课程理念的第一条强调了要落实立德树人根本任务和健康第一指导思想，实现学科健身育人的目的；第二条体现了“以学生发展为中心”的教育理念，培养学生对运动的热爱；第三条强调了教学方式的多样性，注重创设复杂的运动情境；第四条强调让学生选学 1—3 项运动技能，奠定学生终身体育的基础；第五条强调从评价主体、评价内容、评价方法等方面构建学科评价体系。

再看一名地理新教师对高中地理课标实验版与 2017 版课程性质与理念的比较，供大家参考。

【案例】

普通高中地理课程标准 2017 年版与实验版
课程性质和基本理念的比较①

一、课程性质的差异

（1）实验版的课程性质部分这样描述地理学的地位：“地理学在现代科学体系中占有重要的地位，在解决当代人口、资源、环境和发展问题中具有重要作用。”2017 年版则在原课标的基础上强调了地理学对“建设美丽中国，维护全球生态安全具有重要作用”。

（2）实验版指出高中地理课程是一门“学生学习地球科学知识、认识人类活动与地理环境关系、进一步掌握地理学习和地理研究方法、树立可持续发展观念的一门基础课程”。2017 版将这些课程性质进行整合，首次提出了学生必备的地理学科核心素养，即“人地协调观、综合思维、区域认知、地理实践力”。

二、基本理念的差异

（1）2017 版首先提出了“地理学科核心素养”这一概念，指出通过课程的学

① 本案例由上海市晋元高级中学周忆微提供。

习，学生应具有“人地协调发展观念”“地理科学方法方面的品格和关键能力”“关注地方、国家和全球地理问题及可持续发展问题的意识”。实验版除了提到了以上能力与意识的培养，还强调了“提供未来公民必备的地理知识”。

（2）实验版将“强调信息技术在地理学习中的应用”单列一条，即将地理信息技术与课堂多媒体等信息化教学手段放在同一地位。2017 版课标中则整合了“强调信息技术的应用”和“重视对地理问题的探究”两条，将地理信息技术作为一种探究地理问题、开展地理实践活动的手段。

阅读本学科课程标准中的课程理念部分，参阅学科专家的相关解读，认真思考体会，完成下表。

表 3 - 3　________学科课程基本理念

	立德树人	学科素养	教学方式	评价方式	其他
主要内容					
个人体会					

（二）学科素养与课程目标

经过研究论证，各学科凝练了 3—6 个学科核心素养。学科核心素养是知识与技能、过程与方法、情感态度价值观“三维目标”的整合与提升，是学科育人目标的认知升级。①

2017 年版的课程标准是围绕着学科核心素养展开的，学科核心素养引领着课程目标、教学内容、学业质量、教学方式、教学评价等环节。课程目标是围绕着本学科的学科核心素养展开的，下面以语文学科为例，看一下二者之间的密切关系（详见表 3 - 4）②。

① 韩震，李希贵，等. 专家解读普通高中新课程方案和课程标准（上）[N]. 中国教育报，2018 - 01 - 18(5).

② 中华人民共和国教育部. 普通高中语文课程标准（2017 年版）[M]. 北京：人民教育出版社，2018.

表 3-4 学科核心素养与课程目标的关系

学科核心素养	对应的课程目标
语言建构与运用	1. 语言积累与建构。积累较为丰富的语言材料和言语活动经验,形成良好的语感;在已经积累的语言材料间建立起有机的联系,在探究中理解、掌握祖国语言文字运用的基本规律。
	2. 语言表达与交流。能凭借语感和对语言运用规律的把握,根据具体的语言情境和不同的对象,运用口头和书面语言文明得体地进行表达与交流;能将具体的语言文字作品置于特定的交际情境和历史文化情境中理解、分析和评价。
	3. 语言梳理与整合。通过梳理和整合,将积累的语言材料和学习的语文知识结构化,将言语活动经验逐渐转化为具体的学习方法和策略,并能在语言实践中自觉地运用。
思维发展与提升	4. 增强形象思维能力。获得对语言和文学形象的直觉体验;在阅读与鉴赏、表达与交流、梳理与探究活动中运用联想和想象,丰富自己对现实生活和文学形象的感受与理解,丰富自己的经验与语言表达。
	5. 发展逻辑思维。能够辨识、分析、比较、归纳和概括基本的语言现象和文学现象,并能有理有据地表达自己的观点和阐述自己的发现;运用基本的语言规律和逻辑规则,判别语言运用的正误,准确、生动、有逻辑地表达自己的认识;运用批判性思维审视语言文字作品,探究和发现语言现象和文学现象,形成自己对语言和文学的认识。
	6. 提升思维品质。自觉分析和反思自己的语文实践活动经验,提高语言运用的能力,增强思维的深刻性、敏捷性、灵活性、批判性和独创性。
审美鉴赏与创造	7. 增进对祖国语言文字的美感体验。感受祖国语言文字独特的美,增强热爱祖国语言文字的感情。
	8. 鉴赏文学作品。感受和体验文学作品的语言、形象和情感之美,能欣赏、鉴别和评价不同时代、不同风格的作品,具有正确的价值观、高尚的审美情趣和审美品位。
	9. 美的表达与创造。能运用祖国语言文字表达自己的审美体验,表达自己的情感、态度和观念,表现和创造自己心中的美好形象;讲究语言文字表达的效果及美感,具有创新意识。

（续表）

学科核心素养	对应的课程目标
文化传承与理解	10. 传承中华文化。通过学习运用祖国语言文字，体会中华文化的博大精深、源远流长，体会中华文化的核心思想理念和人文精神，增强文化自信，理解、认同、热爱中华文化，继承、弘扬中华优秀传统文化和革命文化。
	11. 理解多样文化。通过学习语言文字作品，懂得尊重和包容，初步理解和借鉴不同民族、不同区域、不同国家的优秀文化，吸收人类文化的精华。
	12. 关注、参与当代文化。关注并积极参与当代文化传播与交流，在运用祖国语言文字的过程中，坚持文化自信，提高社会责任感，增强为中华民族伟大复兴而奋斗的使命感。

通过表格，我们可以非常清晰地看出语文学科的四大学科素养，每一条都对应着三条课程目标，后者是前者的细化。每门学科的学科素养与课程目标都密切相关。学科素养与课程目标是学科功能的集中体现。

下面是一位化学学科新教师对本学科核心素养的理解，请仔细阅读并讨论对学科核心素养的理解与教学设计之间的关系。

【案例】

将化学学科核心素养有效融入课堂①

化学学科核心素养包括“宏观辨识与微观辨析”“变化观念与平衡思想”“证据推理与模型认知”“科学探究与创新意识”“科学态度与社会责任”五个方面，各有侧重，相辅相成。通过高中化学课程的学习，发展学生的化学学科核心素养，进而促进学生核心素养的发展，是高中化学课程的重要目标。

长期以来，化学教育比较重视学科知识的传承，相对忽视知识与生活实际的联系、学科思维方式的应用、科学探究与创新能力等方面化学知识功能的实践，使化学课程对学生未来发展的影响相对较弱。但事实上，化

① 本案例由上海音乐学院附属安师实验中学乔宗君提供。

学源于人类生活，服务于人类生活，与人类的生活息息相关、密不可分，化学学科的发展促进着人类物质和精神文明的进步。不言而喻，化学学科具有其自身独特的教育价值，也可以说化学学科在核心素养三大领域（文化基础、自主发展、社会参与）中具有其独特的育人功能。所以，如何将化学学科核心素养的培养目标有效地融入课堂中，是值得每一位中学化学教师思考的。

以“明矾净水性质的研究”为例，设计这堂课时避免知识的讲解与记忆，将大部分时间给学生实践、思考、质疑，将化学学科核心素养润物细无声地渗透在过程中。教学内容源于生产生活，引导学生探究明矾净水原理。学生设计实验判断净水与何种离子有关，进一步探索是铝离子还是铝离子水解形成的氢氧化铝具有净水能力。在初步得到氢氧化铝净水的结论后，刻意让学生发现使用实验室的氢氧化铝净水效果不好，形成认识冲突，引发思考。借助仪器分析—课堂讨论—分析净水原理。课堂尾声，引入最新文献，让学生领略净水的前沿技术。

教学设计中多个环节都体现了对学生化学学科核心素养的要求。从明矾净水到实验验证是铝离子净水的过程，是在培养学生对宏观现象进行微观探析的能力；水解平衡的调控过程，是在帮助学生树立变化观念与平衡思想，引导学生进行科学探究；对氢氧化铝净水实验结论的反思与质疑，目的是培养学生严谨求实的科学态度。每个环节层层递进，知识融入问题中，重视体验，在过程中帮助学生提升化学能力，发展化学学科核心素养。

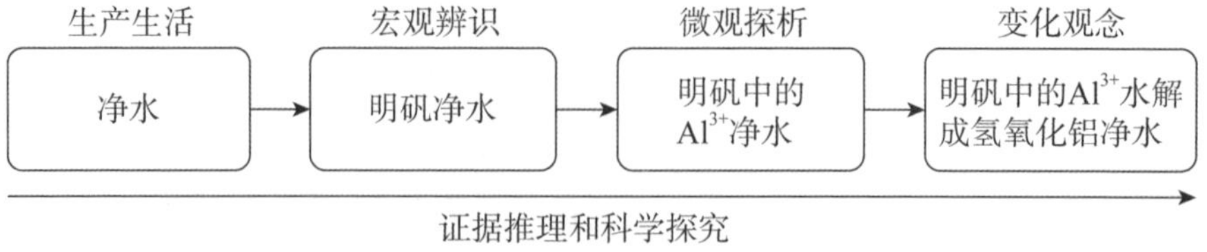

这节课旨在通过关注学生课堂经历，在过程中发展化学学科核心素养。在讨论“哪种离子净水？”这一问题时，许多学生的想法很直接，“试每一种离子”。有一名学生的回答却是：“把离子抠掉。”课堂上我鼓励他分享了自己的想法，并总结“控制变量”的研究方法。学生经过初中化学的学习与日常生活经验的积累，潜移默化中已经形成一定的化学学科核心素养。在这个情境中，这位学生的“科学探究”的化学学科核心素养不但表现出来了，而且有了进一步的提升。

强调获取化学知识的过程，重视经历，对化学学科核心素养形成起着积极的作用。这节课以贴近生活的净水问题为题材，设置一系列的问题，让学生依靠化学知识来解决具体问题。通过在真实而复杂的情境中提出问题、开展探究、训练思维、提升能力，最终获得问题解决的方案和结果。让学生像化学家那样探究和学习化学，帮助学生发展质疑的思想品质，拓展国际视野，提升团队意识。

（三）课程结构

《普通高中课程方案（2017 年版）》优化了课程结构，将课程类别调整为必修课程、选择性必修课程和选修课程，并进一步明确各类课程的功能定位，与高考综合改革相衔接：必修课程根据学生全面发展需要设置，全修全考；选择性必修课程根据学生个性发展和升学考试需要设置，选修选考；选修课程由学校根据实际情况统筹规划开设，学生自主选择修习，学而不考或学而备考，为学生就业和高校招生录取提供参考。①

每门学科的课程结构都由三部分组成：设计依据、结构、学分与选课。设计依据包括立德树人要求、普通高中课程方案的要求、学科特点的要求、学生多元发展的要求以及时代发展要求等。学分与选课部分包括三类课程的内容组成、学分安排等。结构部分一般都用图表的形式列出了学科的三类课程与学分分配情况。以语文学科为例，普通高中语文课程由必修、选择性必修、选修三类课程构成。三类课程分别安排 7—9 个学习任务群。

表 3－5　普通高中语文课程结构及学分②

必修（8 学分）	选择性必修（6 学分）	选修（任选）
整本书阅读与研讨（1 学分）	（整本书阅读与研讨、当代文化参与、跨媒介阅读与交流在选择性必修和选修阶段不设学分，穿插在其他学习任务群中）	
当代文化参与（0.5 学分）		

①② 中华人民共和国教育部. 普通高中课程方案（2017 年版）[M]. 北京：人民教育出版社，2018.

（续表）

必修（8学分）	选择性必修（6学分）	选修（任选）
跨媒介阅读与交流（0.5学分）	语言积累、梳理与探究（1学分）	汉字汉语专题研讨（2学分）
语言积累、梳理与探究（1学分）	中华传统文化经典研习（2学分）	中华传统文化专题研讨（2学分）
文学阅读与写作（2.5学分）	中国革命传统作品研习（0.5学分）	中国革命传统作品专题研讨（2学分）
思辨性阅读与表达（1.5学分）	中国现当代作家作品研习（0.5学分）	中国现当代作家作品专题研讨（2学分）
	外国作家作品研习（1学分）	跨文化专题研讨（2学分）
实用性阅读与交流（1学分）	科学与文化论著研习（1学分）	学术论著专题研讨（2学分）

下面是一位数学新教师在研读本学科课程标准的课程结构部分之后撰写的体会与案例。教师可以仔细阅读并仔细研究本学科课程结构图，了解本学科三类课程的组成情况与学分分配情况。

【案例】

数学教学中如何体现课程结构的价值取向①

《普通高中数学课程标准（2017年版）》［以下简称《课标》（2017版）］中指出将高中数学课程分为必修、选择性必修和选修三个层次，分别对应高中毕业学业水平、高考要求水平、大学自主招生水平，采用学分制，渗透数学文化，确保学生在共同知识基础上，可以根据自己不同的志趣选择不同的课程，得到不同的发展，充分体现和尊重学生发展的多样性。

《课标》（2017版）中的课程结构体现了三个转变，即将传统专注于高考要求转变为尊重学生不同层次发展，将偏重于知识和技能的要求转变为重视学科育人和学生终身发展为目标，将数学知识的传递转变为数学文化的渗透，明确体现了数学学科的教育价值与育人目标。不再以统一标准的分数高低来评判优劣，更关注于学生终身的多样化发展，为国家发展输送各类人才，体现出明确的课程理念和课程设置的价值取向。

① 本案例由上海市曹杨中学蔡真逸提供。

《课标》(2017 版)中的课程结构所体现的价值取向如何在平时教学中有所体现呢？针对数学学科的特征，笔者认为协助学生进行数学课题研究和数学小论文撰写是一个合适的选择。

我们以“最大容积问题”为例。探究的问题是：有一块边长为 1 米的正方形硬纸板，在它的四个角各剪去一个小正方形后，再折成一只无盖的盒子，如果要使制成的盒子容积最大，那么剪去的小正方形的边长为多少米？

这是现行上海高一数学教材中“探究与实践一”的问题，要求学生依据问题情境，建立数学模型，查阅相关资料，在合作中解决问题，并能有所反思与拓展，最终在探究的基础上撰写数学论文，小组分享交流。

本探究问题有着很好的价值导向作用。所有的同学都会进行数学建模，即设剪去的小正方形的边长为 x 米，则制成的无盖盒子的容积为 $V=x(1-2x)^2\left(0<x<\frac{1}{2}\right)$ 立方米，将问题转化为求其最大值。再之后会随着数学能力和发展志趣的不同，开展不同的研究。

数学能力一般的同学会实践剪纸做实验求最值、会借助计算器的列表功能求最值、会借助几何画板画出函数图像求最值、会进行网络求助求最值等，这些都会发展学生的动手实践能力、信息技术运用能力、团结合作沟通理解能力等。数学能力较强的同学会类比二元基本不等式得出多元基本不等式求最值、会利用函数的求导求最值，这些会发展学生的归纳类比猜想能力、知识联系整合能力等。数学能力顶尖的学生还会在探究的基础上，通过查阅相关文献，探究多元基本不等式的由来、证明和基本应用以及微积分思想的源头和应用等，逐步扩充自己的数学知识，满足自己的求知欲。他们都会根据自己的探究过程撰写数学小论文，并阐述自己在研究过程中的心得。

在这样的探究中，不存在思想方法的对错，不存在工具的好坏，学生能根据自己的实情与对数学的热情采用不同的方式，进行不同的反思总结。教师需要尊重学生的各项选择，只要学生不放弃，充分地投入其中，那么这些探究就是有价值的，学生能在问题探究中得到不同的多样的能力发展。实际上，这样一个问题探究的答案可能不是最重要的，但在实践探究和论文撰写的过程中所逐步习得和培养的能力、方法、思想(即数学文化)以及在过程中所收获的友情和精神品质将会是学生今后发展的基石。

（四）课程内容

2017版课程标准中提到："既从培养学生学科核心素养的角度，也从有利于教师会教会评、学生会学会评的角度考虑，构建了教、学、评三位一体的课程内容体系。"①由此可以看出，在课程内容的表述上就不仅仅是学习内容的罗列，更强调学习内容的标准与要求。

每门学科在表述课程内容的时候所用的组织方式与结构方式并不完全相同，但都从三类课程的角度予以划分，并大都包括内容（学业）要求与教学（活动）建议（提示），有些学科（如体育学科）把典型的示范案例也放在了这一部分。语文学科是以学科任务群的方式表述课程内容的，其他学科用模块或主题的形式来表述。

以语文学科为例，"课程内容"部分主要由"学习任务群"和"学习要求"两部分组成。"所谓'学习任务群'，是在真实情境下，确定与语文核心素养生成、发展、提升相关的人文主题，组织学习资源，设计多样的学习任务，让学生通过阅读与鉴赏、表达与交流、梳理与探究的自主活动，自己去体验环境，完成任务，发展个性，增长思维能力，形成理解、应用系统。这种有人文主题的任务群，是在学校课程总体设计和实施的环境下由学校和教师组织、并有计划地引导完成的。它与过去的教学模式有内在的区别——课程中有文本，但不以文本为纲；有知识，但不求知识的系统与完备；有训练，但不把训练当作纯技巧进行分解训练。教师是组织者，学生是主体，师生互动。"②

语文学科的课程内容，主要包括"整本书阅读与研讨""当代文化参与""跨媒介阅读与交流""语言积累、梳理与探究""文学阅读与写作""思辨性阅读与表达""实用性阅读与交流"等18个学习任务群。每个"学习任务群"下都有相对应的"学习目标与内容"以及"教学提示"，让教学内容变得清晰、具体。以语文课程标准"整本书阅读与研讨"的学科任务群为例，研读一下该任务群的结构与内容。

---

① 季浏.构建教、学、评三位一体的课程内容体系——关于《课程标准（2017年版）》课程内容的解读[J].中国学校体育，2018(03)：6－9.

② 《基础教育课程》编辑部.走进新时代的语文课程改革——访普通高中语文课程标准修订组负责人王宁[J].基础教育课程，2018(总第217－218)：21－26.

【案例】

学习任务群“整本书阅读与研讨”①

本任务群旨在引导学生通过阅读整本书，拓展阅读视野，建构阅读整本书的经验，形成适合自己的读书方法，提升阅读鉴赏能力，养成良好的阅读习惯，促进学生对中华优秀传统文化、革命文化、社会主义先进文化的深入学习和思考，形成正确的世界观、人生观和价值观。本任务群的学习贯穿必修、选择性必修和选修三个阶段。

1. 学习目标与内容

（1）在阅读过程中，探索阅读整本书的路径，形成和积累自己阅读整本书的经验。重视学习前人的阅读经验，根据不同的阅读目的，综合运用精读、略读与浏览的方法阅读整本书，读懂文本，把握文本丰富的内涵和精髓。

（2）在指定范围内选择阅读一部长篇小说。通读全书，整体把握其思想内容和艺术特点。从最使自己感动的故事、人物、场景、语言等方面入手，反复阅读品味，深入探究，欣赏语言表达的精彩之处，梳理小说的感人场景乃至整体的艺术架构，理清人物关系，感受、欣赏人物形象，探究人物的精神世界，体会小说的主旨，研究小说的艺术价值。

（3）在指定范围内选择阅读一部学术著作。通读全书，勾画圈点，争取读懂；梳理全书大纲小目及其关联，做出全书内容提要；把握书中的重要观点和作品的价值取向。阅读与本书相关的资料，了解本书的学术思想及学术价值。通过反复阅读和思考，探究本书的语言特点和论述逻辑。

（4）利用书中的目录、序跋、注释等，学习检索作者信息、作品背景、相关评价等资料，深入研读作家作品。

（5）联系个人经验，深入理解作品；享受读书的愉悦，从作品中汲取营养，丰富自己的精神世界，逐步形成正确的世界观、人生观和价值观。用自

① 中华人民共和国教育部.普通高中语文课程标准(2017 年版)[M].北京:人民教育出版社,2018.

己的语言撰写全书梗概或提要、读书笔记与作品评介，通过口头、书面形式或其他媒介与他人分享。

2. 教学提示

本任务群在必修阶段安排1学分，18课时。应完成一部长篇小说和一部学术著作的阅读，重在引导学生建构整本书的阅读经验与方法。在选择性必修和选修阶段要运用这些经验与方法阅读相关作品，不专门安排学分。

(1) 指定阅读的作品应语言规范、内涵丰富，具有较高的思想水平和文化价值。根据学生的生活实际和发展需要，注意选择反映中华优秀传统文化、革命文化和社会主义先进文化的作品。指定阅读的作品可从教材课文节选的长篇作品中选择，也可由师生共同商定3—5部作品，学生从中选择一部阅读。选择相同作品的学生可以自由组合，进行交流讨论。

(2) 课时可安排在两个学期，宜集中使用，便于学生静下心来，集中时间和精力，认真阅读一本书。学生在反复阅读过程中，每读一遍，重点解决一两个问题，有些地方应仔细推敲，有些地方可以略读或浏览。阅读要有笔记，记下自己思考、探索、研究的心得。

(3) 阅读整本书，应以学生利用课内外时间自主阅读、撰写笔记、交流讨论为主，不以教师的讲解代替或限制学生的阅读与思考。教师的主要任务是提出专题学习目标，组织学习活动，引导学生深入思考、讨论与交流。教师应以自己的阅读经验，平等地参与交流讨论，解答学生的疑惑。

(4) 教师应善于发现学生阅读整本书的成功经验，及时组织交流与分享。应善于发现、保护和支持学生阅读中的独到见解。

上述文字先概述了“整本书阅读与研讨”学科任务群的开设目的、主要任务与适应阶段。然后提出了具体的学习目标与内容，其中融合了语文学科素养语言、思维、欣赏、文化等方面的要求，提出了阅读方法的学习、阅读习惯的培养，强调学生形成自己独特的阅读经验和正确的三观。教学提示部分在确定课时学分之后，对阅读书籍的选择、阅读课时的安排、阅读的方法与组织、阅读中师生的角色都给出了详细的建议。另外，语文课程内容的必修课程中一共安排了7个“学习任务群”，必修课程的“学习要求”主要列举了6条。其中，一至三条主要指向“阅读与鉴赏”，第四、五条主要指向“表达与交流”，第六条主要指向“梳理与探究”。下面是一个英语课程内容解读的例子。

【案例】

对英语课程内容“主题语境”的解读①

《普通高中英语课程标准（2017年版）》的第四板块——课程内容中的描述是“英语课程内容是发展学生英语学科核心素养的基础，包含六大要素：主题语境、语篇类型、语言知识、文化知识、语言技能和学习策略。”②普通高中英语课程的内容要求按照这六大要素，描述所规定的学习内容及要求。

可以看出“主题语境”是《普通高中英语课程标准（2017年版）》的新增内容。2017版对主题语境的表述：“主题语境涵盖人与自我、人与社会和人与自然，涉及人文社会科学和自然科学领域等内容，为学科育人提供话题和语境。”在人与自我、人与社会和人与自然这三大主题语境中，人与自我涉及“生活与学习”“做人与做事”两个主题群下的9个子主题；人与社会涉及“社会服务与人际沟通”“文学、艺术与体育”“历史、社会与文化”“科学与技术”四个主题群下的16个子主题；人与自然涉及“自然生态”“环境保护”“灾害防范”“宇宙探索”四个主题群下的7个子主题。所有主题语境都应包含中外文化的范畴。③

主题语境涵盖整个高中阶段所涉及的主题内容，没有按照必修、选择性必修和选修三类课程进行描述，但在实施过程中，由于三类课程对学生在语言、文化、思维等方面的要求不同，主题语境在具体的教学中也会表现出程度上的不同，其广度和深度应该呈现出递进状态，体现出这三类课程不同的语言内容、内容广度和内涵深度。选择性必修课程会在必修的基础上，体现出更高层次的语言和思维水平，更广的主题语境和更深层次的意义内涵。同样，选修系列中的提高类课程也会在选择性必修的基础上，从语言、思维

① 本案例由同济大学第二附属中学范景提供。

②③ 中华人民共和国教育部.普通高中英语课程标准（2017年版）[M].北京：人民教育出版社，2018.

以及内容广度等方面体现出相应的提升。①

在以主题意义为引领的课堂上，教师除了要确定恰当的课堂教学目标，还要创设与主题意义密切相关的语境。

In the library
C：Excuse me?
L：Yes, can I help you?
C：Where are the history books?
L：Over there!
C：Where? Oh I see. Thank you!
L：You're welcome.

如果拿到了这篇文本，我会如何设计自己的教学？事实上，我会觉得很难，因为文本很短，对于学生来说过于简单，很少有内容可以挖掘。

但是可以借鉴下面的做法：Suppose C is Christopher; L is Linda. Christopher is a shy guy who loves Linda while Linda is a little bit strict, sharp and not gentle. How would you say "Excuse me?" if you were C? And if you were Linda, how ...

学生在 practice 后，教师可以对情境进行进一步的补充。Actually Christopher is 90 years old and Linda is 82. 这个时候，学生需要对原来的对话做进一步的改动，或增加，或删减。

这个时候，我们还能做什么？我们还可以让学生自己去设定 C 和 L 之间的关系，他们或是 James Bond，或是 Julia Roberts ……

通过这个案例，我们可以看到教师要做的就是根据教材内容尽可能地创设贴近生活的语言情境，给学生提供更多的语言实践机会，帮助学生在语言实践和体验中理解和使用语言。

该案例主要就 2017 版英语课程标准中课程内容中的新增板块"主题语境"进行了分析，并据此进行了主题语境的个案设计。下面再看一位新教师对物理学科课程内容的解读。

---

① 中华人民共和国教育部.普通高中英语课程标准(2017 年版)[M].北京：人民教育出版社，2018.

【案例】

对物理学科课程内容的解读[①]

《普通高中物理课程标准(2017 年版)》的第四板块——课程内容,包括必修课程、选择性必修课程和选修课程,体现了课程的基础性、选择性和拓展性,多样化的课程模块能促进学生自主地、富有个性地学习。课程内容更加注重时代性,关注科技进步和社会发展需求,充分体现对物质观念、运动与相互作用观念、能量观念、时空观念等物理观念的培养,对思维与创新素养、科学探究素养及社会参与意识和社会责任感的培养。

高中物理课程在内容上体现了与生产生活、现代社会及科技发展的联系,因此,在物理学科核心素养培育的导向下,物理教学应更加回归对物理本质的教学,对物理规律的深入理解,对物理知识的探究实践。物理教学需要更多地与当代科学技术发展相结合,以应用为导向,加强与学生生活及社会实际的联系,重视在真实情景中的学习与应用,以学习、思维与创新等核心素养的培养为突破口,实现全面发展。

以应用为导向的生活化教学情境设计并不是老生常谈,其在新的课程标准及学科素养的背景下,显得尤为重要。生活化教学情境就是指在教学过程中有针对性地选择生活中的现象或问题,应用多种技术对这些现象或问题进行科学化重组,创设出能激发学生问题意识和探究欲望的教学主题、教学环境和教学氛围。生活化教学情境具有生活性、问题性及真实性等基本特征。在物理教学中创设生活化教学情境,要遵循生活性原则、问题性原则、科学性原则、开放性原则,创设适合各种教学实际的生活化情境,它们主要有:巧设悬念和疑点,创设生活问题情境;尊重生活经验,创设生活经验情境;利用生活素材,创设生活实验情境;分析重组背景材料,创设趣味故事情境;利用物理学史,创设科学发展历程情境;联系当代科学技术发展,创设科技应用情境等。

教师可以选择本学科课程内容中的某个具体的主题或内容模块仔细阅读,认识该主题(内容模块)的主要内容,理解其学习目标,讨论其教学提示。

(五) 学业质量标准

2017 版课程标准指出,学业质量是学生在完成本学科课程学习后的学业成

① 本案例由上海市甘泉外国语中学秦真科提供。

就表现。学业质量标准是以本学科核心素养及其表现水平为主要维度，结合课程内容，对学生学业成就表现的总体刻画。依据不同水平学业成就表现的关键特征，学业质量标准明确将学业质量划分为不同水平，并描述了不同水平学习结果的具体表现。每门学科都围绕着学科核心素养把本学科的学业质量标准划分为3—6个不同的层级，每个层级对应着不同的考试与评价要求。课程标准的学业质量标准都是以表格的形式呈现的，下面以语文学科为例。

表3－6　语文学科学业质量标准①

水平	质量描述
1	1-1 有主动积累的意识，不断扩展自己的语文积累，能对学过的各类语言材料进行归类；留心观察生活，记录对生活的观察和感受；能主动将自己的积累用于语言理解和表达。能注意语境与交流的关系，能根据具体的语言环境理解语言，能凭借语感和积累及时调整自己的语言表达，力求使语言表达准确清晰。有反思和总结自己语文学习经验的意识，关注语文学习方法的学习。 1-2 在理解语言时，能提取和概括主要信息，能区分事实和观点，分析各部分内容之间的关系，发现观点和材料之间的联系；能利用获得的信息解决具体的实际问题。在表达时，能做到观点明确、内容完整、结构清楚。 1-3 有欣赏文学作品的兴趣，能整体感受作品中的形象，把握作品的思想观点和情感倾向；能运用口头语言和书面语言传达自己对作品的感受和理解。在文学鉴赏中，有正确的价值观。 1-4 有通过语文学习理解文化的意愿，能通过阅读文学作品，扩展自己的视野，丰富自己的人生体验，感受和理解不同时代和地区的文化。能主动梳理语文课程中涉及的文化现象，了解其中包含的中国传统文化内容，重视优秀传统文化的继承。
2	2-1 具有主动积累的习惯，能进一步扩展语言积累，运用多种方法整理自己积累的语言材料，发现其中的联系。能凭借语感，结合具体语境理解重要词语的隐含意思，体会词句所表达的情感；能发现语言运用中存在的比较明显的问题，并运用自己掌握的语言知识予以纠正。具有反思并整理语文学习经验的意识，能用多种形式整理、记录自己学习、生活中的所得。 2-2（略） 2-3（略） 2-4（略）

① 中华人民共和国教育部.普通高中英语课程标准（2017年版）[M].北京：人民教育出版社，2018.

（续表）

水平	质量描述
3	3-1 在扩展和整理自己语文积累的过程中，能发现联系，探索规律，尝试结合具体的语言材料，说明自己对语言运用规则的理解。能借助已有的语言知识和语感，结合具体语境分辨词语语义和情感上的细微差别；能凭借语感推断结构比较复杂的语句的意思，能体味重要语句在语言环境中的意义和作用。能根据具体的语境和表达的目的、要求，运用口头和书面语言，文从字顺、清晰明了地表达自己的真情实感。在总结语文学习经验的基础上，能有意识地规划自己的语文学习，提高学习质量和效率。 3-2（略） 3-3（略） 3-4（略）
4	4-1 能不断扩展自己的语文积累，自觉整理在学习中获得的语言材料和言语活动经验；在梳理的基础上，尝试进行专题探究，发现其中蕴含的语言运用规律，并能用自己的语言加以解释；能将发现的语言运用规律用于自己的语文学习实践。能敏锐地感受文本或交际对象的语言特点和情感特征，迅速判断其表达的正误与恰当程度，察觉其言外之意和隐含的情感倾向；能根据具体的语境和表达的目的、要求，运用口头和书面语言，文从字顺、准确生动地表达自己的真情实感。乐于与他人分享自己的学习经验，主动吸收他人成功的经验。 4-2（略） 4-3（略） 4-4（略）
5	5-1 有探索语言运用规律的兴趣，能主动收集、整理、探究生活中常见的语言现象；能发现所学的语言文学作品中的各类联系，对学过的重要作品和具有典型性的语言材料进行分类整理，加深自己对各类作品的理解和领悟。在整理过程中，能提出自己感兴趣的问题，尝试用所学的知识解决相关问题。能根据具体的语境组织表达内容，选择合适的表达方式，有效地运用口头和书面语言实现沟通交流。能自觉、有效地规划自己的语文学习，乐于与同学分享自己的学习经验，主动帮助他人共同提高语文学习的质量和效率。 5-2（略） 5-3（略） 5-4（略）

表3－6中每个水平的第一项体现对学生“语言建构与运用”方面的要求，第二项体现对学生“思维发展与提升”方面的要求，第三项体现对学生“审美鉴赏与创造”方面的要求，第四项体现对学生“文化传承与理解”方面的要求。

就每一项而言，每一级的要求是循序渐进的，以“语言的建构与运用”中“语言的积累”为例，“第一级水平，看学生是否能对学过的各类语言材料进行归类。第二级水平，看学生是否能通过梳理自己积累的语言材料，初步发现语言材料之间的联系。第三级水平，看学生是否能在发现联系、探索规律的过程中，尝试结合具体的语言材料，说明自己对语言运用规则的理解。第四级水平，看学生是否能在梳理语言材料的基础上进行专题探究，解释具体的语言运用规律。第五级水平，看学生是否表现出探索语言运用规律的兴趣，能主动收集、整理、探究生活中常见的语言现象；是否能发现所学的语言文学作品中的各类联系，对学过的重要作品和具有典型性的语言材料进行分类整理；是否能在整理材料的过程中提出自己感兴趣的问题；是否能利用所学的知识，尝试解决问题，开展专题探究活动等。”①

下面是一位语文新教师在阅读本学科的学业质量标准后撰写的案例，请仔细阅读并结合本学科课程标准的学业结构部分，了解其评价等级是如何围绕本学科的学科核心素养进行划分的，并选取其中一个方面进行深入分析。

【案例】

语文学业质量标准解读②

相较于《普通高中语文课程标准(2017版)》(下文简称新课标)其他板块，学业质量和学科核心素养一样都是在原先《义务教育语文课程标准(2011版)》(下文简称原课标)基础之上新增加的内容，原课标相似内容在实施建议的评价建议中提及。相较于原课标的评价建议，新课标在学业水平中进行了改进，反映了学业质量标准研制的基本思路。③

---

① 王云峰.基于课程标准的高中语文学业质量评价探析[J].语文建设，2018(31)：9－12.

② 本案例由上海市宜川中学娄尚提供。

③ 教育部基础教育课程教材专家工作委员会.普通高中语文课程标准(2017年版)解读[M].北京：高等教育出版社，2018.

第一，在描述时，转变了原本以教师为主语的评价句式，改为以学生为主语，体现了学生在教学中的主体地位，这与“学业质量水平”概念本身以学生为出发点的特性是一致的。

第二，以学科核心素养为横向维度，学生表现水平为纵向维度，对学生的学业成就表现进行了五个层级、四个方面的刻画，较之原课标中以“识字与写字”“阅读”“写作”“口语交际”“综合性学习”为横向维度，学段为纵向维度的体系更为恰当。核心素养是融会在阅读、写作等学习类别中的，比如阅读，其必会包含语言、思维、审美、文化四个方面的素养。以核心素养为横向维度也淡化了“阅读”“写作”等方面的概念，强调了学生素养的目标，与课程理念是相符的。纵向维度也打破了原本的学段概念，将同一学段不同学生的水平做了刻画，满足了不同学生的学习需求，对应了不同学生的学习能力。

当然也存在一脉相承，如评价方式多元化、评价功能多样化等。学业质量水平为实际教学中的评价（包括诊断性评价、形成性评价与总结性评价）提供了指导，如作业设计、考试命题，甚至课堂即时评价，对见习教师而言，作业设计是比较常见的学业质量评价方式。

笔者以《廉颇蔺相如列传》作业设计为例，采取的是读写结合方式：

材料1：王世贞《蔺相如完璧归赵论》

材料2：太史公曰：知死必勇，非死者难也，处死者难。方蔺相如引璧睨柱，及叱秦王左右，势不过诛，然士或怯懦而不敢发。相如一奋其气，威信敌国，退而让颇，名重太山，其处智勇，可谓兼之矣！

材料3：王奕《苏格拉底的死与司马迁的活》

学生任务：结合材料，你如何看待蔺相如在秦国的以死相逼？

在这个案例中，学生在课后产生怀疑：蔺相如为什么总是以死相逼？司马迁为什么以正面形象写蔺相如以死相逼？那么顺着学生思路，给出三个材料，让学生形成对一个传统品质“勇”的认识（对应3-4、4-4）。我们发现，学生要阅读的三个材料，有文言文，也有现代文，单篇阅读考察的是学生对复杂语句、观点材料间联系的理解（对应3-1、3-2）。对多个材料进行比较阅读发现异同，提炼深入研究的问题（对应4-1、4-2），完成语言、思维、文化的评价。如果学生的语言功底较为突出，那么也具备了审美创造的评价功能。

在大部分学生都只想到“廉颇知错能改是勇”“蔺相如以死报国是勇”的情况下，就有学生提出了“勇不是莽”“勇是有所不畏，但也是有所畏”，提到了对自然、生命心存敬畏就是一种勇气。最后教师以“知错、知死、知命”总结学生的成果，力求语言的高度概括，同时具有思辨性，也让学生对“勇”有了文化上的理解与传承。而这一设计也力图体现语文素养的综合性，“设置有内在联系的、指向核心素养的问题或任务，以反映学生语文素养的真实水平”①，也将阅读与鉴赏、表达与交流、梳理与探究三个方面的认知活动融为一体。

（六）实施建议

2017版的实施建议部分包括教学与评价建议、学业水平考试与高考命题建议、教材编写建议、课程资源的利用与开发、地方和学校实施本课程的建议等内容。其中，与教师关系最密切的是教学与评价建议。下面仍以语文学科为例，列举课程标准的实施建议部分。

【案例】

语文课标教学建议与评价建议②

教学建议：

1. 发挥语文课程的独特功能，促进学生语文学科核心素养全面发展；
2. 充分理解学习任务群的特点，处理好学习任务群之间的关系；
3. 创设综合性学习情境，开展自主、合作、探究学习；
4. 整体把握必修和选修课程，加强课程之间的衔接和统整；
5. 探索信息化背景下教与学方式的转变；
6. 提高课程开发与设计的能力，实现教师与课程同步发展。

评价建议：

1. 着眼于核心素养的整体发展；
2. 全面把握学习任务群的特点；

---

① 教育部基础教育课程教材专家工作委员会.普通高中语文课程标准（2017年版）解读[M].北京：高等教育出版社，2018.

② 中华人民共和国教育部.普通高中语文课程标准(2017年版)[M].北京：人民教育出版社，2018.

3. 倡导评价主体的多元化；

4. 选用恰当的评价方式；

5. 明确必修和选修课程评价的重点和联系。

教学建议的第一条，强调“必修和选修课程都应该围绕核心素养，整合阅读与鉴赏、表达与交流、梳理与探究，引导学生积极参与丰富多彩的语文实践活动，促进学生在语言建构与运用、思维发展与提升、审美鉴赏与创造、文化传承与理解等方面的全面发展”；第二条特别重视学科任务群的教学；第三条针对第一、第二条创设综合性任务情境；第四条强调不同课程类型之间的关系；第五条注重信息化背景下的教与学方式变革；第六条要求教师加强课程开发与设计能力。

评价建议的第一、第二条与教学建议的第一、第二条互相对应；第三条强调评价主体多元，要“鼓励学生、家长、教师、教学管理人员等参与课程评价”；第四条强调根据需要，“采用纸笔测试、现场观察、对话交流、小组分享、自我反思等多种评价方式，提高评价效率，增强评价的科学性和可靠性”；第五条与教学建议的第四条相对应，“必修课程评价应立足于共同基础，考查学生在不同学习情境和实践活动中学习和运用语言文字的基本能力。选择性必修和选修课程评价，要在关注共同基础的前提下，突出差异性和层次性，以促进学生的个性发展。选择性必修的评价应该更关注学生语文学习内容‘面’的广度。选修的评价应更关注学生语文学习内容‘点’的深度。”

下面是一位历史学科的新教师在阅读本学科课程标准第六部分的教学与评价建议后撰写的体会与设计的案例，请认真阅读并结合本学科课程标准的实施建议部分进行讨论。

【案例】

历史课程标准解读及实施案例[①]

一、课标解读

《普通高中历史课程标准（2017 年版）》的第六板块实施建议由教学与评价建议、学业水平考试与命题建议、教材编写建议、地方和学校实施本课

① 本案例由上海市晋元高级中学吴嘉俊提供。

程的建议四个部分构成。其中“教学与评价建议”部分相比以往明显突出了课程标准的可操作性。历史学科增加了教学与评价案例，同时依据学业质量标准细化评价目标，增强了对教学和评价的指导性。强调历史教学是培养和发展学生历史学科核心素养的基本途径。要在教学中实现学生核心素养的养成，教师须建立新的认知观、教学观和评价观，将学生对知识的学习过程转化为发展核心素养的过程，在教学目标制定、教学内容选择、教学过程组织以及教学评价实施等环节都围绕学科核心素养形成。

在“教学与评价建议”的内容中，具体又有如下重点解读：

（一）全面理解历史学科核心素养，科学制定教学目标。核心素养的达成是教学目标的出发点和落脚点，科学制定不同学段、模块、课时的教学目标。

（二）围绕核心素养培养，合理整合教学内容。聚焦目标、围绕主旨、滋育素养，深刻理解、精准领会、深谙要旨，择机选择、适当整合、融会贯通。

（三）以核心素养为中心，有效设计教学内容。转变师生关系，改进教学方法。开展探究活动，促进学生主动学习。创设历史情景，体验历史境况。运用现代信息技术，加强教学手段。

（四）以多元评价为原则，促进核心素养发展。以学科素养发展为核心的评价理念，制定符合学业质量要求的评价目标，以多元化评价促进核心素养达成，重视反馈评价结果，及时调整教学策略。

二、教学案例

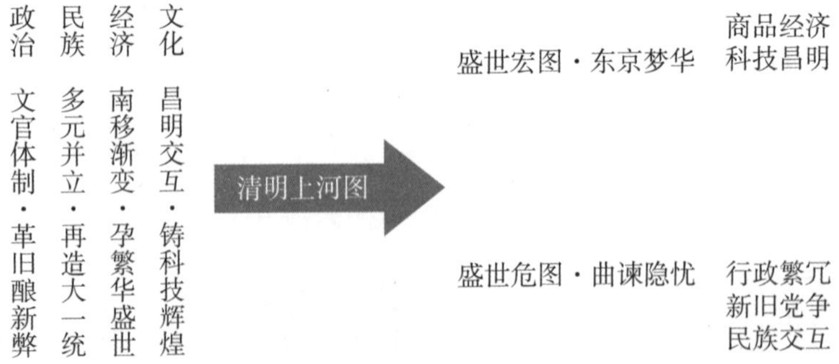

在宋代部分的教学与评价中，培养学生的历史横向联系无疑是最大的难点。一方面，繁盛的经济文化发展到了前所未有的高度；而另一方面，政

治军事则一直处于积贫积弱的状态。如何在原本就有限的课时架构内对昌文偃武的宋代及其复杂的时代特征进行呈现，又能凸显在新课标的指导要求下的结构整合和多元评价呢？

我们设计了这样的一个活动：《清明上河图》中的汴京城一派太平盛世，然而北宋徽宗时期的政治、军事、外交均已走入绝地，开明的文治与黑暗的苛政并存。画家张择端表面描写盛景，实则曲谏忧国，草蛇灰线地在全图中埋下很多不为人知的玄机。但历史终究只是一种解释，《清明上河图》究竟是"盛世宏图"还是"盛世危图"，等待着同学们进一步深度探索……

以传世名画北宋时期张择端的《清明上河图》长卷作为史料来源搭建活动舞台，通过组织探究活动引导学生的自主提问、分组集证和成果论证，在基于历史逻辑的材料引入和知识整合之上进行史料实证与历史理解，通过"盛世宏图"与"盛世危图"的辨析，在实践运用中领悟宋元时期动荡与繁荣并存的时代主旨。

在教师示范分析与解释之后，学生在模仿借鉴中，逐渐掌握运用历史思维和方法来分析和解释类似问题，这种认识由表及里、逐渐深化，透过纷杂的历史表象认识历史的本质，探究的活动形式也调动了学生主动学习的积极性，学生在获得成就感的同时，史料实证、历史解释等核心素养也将获得进一步提升。

通过这个案例，我们可以看到历史教师在同时面临课时紧、容量大、内容杂等教学困境时，不妨围绕核心素养的培养来创设新颖问题，实现教学内容的合理整合。用"结构—联系"教学的形式，通过对活动目标、活动过程的设计，将问题探究与历史学科核心素养的培养有机结合起来，促进学生历史学科核心素养的发展。

（七）附录

附录部分每一门学科有较大差别。大多数学科，如英语、数学、物理、化学、历史等单列了本学科的学科核心素养、教学与评价案例；有的学科，如语文列出了"古诗文背诵推荐篇目""关于课内外读物的建议"；英语学科还列举了词汇与语法表；化学学科列出了"学生必做实验索引"。这里就不一一列举了。

请老师们认真阅读本学科的附录部分,特别是研究本学科的教学与评价案例,作为自己教学时的借鉴。

第二节　进行教学设计

教学设计是指教师在分析课程标准、了解学情、研究教材的基础上,确立教学目标、组织教学内容,运用恰当的教学方法、策略与资源,形成教学设计方案的过程。它非常接近通常所说的备课,但更强调在一定的理念或教育理论的指导下进行,更强调系统性,是教学理论与教学实践之间的桥梁。

从操作的层面上讲,教学设计一般遵循如下程序:分析影响教学各个要素(教材内容、学生情况、课程标准)—确定教学目标—设计教学过程(教学内容的组织、教学方法与教学媒体的选择)—形成教学设计方案。下面选取其中特别需要注意的几个方面予以讨论。

一、进行教材分析

(一)教材与教材分析

教材,广义上讲是指教师在教授行为中所利用的一切素材和手段,它既包括了最标准的教科书,也包括了形形色色的图书教材、试听教材、电子教材等。其中教科书是最具代表性的核心教材。这里的教材是狭义的,指的是教科书。

教材分析是教师进行教学设计的基础工作。拿到教材后,作为一名新教师,可能会产生很多疑惑:要教教材中的哪些内容,怎么教,为什么这么教……这就需要进行教材分析。分析和研究教材的过程,就是教师以课程标准为指南,根据学生的学习需求和教材进行对话,是教师将教材内容与教师已有的学科教学知识链接、加工、内化外化的过程,是能够体现教师专业水平和教学能力的一个从内到外的综合分析过程。

(二)教材分析的要求

教材分析必须要"顶天立地"。"顶天"指的是必须研读学科课程标准,因为学科课程标准规定了学科的课程性质与理念、提出了学科核心素养与课程目标、明确了课程结构与课程内容、制定了学业质量标准、给出了教学与评价建议以及教材编写建议。所有的经教育部门审核或审查而推荐使用的教材,都是按照学科课程标准的要求编写的。“立地”指的是必须基于学情分析,即对学生学习需求——“学习者当前的学习状况与期望达到的学习状况之间的距离”的分析。[①] 教材是使学生达到课程标准所规定的质量要求的内容载体,但如何“用教材教”才是教材分析的关键。

教材分析可以有两个层面:一是教材的宏观分析,即分析教材与学科课程标准、课程目标、学生等方面的内外联系,也可以说是教学内容具体的坐标定位,即确定它为了达成哪一个课程目标,处于教学内容中的哪一个主题或模块,属于教材的哪个单元的第几个课时等;二是教材的微观分析,即基于学生的学习起点以及需要达到的目标,对教材的物理(文字、图片、色彩等)、知识、逻辑与情感等各个要素进行分析,包括对教材内容的取舍、增删、组织顺序的调整等。

阅读下列案例,思考案例中的教材分析和学情分析主要是从哪些方面进行的,还有没有需要补充之处。

【案例】

进一步认识氧化还原反应(第一课时)[②]

一、教材分析

“氧化还原反应”是沪教版高一化学第一学期第二章第三节“从海水中提取溴和碘”的一部分内容。本节课是第一课时,学习内容包括氧化剂、还原剂、氧化反应、还原反应、氧化还原反应实质等,学习水平的要求是B级。

本课上接氯溴碘元素性质的学习,下承原子结构知识的学习,是联系宏观与微观的重要理论基础。氧化还原反应是高中化学课程中的核心概念,它不仅是十分重要的一种化学反应类型,而且在生产、生活等各个方面具有广泛的作用。因此这一概念具有重要的学科价值和社会价值。同时,这一概念的构建过程又具有较为丰富的化学学科核心素养发展价值。

二、学情分析

高一作为连接初中和高中学习的关键时期,学生有了一定的认知水平,但对化学的学习还停留在表面,没有看到化学反应的实质。本节课,

---

① 张祖忻.教学设计中的学习需要分析[J].外语电化教学,1990(3):12-17.

② 本案例由上海市曹杨第二中学赵炜瑜提供。

源于初中又高于初中。学生在初中化学学习中已经接触了许多反应,并已经掌握按反应物和生成物的类别以及反应前后物质种类的多少把化学反应分为四种基本反应;能从具体的反应理解氧化反应和还原反应,但并没有认识到氧化还原反应的本质特征;学习了化合价,理解了化合价的变化,但并没有了解化合价变化的实质以及化合价的变化与得失电子之间的关系。

请选取本学科的一节课,对照学科课程标准和教科书,根据学科特点进行教材分析,完成下表。

表 3-7　教材分析简表

课题		版本	
教材的宏观分析	所属课程目标		
	所属课程模块与单元		
	本单元的设置意图		
	本节课在单元中的作用		
教材的微观分析	物理要素		
	知识要素		
	逻辑与情感要素		
	年段与年级特点		
	知识点的前后关联		
	教学价值分析		

二、确立教学目标

(一) 教学目标与教学目标设计

教学目标是指教学中师生预期达到的教学结果与标准,教学目标的设计是对教学中师生预期达到的教学结果与标准的设想。[①] 教学目标的设计

① 冯光伟.课堂教学设计理论与实践[M].北京:科学出版社,2019.

是教学设计的核心环节，是教学过程、教学方法与教学评价设计的前提与依据。

（二）教学目标设计的步骤

教学目标的制定是在研读课程标准、教材分析和学情分析的基础上进行的，包括制定单元总目标和课时目标。

图3-1　教学目标设计步骤

研读课程标准，主要是系统研究本学科课程标准中与本节课相关的学科核心素养和课程目标的要求，明确本节课所隶属的主题、模块与单元的逻辑关系，奠定课时教学目标的理论基础。学情分析，主要是了解学生学科学习的基础与发展的需求。教材分析，主要是分析教材内容与课程标准的要求以及学生学习需求之间的关系。

一般说来，教材编写时会把课程标准和课程目标细化为每一学段、每一学年乃至每一学期的教学目标。单元是相对独立的具有共同主题的单位，每本教材都由若干单元组成。单元教学目标设计就是针对一个单元的整体设计，包括若干个学时。单元教学目标既是课程目标的细化，又对同一单元内的所有课时目标具有统领作用。

（三）核心素养背景下教学目标设计的内容

2018年初，普通高中课程标准颁布，各学科基于学科本质凝练了本学科的核心素养，明确了学生学习该学科课程后应达成的正确价值观念、必备品格和关键能力，对知识与技能、过程与方法、情感态度价值观三维目标进行了整合。[①] 高中阶段教学目标的设计将围绕学科核心素养展开。

① 中华人民共和国教育部.普通高中课程方案（2017年版）[M].北京：人民教育出版社，2018.

【案例】

“力的分解”教学目标陈述①

方面	要素	具体陈述
物理观念	相互作用观念	能从物理学相互作用的视角形成关于力的分解是力的合成的逆运算、一个力分解为两个分力遵循平行四边形定则的基本认识。
科学思维	模型建构	能分析自然界与生活中应用力的分解的简单实例和有关简单问题,能根据力的作用效果进行力的分解,会用平行四边形定则通过作图法或计算法求已知力的分力。
		经历在生活情景中建立分力与合力以及力的分解等概念的过程。
		经历在实际问题中建构按作用效果分解力的模型的过程。
		能在熟悉的问题情境中运用力的分解模型。
	科学推理	经历在力的合成规律的基础上得出力的分解遵循平行四边形定则的过程,感悟逻辑推理的方法。
		经历“提出问题—猜想与假设—制订计划—进行实验与收集证据 —分析与推理”的过程,感受科学探究的方法。
		经历在实际问题中分析的过程,经历合理推论得出一般情况下根据力的实际作用效果来进行分解的过程,领悟等效替代的思想方法,感受图示、归纳推理的方法。
	科学论证	在“斜面上重力的分解”和“劈的分解”等实验中,能使用简单和直接的证据表达自己的观点。
	质疑创新	对生活中的一些能引发认知冲突的现象具有质疑的意识。
		在设计科学探究方案时具有创新的意识。
科学探究	问题	通过观察物理现象,提出物理问题,形成有关力的分解遵循怎样的规律及如何在实际问题中分解力的猜想和假设。
	证据	能根据已有的科学探究方案,使用小车、自制斜面模型、劈的分解模型、三角支架模型等基本的器材获得数据。
	解释	能整理实验数据及图形,得出按力的实际作用效果分解力的结论。
	交流	能对科学探究过程和结果进行交流、评估 、反思。

① 潘祎文.基于物理学科核心素养的教学目标设计——以高一物理“力的分解”教学为例[J].物理教学,2018,40(12):19-21.

(续表)

方面	要素	具体陈述
科学态度与责任	科学本质	通过了解力的分解在生活中的实际应用,认识到物理来源于生活又服务于生活的科学本质。
		能认识到物理学是基于人类有意识的探究而形成的对自然现象的描述与解释,懂得力学概念和规律需要接受实践的检验。
	科学态度	通过对力的分解的学习,认识到物理概念和规律是建立在实验研究基础上的,养成严谨认真、尊重事实的科学态度。
		在对力的分解规律进行探究的过程中,具备研究规律的兴趣和热情,养成乐意与他人合作并共享成果的科学态度。
	社会责任	认识到物理研究与应用会涉及道德与规范问题。通过有关力的分解的实例分析,感悟物理在生活中的应用价值,了解科学、技术、社会、环境的关系。

从上表可以看出,该案例在陈述教学目标时从物理学科核心素养的几个方面来具体描述:物理观念对应原来的知识与技能,科学思维与科学探究对应原来的过程与方法,科学态度与责任对应原来的情感态度与价值观。

义务教育阶段的基于学科素养的课程标准还在研制过程中,但教师在制定教学目标时也宜对知识与技能、过程与方法、情感态度价值观几个方面进行整合处理。

【案例】

《花脸》教学设计(节选)[①]

教学目标

1. 品读并圈画文章中有关外貌描写和动作描写的关键词句,理解其对于表现人物形象的作用。

2. 梳理并理解"我"对关羽花脸认识由浅入深产生的情感变化。

3. 感受"我"心灵深处的英雄情结和理想人格。

上述案例中教学目标的第一条显然对应的是语文学科核心素养的"语言的理解建构与运用"与"审美的鉴赏与创造",第二条对应的是"思维的发展与提

① 本案例由上海市中远实验学校孙青提供。

升”,第三条则对应着“文化的传承与理解”。虽然具体到每一节课的教学目标,不一定与每个学科核心素养一一对应,但每节课的教学目标至少应该体现1—2个学科核心素养。

(四) 教学目标的表述

教学目标的表述应该清晰、具体、可操作。一般说来,教学目标的构成有四个要素:行为主体、行为动词、行为条件、表现程度。

因为教学目标的最终评价是检验学生是否达到标准,所以行为主体应该是学生而非教师,所以“使学生……”“提高学生……”“培养学生……”等表述方式都是不符合陈述要求的。

行为动词应当是具体的、可以操作和检验的。每门学科具体的行为动词并不完全相同,但其陈述的基本方式可以分为两类:一是采用结果性目标的方式,即明确告诉人们学生的学习结果是什么,所采用的行为动词要求明确、可测量、可评价;二是采用体验性或表现性目标的方式,即描述学生自己的心理感受、体验或明确安排学生表现的机会,所采用的行为动词往往是体验性的、过程性的。下面是根据有关专家对行为动词的解读而列的两个表格,供教师们在制定教学目标时参考。

表3-8 结果性目标的学习水平与行为动词①

分类	学习水平	学习水平界定	行为动词举例
知识	了解	包括再认或回忆知识;识别、辨认事实或证据;举出例子;描述对象的基本特征等。	说出、背诵、辨认、回忆、选出、举例、列举、复述、描述、识别、再认等。
	理解	包括把握内在逻辑联系;与已有知识建立联系;进行解释、推断、区分、扩展;提供证据;收集、整理信息等。	解释、说明、阐明、比较、分类、归纳、概述、概括、判断、区别、提供、把……转换、猜测、预测、估计、推断、检索、收集、整理等。
	应用	包括在新的情境中使用抽象的概念、原则;进行总结、推广;建立不同情境下的合理联系等。	应用、使用、质疑、辩护、设计、解决、撰写、拟定、检验、计划、总结、推广、证明、评价等。

① 吴刚平.国家课程标准中的学习水平与行为动词问题探讨[J].乐山师范学院学报,2002,17(1):66-69.

（续表）

分类	学习水平	学习水平界定	行为动词举例
技能	模仿	包括再认或回忆知识；识别、辨认事实或证据；举出例子；描述对象的基本特征等。	模拟、重复、再现、模仿、例证、临摹、扩展、缩写等。
	独立操作	包括独立完成操作；进行调整与改进；尝试与已有技能建立联系等。	完成、表现、制定、解决、拟定、安装、绘制、测量、尝试、试验等。
	迁移	包括在新的情境下运用已有技能；理解同一技能在不同情境中的适用性等。	联系、转换、灵活运用、举一反三、触类旁通等。

表3-9　体验性目标的学习水平与行为动词①

学习水平	学习水平界定	行为动词举例
经历（感受）	包括独立从事或合作参与相关活动，建立感性认识等。	经历、感受、参加、参与、尝试、寻找、讨论、交流、合作、分享、参观、访问、考察、接触、体验等。
反应（认同）	在经历的基础上表达感受、态度和价值判断；做出相应的反应等。	遵守、拒绝、认可、认同、承认、接受、同意、反对、愿意、欣赏、称赞、喜欢、讨厌、感兴趣、关心、关注、重视、采用、采纳、支持、尊重、爱护、珍惜、蔑视、怀疑、摒弃、抵制、克服、拥护、帮助等。
领悟（内化）	包括具有相对稳定的态度；表现出持续的行为；具有个性化的价值观念等。	形成、养成、具有、热爱、树立、建立、坚持、保持、确立、追求等。

行为条件是指影响学生学习结果的特定限制或范围。对条件的表述有四种类型：(1)相关辅助手段，如高中地理2017版课程标准中就有“运用资料”“运用示意图”“运用图表”“运用地质年代表等资料”“通过野外观察或运用视频、图像”“通过野外观察或运用土壤标本”“通过探究有关自然地理问题”七种行为条件；

① 吴刚平.国家课程标准中的学习水平与行为动词问题探讨[J].乐山师范学院学报，2002，17(1)：66-69.

(2)提供信息或提示,如“在世界气候图中,能……”;(3)对时间的限制,如“在5分钟内,能……”;(4)完成行为的情景,如“在课堂讨论时,能概括……要点”。

表现程度是指学生通过一段时间的学习后所产生的行为变化的最低表现水准或学习水平,即“做到什么程度”。如在“能正确解答可化为一元二次不等式的分式不等式”中,“能正确解答”就是目标的程度和标准。实现程度的表示既可以是定性的,如“正确的”“熟练的”,也可以是定量的,如“5分钟内正确解答5个一元二次方程”。①

老师们可按照上述教学目标设计的要求,设计一节课的教学目标,并在备课组内交流互评,重点评价教学目标的几个要素及其表述是否合适。

三、设计教学过程

确立了教学目标之后,就要设计教学过程了。教学过程的设计包括教学内容的确定、教学方法与媒体的选择、教学程序的确定等。

(一) 教学内容的确定

一节课教学内容的确定就是需要确定这节课“教什么”。教学内容是教学的核心要素,是教师为实现教学目标,通过实施教学计划、教学大纲和教材规定的内容,要求学生系统学习的内容的综合。教材是确定教学内容的基础,能够深入分析教材,善于对教材进行重构是确定教学内容的根本要求。教学内容不等于教材内容,教学设计过程中可以对教材加以增删、修改、调整以便设计出有效的教学内容资源。

【案例】

“带电粒子在匀强磁场中的运动”教学内容的确定②

我们在讲授选修3-1第3章第6节“带电粒子在匀强磁场中的运动”前,认真研读了课程标准、教科书和教学参考书,结合我校高二学生的学习实际,试图设计出有利于知识学习,有利于能力发展的教学案。但真正静下

---

① 吴立宝,康岫岩,张晓初.教学目标设计的要素分析[J].教学与管理,2017(19):1-3.

② 本案例选自卞志荣:《基于学生发展的对教学内容确定的几点实践性思考》,《物理教师》2015年第10期。

来研究时，问题不是知识点如何讲，而是聚焦于这样3个问题：(1)课堂怎么引入最佳？(2)课本上的“思考与讨论”栏目“气泡室”要讲吗？什么时机讲？怎么讲？(3)回旋加速器在这节课上来得及讲吗？

……

关于问题(2)的研究。按照一般教学设计，好像“气泡室”的问题讨论与前后教学内容联系不大，因此是不是教学参考书上进行教材分析时也只字未提。能不能不讲呢？我们反复推敲教材编者的意图，认为可能是想让学生观察图片，分析提取有用信息，运用刚刚从演示实验得到的有关知识解决实际问题，培养学生解决实际问题的能力。

关于问题(3)的研究。洛伦兹力演示仪实验变为学生演示，从理论和实验两个方面探究带电粒子在匀强磁场中做匀速圆周运动。分析“气泡室”粒子运动情况，通过例题让学生了解质谱仪的工作原理等。就这些内容已经比较丰富，且立足于“话让学生说、实验让学生做、问题让学生探”，课堂时间相对来说比较紧张，恐怕很难讲到回旋加速器。若不讲，按照教科书上的安排，教学任务算不算没有完成。更重要的是这节课不讲那安排在何时讲？针对这个问题，我们又陷入了深思，难道说只有教师满堂灌才能讲完回旋加速器吗？后来经过大家反复讨论，决定采用“问题导学法”设计课堂教学。教师重在引导，减少中间插话和重复，同时将课内需要用到的但学生又能自学的内容移到课前编制成预习课案，腾出时间就能较为顺利地探究回旋加速器的工作原理。

通过研究，我们最终形成了基于问题导学下的学生自主探究教学设计，经过实践检验教学效果相当好，真可谓研究出效益。

至此教学流程一清二楚：

（一）引入——播放极光现象的唯美影片

（二）探究规律

(1) 学生汇报课前对“带电粒子在匀强磁场中的运动”的理论探究结果。

(2) 在教师的指导下，学生利用洛伦兹力演示仪对自己的理论结果进行验证，并演示如何改变轨迹圆的半径。

(3) 学生自主推导带电粒子在匀强磁场中做匀速圆周运动的半径公式。

(4) 解决问题：“气泡室”的讨论。

（三）应用规律

1. 质谱仪

（1）在教师的引导下，学生通过讨论提出质谱仪的科学设想。

（2）利用书本例题，让学生了解质谱仪的原理。

（3）分享课前搜集到的有关质谱仪的科学资料。

2. 回旋加速器

（1）在教师的引导下，学生通过讨论提出直线加速器和回旋加速器的科学设想。

（2）在教师的引导下，学生了解回旋加速器的原理。

（3）“科学助手”与学生分享课前搜集到的有关“回旋加速器”的资料，并提出问题。

（4）通过学生讨论解答“科学助手”的问题。

（5）学生自主推导带电粒子在匀强磁场中匀速圆周运动的周期公式，进一步了解回旋加速器的原理。

该教学案例在认真研究物理教材的基础上提出了两个与教学内容有关的问题：(2)课本上的“思考与讨论”栏目“气泡室”要讲吗？什么时机讲？怎么讲？(3)回旋加速器在这节课上来得及讲吗？因为课堂时间非常紧张，所以教师们经过讨论后决定采用“问题导学法”来设计课堂教学，教师重在引导，减少中间插话和重复，同时将课内需要用到的但学生又能自学的内容移到课前编制成预习课案，腾出时间就能较为顺利地探究回旋加速器的工作原理。之后，教师们制定了相应的教学流程，经过实践，教学效果非常好，既高效地完成了教学任务，又培养了学生自主探究的能力。

（二）教学方法的选择

教学方法是在教学过程中，教师和学生为实现教学目的，完成教学任务而采取的教与学相互作用的活动方式的总和。① 教学方法的种类很多，最基础、最常用的教学方法主要有语言传递类的讲授法、谈话法、讨论法、读书指导法等；直接感知类的演示法、参观法等；实际训练类的练习法、实验法、实习作业法等。下面

① 李秉德.教学论[M].北京：人民教育出版社，1991.

具体分析一节教学设计，来看一下该教师使用了哪些教学方法。

【案例】

氯溴碘化学活泼性的探究①

一、教学用具相关实验试剂与仪器、iPad、多媒体教学仪器

二、教学过程

环节	教师活动	学生活动	设计意图
联系实际课前引入	【展示】一则朋友圈“洁厕灵和84消毒剂不能混用”。 【演示】混合洁厕灵与84消毒剂演示实验。 【提问】看到了什么？ 【追问】猜测一下是什么？ 【追问】如何检验。 【演示】用针筒抽取气体吹向湿润淀粉碘化钾试纸，试纸变蓝，证明该黄绿色气体是氯气。	【回答】溶液变黄，有黄绿色气体，有刺激性气味。 【回答】氯气。 【回答】湿润淀粉碘化钾试纸。	从生活实际出发，引入教学主题内容，激活后续探究需要的基础知识。
小组探究置换反应比较活泼性	【设疑】氯气为什么能使湿润淀粉碘化钾试纸变蓝？ 【设疑】探究氯溴碘和它们的盐溶液还能发生哪些反应？请根据实验盒中的试剂和仪器设计实验方案，完成实验并得出结论。 【实验交流与展示】 【设疑】为什么氯能置换溴和碘？	【回答】氯气置换碘单质。 【分组实验】 1. 观察实验盒中的药品和仪器。 2. 设计实验方案。 3. 实验探究。 4. 观察实验现象，使用iPad记录现象，分析记录。 【实验结论】 氯单质能置换溴、碘单质。 溴单质能置换碘单质。 【类比迁移】由初中学习的金属活泼性，得出氯、溴、碘的活泼性递减。	从宏观实验现象辨析，自己设计实验、动手实验、记录现象、分析得出结论，体验科学探究的一般过程。

① 本案例由上海市曹杨第二中学赵炜瑜提供。

（续表）

环节	教师活动	学生活动	设计意图
转化问题间接比较活泼性	【设疑】置换反应可以比较氯、溴、碘单质的活泼性顺序。请查阅移动设备的资料，讨论，还有哪些比较氯、溴、碘活泼性大小的方法。 【交流与评价】 不同角度，转化问题来分析，间接比较活泼性。	知识回顾，思考；查阅书本和 iPad 移动图书馆。 【讨论分享】 1. p44资料库，与氢气反应。 2. 卤素与水反应。 学习、思考；从化合价角度分析。	学会共享实验结果和结论，学会思考和质疑，在讨论中学习多种实验方法，深刻理解结论。
微观探析活泼性异同的本质原因	【设疑】查阅 iPad 上的元素周期表，能否从原子结构的角度解释氯、溴、碘化学性质相似和递变的规律？ 【小组讨论分享】	【小组讨论】 1. 最外层 7 个电子，化学性质相似。 2. 电子层数递增，活泼性递减。	通过引导学生从不同角度比较分析，深化对氯、溴、碘化学性质的认识，从宏观到微观，树立结构决定性质的学科思想，并为接下来学习氧化还原反应打好基础。
课堂总结质疑反思	【演示、质疑】用 KI 淀粉试纸检验氯气时发现试纸先变蓝后变白。这是什么原因？请大家利用现有条件，按照科学探究的一般过程，分组展开探究。 【总结】学会通过化学的学科思维去解释和看待生活中的问题，帮助解决疑问。 【作业思考】 课堂后测，练习册。	【小组探究】 提出猜想：(1) HClO 氧化淀粉分子，漂白性；(2) Cl_2 氧化 I_2。 实验验证：碘水使变白试纸重新变蓝。氯气与碘单质反应生成新物质。 iPad 上传作业内容。	引导学生利用本节课已学知识，与课堂实验相结合，探究氯气氧化性的拓展问题。学生对问题的探究，对知识的应用，是对本节课的升华。课堂后测，形成性评价。

细读上述教学设计,我们发现教师综合运用了讲授法、谈话法、演示法、实验法、读书指导法、讨论法、练习法等教学方法。值得一提的是,教学中用到了 iPad 和多媒体教学仪器等计算机辅助教学手段,用以查阅资料、实验演示和上传课堂作业等。鉴于目前多媒体技术在课堂教学中的普遍使用,因此在进行课堂教学设计时,除去需要考虑常规的教学方法之外,还需要考虑信息化教学技术的设计与使用。

(三) 教学程序的设计

教学程序是教学过程中所设计的教学活动(或教学事件)的进行流程,是教学设计具体表现的核心成分,反映了教师对教学进程的总体组织与安排。因为教学理念与教学目标的不同,教学程序有多种不同的表现形态,常用的几种教学程序列表如下。

表 3-10 常用的教学程序①

教学程序	主要特点	主要过程	主要适用领域
传递—接受程序	教师直接控制教学过程并加以规划,学生感知、理解后练习运用。	激发学生动机—复习旧课—讲授新课—巩固运用—检查。	认知领域
引导—发现程序	以问题为中心,注重学生独立活动,着重于创造性思维能力的培养;比较适合数理学科。	问题—假设—推理—验证—结论	认知领域
示范—模仿程序	学生手脑并用,行为质量可及时得到反馈,有利于培养学生的积极思维和注意力。	定向—参与练习—自主练习—迁移	动作技能领域
情境—陶冶程序	由于无意识注意和情感活动的参与,学生不易产生疲劳,有利于大容量、长时间地进行教学,有利于对学生进行个性的陶冶和人格的培养。	创设情境—参与各类活动—总结转化	情感领域

① 邹霞,康翠,钱小龙.教学设计:原理与案例[M].西安:西安交通大学出版社,2017.

老师们可以根据所教学科特点，选择上表中的一种教学程序，对一节课进行教学设计。

（四）教学方案的撰写

在分析了影响教学的各个要素（教材内容、学生情况、课程标准），确定了教学目标，设计了教学过程（教学内容的组织、教学方法与教学媒体的选择）之后，就该形成教学设计方案了。教学设计方案是指教师依据课程标准，经过教材分析，从学生实际情况出发编写的以课时为单位设计的具体教学方案。

教案的主要要素包括：课题、课型、教材分析、学情分析、教学目标、课时安排、教学重点、教学难点、教学过程（教学环节、教师活动、学生活动）、作业、板书设计、练习设计、教具与媒体使用等。在日常教学设计的过程中，上述教案中的要素不一定都要具备，可以根据实际情况进行调整。

联系本学科，研读下面教学设计案例：思考哪些是撰写教案的必备要素，哪些在撰写本学科教案时可以适当增删。

【案例】

《螳螂捕蝉》教学设计[①]

一、教学目标

1. 读准字音，理解文言常用实词的意思，疏通文义。

2. 关注文章中的三幅画面并比较其异同之处，体会其中作者传递的不同情感。

3. 感受本文叙议结合的写作方式，理解本文蕴含的“在考虑问题和处理事情时不要只顾眼前利益，要通盘谋划”的道理。

二、教学重点和难点

1. 关注文章中的三幅画面并比较其异同之处，体会其中作者传递的不同情感。

2. 品读文章议论性的关键语句，理解蕴含的“在考虑问题和处理事情时不要只顾眼前利益，要通盘谋划”的道理。

三、教材分析

---

① 本案例由上海市中远实验学校孙青提供。

《螳螂捕蝉》其实是学生较为熟悉的寓言故事，只是文言文的语言形式可能让学生感到陌生。文本中的生字难词不多，不会对学生造成明显的阅读障碍。文本中，"附""傍"是通假字，"曲""弹"是多音字，需要注意读音。"委身曲附"中"委"与"曲"近义，"附"是生字；"务""顾"虽在以往的文言文中遇到过，但其在本文中所取的义项为首次出现，且学生较难根据上下文推测其意义；"此三者皆务欲得其前利，而不顾其后之有患也"等句子较长，学生自读时在停顿上可能存在疑惑，停顿不当可能造成错误理解，需要在理解意思的基础上适当停顿，读出节奏。

本篇课文《螳螂捕蝉》选自《说苑》，同样是西汉刘向的作品；在七年级第二学期，学生还将学习刘向的《邹忌讽齐王纳谏》。可见，刘向是初中阶段学生需要了解的一位较为重要的作者，刘向的作品、作品中的语言值得学生细细品味。

四、学情分析

寓言类文本，在预备年级的语文课本中数量不少，沪教版语文六年级上册就有的《买椟还珠》《郑人买履》《滥竽充数》《画蛇添足》四篇，下册有《螳螂捕蝉》，学生对寓言类文本的阅读已经有了一个初步的积累和认识。寓言就是用比喻性的故事来寄托意味深长的道理。在学生的阅读中，"故事"学生自己能够读懂，比较难理解的是这些故事的"比喻性"和其中"意味深长的道理"。通过不同形式的多次朗读，对文本关键句的讲解，大部分学生应该能够顺利读出蕴含其中的道理。这篇文本和先前提及的初中教材中刘向的作品，均含有劝谏意味，为了达成劝说目的，其语言有其特殊性，在教学过程中，通过提供学生阅读材料，帮助学生更好地理解体会。

五、课前准备

教师准备：多媒体课件。

学生准备：预习课文并完成学习单一至五题。

六、教学过程

（一）介绍作者，导入新课学习（3 分钟）

（二）朗读课文，基本把握文意（5 分钟）

1. 齐读，读准字音，了解重点字词的读音及意义。

请同学们拿起笔圈画生字词，并将正确读音和注释在旁边做好批注。

2. 结合字词的读音释义自由读课文，注意停顿，理解句子意思。

（三）比较三幅画面的异同之处，理解作者的情感(20 分钟)

1. 理解三幅画面的内容。

2. 比较三句话的异同，体会作者情感。

（四）读关键句，感受叙议结合的写法，明确写作意图(6 分钟)

1. 分析共同之处，品读关键句。

2. 明确写作意图。

（五）拓展：补全文本，进一步感知恳切、委婉、谨慎的情感(6 分钟)

我们这篇文章选自《说苑 · 正谏》，“谏”即提意见，文章内容都是出自一位少年之口。请学生阅读学习单上的材料——《螳螂捕蝉》全文。思考：

1. 在什么样的情况下说的？

2. 说这段话的目的是什么？

课堂小结：今天这堂课，我们一起读了西汉刘向《说苑》中的这篇《螳螂捕蝉》，同学们自主查阅字典结合重点字词的注释理解了文章的意思，比较分析了三个画面，感受到作者的情感态度，解读议论性话语，明确了寓言的寓意和文章的写作意图，最后结合补充资料品读了向君王劝谏时恳切、委婉的语气，进一步感受了寓言的特点，希望这样的思维路径可以为同学们以后读寓言类的文言文故事提供帮助。

（六）课后作业，拓展阅读

其实在春秋战国这个风云变幻、百家争鸣的时代，还有很多的辩士像文中的少年一样，给我们留下了许多精彩的寓言小故事，其间闪烁着他们智慧的光芒，彰显着他们的语言魅力。课后请同学们自主学习文言故事《鹬蚌相争》（选自《战国策 · 燕策》），通读文本，理解寓意。

思考

1. 请您梳理一下本学科的学科核心素养与课程目标，列表呈现或用文字描述一下二者之间的关系。

2. 阅读本学科课程标准（2017 版），综合思考课程标准七个部分的内容，撰写一份不少于 3000 字的研读报告。

3. 在学习本章内容的基础上，撰写一份规范的本学科课时教案。

第四章

规范课堂教学（下）

三尺讲台，教师的坚守之地。新教师真正走上工作岗位后，往往会发现教学工作远比想象中更难。如何才能站上“三尺讲台”？本章将从教学情境的创设、讲授与提问的设计、课堂时间的管理、信息技术的应用、课堂交流与课堂生成的应对等方面给新教师提供一些理论阐释及操作策略。同时，将围绕教师的教学活动评估及学生的学习活动评估，辅以具体案例给新教师呈现教学评估的实操方法。正所谓“授人以鱼不如授人以渔”，希望这些内容能助推新教师站上讲台、站稳讲台、站好讲台，最终实现超越讲台的飞跃。

第一节　开展教学活动

一、创设教学情境

（一）情境教学的含义

“情境”一词，在《现代汉语词典》中解释为具体场合的情形、景象或境地，与“情景”同义。可见，无论何种情形、景象或境地，都必须是具体的。由此，情境的特质即为具体可感性。在心理学家看来，情境是对人有直接刺激作用、有一定生物学意义和社会学意义的具体环境。举个例子，在课堂里阅读《壶口瀑布》和在现场观赏壶口瀑布带给大家的感受是不一样的，情境在激发人的某种感情方面有特定的作用。

在教育教学中，为了达到既定的教学目标，教师视教学的实际需要，引入、制造或创设与教学内容相适应的具体场景或氛围，从而激发学生的情感体验，吸引学生主动学习，促进学生的心理机能全面和谐发展，以达到最佳教学效果，这就是情境教学。

从教学方法的角度而言，情境教学首创者李吉林老师是这样阐释的：情境教学法是指在教学过程中，教师有目的地引入或创设具有一定情绪色彩的、以形象为主体的生动具体的场景，以引起学生一定的态度体验，从而帮助学生理解教材，并使学生的心理机能得到发展的教学方法。① 情境教学法的一个本质特征是激发学生的情感，以此推动学生认知活动的进行。

（二）创设教学情境的方法

从操作层面来看，教学情境的创设方法多种多样，教师可以充分发挥创造性。在广大教师创造性的劳动中，结合情境教学的研究，以下梳理出创设教学情境的几种方法，供新教师学习参考。

1. 联系生活展现情境

学生虽然年少，少有丰富的社会阅历，但是孩子们或多或少从学校、家庭、社会等方面积累了这样或那样的生活经验。所谓的“联系生活展现情境”，就是把

---

① 李吉林.情境教育精要[M].北京：教育科学出版社，2016.

学习内容通过具体的情境创设形成“勾连”，打开学生的“生活库藏”，强化学生的学习体验。

【案例】

“水到渠成”的选题①

校园是学生非常熟悉的生活空间，正因为过于熟悉，学生对校园中的有些场景习以为常，难以引起深入思考。在研究性学习开始前，教师带领学生开展了一次“校园‘啄木鸟’”活动。同学们带上相机、手机深入到校园各个角落观察，去发现校园生活中值得关注的问题，培养学生发现问题的能力。

后续的汇报课上，大家发现好多同学都不约而同地关注了学校午餐浪费的情况。此时，教师伺机引导：既然那么多同学都以手中的镜头记录了学校午餐浪费的情况，那么，同学们想不想知道是什么原因导致了这样的浪费？我们能不能在调查的基础上形成一些关于学校午餐的意见和建议来减少甚至杜绝午餐浪费现象……

至此，研究性学习的选题便“水到渠成”了。事实证明，由于该选题来源于学生自己的研究意愿，因此学生对这个项目研究活动非常感兴趣，有较强的研究动机，获得了很好的学习效果。

这个案例联系生活创设教学情境，源于学生的真实生活确立研究的选题，唤起学生的情感共鸣，很好地激发了学生的学习动机。

2. 运用实物演示情境

大家都知道“百闻不如一见”这句俗话，这是人们认识客观事物的规律。运用实物演示情境，正是从这一认识规律出发的。

【案例】

三次出示“小橘灯”②

有位教师教授冰心的《小橘灯》，在课堂中三次出示自己制作的“小橘灯”。

第一次出示，是在导入环节：“生活中，我们看到过许许多多各式各样

① 本案例由上海市中远实验学校胥旻提供。

② 本案例选自《语文教学情境论》，广西教育出版社 1999 年版。

的灯，今天，老师带来一盏自己制作的‘小橘灯’……请大家带着这两个问题先自读课文。”

第二次出示，是在教师引导学生感知“我”和小姑娘第二次见面时的有关文字时，提问学生：“哪位同学来说说小橘灯的制作过程？作者为什么要进行如此细致的描写？”

第三次出示，是在教师引导学生把握文章主旨的教学环节。教师点燃了“小橘灯”里的蜡烛，把灯高高举起，动情地说道：“同学们看到的小橘灯发出的光亮是朦胧的、微弱的，但是作者却说‘我似乎觉得眼前有无限光明’，作者这样写看似不合事实，你们理解作者为何这样写吗？”……

针对这个案例，教师可以思考：第一次出示实物来创设情境，能起到怎样的教学效果？相较单一阅读文字而言，第二次出示实物来创设情境，能给予学生哪些帮助？第三次出示“小橘灯”这一幕，会引发学生的哪些思考？

3. 播放媒体渲染情境

捷克教育家夸美纽斯曾说：“一切知识都是从感官开始的。在可能的范围内，一切事物应尽量地放在感官的跟前，一切看得见的东西应尽量地放在视官的跟前，一切听得见的东西应尽量地放到听官的跟前……假如有一个东西能够同时在几个感官上面留下印象，它便应当用几个感官去接触。”媒体情境有其特有的优势，播放媒体来渲染教学情境已为广大教师普遍采纳。下面以化学学科为例，来谈谈如何运用媒体渲染情境。

【案例】

“金属和金属材料”的多媒体展示

有位教师在执教九年级化学中的“金属和金属材料”这部分内容时，自己制作了一则多媒体视频，展示了一组生产、生活中的金属制品：大型军用飞机、桥梁夜景、挖掘机、火车、铁柜、埃菲尔铁塔、船运码头、太空卫星、金属垃圾筒、铁锅、电熨斗、螺帽、螺栓……

教师：图片中的制品主要由什么材料制成？主要运用在哪些行业？

学生：金属。建筑、交通、国防、科技等行业。

教师：根据生活经验，你所知道的金属有哪些？你还见过哪些金属制品？请完成相关表格……

该案例中，教师先利用多媒体从视觉、听觉等多角度为学生提供丰富的感知，而后提出问题，引发学生思考。在化学课堂教学中，教师演示实验、学生分组实验、化学问题、小故事、科学史实、新闻报道、实物、图片、统计数据、模型等都可用于创设教学情境。

4. 扮演角色体会情境

扮演角色体会情境，能够让学生更好地体会学习内容中人物的心理，有利于将学习内容快速形成表象，促进学生深入理解。

【案例】

谁精神？

一年级（下）的道德与法治学科中有绘本的学习内容，其中的《谁精神?》是一个童话故事，教师指导学生扮演小熊、小猴、孔雀、喜鹊、天鹅、猫头鹰、大公鸡等角色来展现“谁精神”的讨论场景，从而让学生明白“精神”不仅仅指外表，更是内在精神与外在表现的结合。每个人都可以有自己的“有精神”状态。眼睛大、声音洪亮、姿势美等都是外在表现，必须与丰富的内涵结合，才是真正的有精神。

对学生而言，绘本中的“话”好像就是自己“说”的，绘本中的“事”好像就是自己“做”的，扮演得越真切就越能感受到学习的愉快。

5. 锤炼语言描绘情境

之前提及的各种创设教学情境的基本方法，无论哪一种都必须依靠教师的教学语言来实施，可以说，教学语言是教学情境创设的基础。有学者总结过教学语言的高境界应该有准确、简洁、理趣等特征，如此才能吸引学生喜欢听、认真听，发挥教学语言的魅力，从而提高教学效果。对于新入职教师而言，尤其要重视教学语言的锤炼。许多教育名家都十分重视锤炼教学语言，使学生沉浸其里，陶醉其中。下面来看看于漪老师在教授《雨中登泰山》一文时的案例。

【案例】

于漪老师教授《雨中登泰山》[1]

于漪老师在“导入”环节，如此开讲：

同学们游览过祖国的名山大川吗？那奔腾咆哮、一泻千里的长江黄河，那千姿百态、气势雄伟的三山五岳，孕育着我们中华民族的古老文明。一想到它们，民族自豪感就会充溢心头。那具有“拔天通地”之势、“擎天捧日”之姿的泰山，就是这样的一座山！历代多少文人墨客写诗撰文讴歌它、赞美它！五岳独尊嘛！杜甫的五律《望岳》就是其中之一，诗中那“一览众山小”的境界是令人神往的。只有攀登到绝顶，才能领略到无限风光。

今天，我们学习李健吾的《雨中登泰山》，请作者为向导，带领我们去攀登那高耸雄伟的泰山吧！

于漪老师的这段教学语言运用了夸张、对偶、拟人、设问、引用等多种修辞手法，以“情”显“形”，撼天动地，气势宏伟，引起了学生强烈的感情共鸣。

6. 借助图画再现情境

学生的认知能力和情感理解应该是对称的，在教学过程中，这两者理应是统一的。教师在教学过程中以学生为本，借助情境创设来达到“情境在学生眼前，学生在情境之中”和“情知对称”，以达成教学的最优化。之前提及的实物情境虽然有效，但是受到的限制也比较多，教师也可借助图画来渲染、创设教学情境，激发学生的学习兴趣。

以上梳理呈现了六种创设教学情境的常用方法，教师在使用这些方法的时候一定要谨记：是否需要情境创设、采取怎样的方法来创设情境等都必须视教学的实际需要而定。此外，除了这六种创设教学情境的常用方法以外，是不是还会有第七、第八、第九种方法？期待着教师们在实践中不断积累自己的教育教学智慧。

二、课堂讲授与提问

讲授，作为课堂教学的主要手段之一，也是教师的基本功。对于新教师而

---

① 本案例选自《语文教学情境论》，广西教育出版社 1999 年版。

言,在“修炼”此项基本功时,应当关注讲授的时机、讲授的时间和节奏、讲授的技巧等方面,来提升课堂教学的效果。当然,课堂绝不是教师表演的舞台,灵动的课堂一定是在师生互动的过程中迸发出思维的灵感、智慧的火花……由此,课堂提问便成了促进学生主动并充分参与课堂学习的直接手段。“满堂灌”和“满堂问”的课堂都有失偏颇。因此,正确运用提问来提高教学效果,掌握提问的手段和技巧,都应成为新教师的必备“修炼”。

(一) 课堂讲授

1. 讲授的作用

下面做一个假设:如果你是在课堂上学习的学生,你觉得什么时候最需要教师的讲授? 你是不是会这样回答:当遇到学习难点、重点、“障碍点”的时候,教师的讲授是非常必要的。可见,使用讲授这一方法必须要考虑教学内容的需要,只有当教师不讲学生就不明白的时候,这种讲授才是最有效的。一般而言,讲授的作用大致有:激发兴趣、突破难点、提供学习“催化剂”、总结学习内容……

【案例】

赵州桥为什么需要二十八道拱圈①

执教《中国石拱桥》时,有一位教师谈到“赵州桥为什么需要二十八道拱圈,而不是二十九道也不是三十道”这个问题,课堂上学生七嘴八舌讨论后也得不出什么结论。此时,教师顺势讲授:这二十八道拱圈是对应着天上二十八个星宿的,体现了赵州桥当年建造时中国人对宇宙和社会生活的理解。学生听后恍然大悟,视野也开阔了,学习兴趣也被激发出来了。再接着深入下去,学生就会对中国传统文化产生崇敬,感受到中国传统文化的博大精深……

通过教师的讲授,学生在课堂上不仅学习了语言,更了解了赵州桥的伟大;不仅感受到桥梁的形式优美,更走近了中国的传统文化……这样的讲授是有意义的。

关于如何处理好教师“讲”(“教”)与“不讲”(“不教”)的问题,著名的语

① 本案例选自《语文有效教学:观念 · 策略 · 设计》,华东师范大学出版社 2009 年版。

文特级教师钱梦龙先生在教授《死海不死》一文时的教学设计堪称经典。钱梦龙老师将整堂课的教学设计成三个环节：第一个环节让学生讨论这篇课文哪些知识可以不教（讲）；第二个环节让学生讨论要学好这篇课文，哪些知识是还需要老师教（讲）的；第三个环节集中讨论"需要教的内容"——科普文章文体特性中的"趣味性"。其中，第一、第二个环节艺术性地诠释了教师"讲"（"教"）与"不讲"（"不教"）的问题。下文择取课堂实录中的相关片段与各位教师分享。

【案例】

《死海不死》教学片段

……

师：关于死海的知识，同学们都已了解。这篇课文属于说明文，关于说明文的知识，估计同学们也已经知道了不少。你们已经知道的东西，如果还要老师重复地教，你们觉得有劲吗？（众：没劲！）是呀，我也觉得没劲。因此，我想我们在决定这篇课文里哪些知识需要老师教之前，先请同学们讨论一下"什么知识可以不教"。现在请同学们打开课本，把这篇《死海不死》看一遍，然后根据课文后面练习题的要求想一想：练习题要求我们掌握的知识哪些可以不教？前后左右的同学可以小声议论议论，互相交流。

（学生看课文，小声议论后纷纷举手）

生（1）：我认为课文里用到的列数字的说明方法可以不用教。

师：说说理由。

生（1）：课文里为了使说明更加具体准确，用了一些数字来说明海水含盐量高，如"135.46 亿吨氯化钠、63.07 亿吨氯化钙、各种盐占死海全部海水的 23%—25%"，等等，这种说明方法一看就知道，完全可以不教。

生（2）：我同意他的意见，但还有点补充。课文在说明海水含盐量高的时候用了很多数据，使用这些数据的作用是使读者对死海海水含盐量究竟高到什么程度更加明确。这些道理也很简单，不教也懂。

师：是啊！你们看，"135.46 亿吨""63.07 亿吨"，这简直都是一些天文数字！我在读到这些数字的时候，对死海海水的含盐量的印象就特别强烈。

这两位同学说得都有道理，课文里的这些数字说明和它的作用，的确一看就明白。不过如果不教的话，有关的一些知识是不是能够掌握，我还是有些不放心。例如，课后练习中还要我们区别“确数”和“约数”，并且要求知道什么情况下用确数，什么情况下用约数。这些知识不教行吗？

生(1)：我认为行。

师：哦，你挺自信，好样的！认为可以不教的同学请举手(绝大多数同学举手)。看来，还有一小部分同学似乎还缺少一点自信。(指一不举手的学生)你是认为还要教的，是吗？

生(3)：我想教一教不会有坏处，再说我也不大有把握。

……

师：确数和约数你能区别吗？(生(2)点头)那你说说看，刚才那位同学从课文里找出的那些数据是确数还是约数？(生(2)答：“确数。”)你能找一个约数的例子吗？

生(2)：传说大约两千年前；最深的地方大约有400米……

师：说得真好！我同意。同学们这样会动脑筋，真让我高兴。我看关于列数据说明的方法，同学们掌握的知识比我预料的还要多，完全可以不必教了。大家再看看，还有哪些知识可以不教？

生(4)：后面练习题中要求区别课文中三个“死”字的含义，我认为这也很简单，不教也懂。

……

师：大家别笑，他读书注意看注解，这种好习惯不是每个同学都有的。我再提示一下，看看下面这些词语是不是也可以不教？(板书：游弋、谕告、执迷不悟)

……

生(1)：“游弋”虽然没学到过，但书上有注解，“谕告”也没学到过，但回去查一查词典就知道了。

师：说得好，说得好，语文课上没有学过的，完全可以查词典自学嘛！

……

下面是不是让我们换个角度思考一下：你们认为要学好这篇课文，哪些

知识是还需要老师教的？大家前后左右可以议论议论。（学生看书、小声议论）

师：谁先来说说？（无人举手）

师：（继续启发）你们知道这篇文章是什么文体？

……

老师们如果觉得以上择取的案例让自己意犹未尽的话，可以去网上找一找钱梦龙老师执教《死海不死》的完整版课堂实录，学学名师是怎样处理“讲”（“教”）与“不讲”（“不教”）的，并写下自己的学习体会。

2. 有效的讲授技巧

（1）做好讲授的准备

“凡事预则立，不预则废”，想要取得有效的讲授效果，必须做好讲授的准备。一般而言，教师可以从以下几个方面来进行讲授的准备：

① 清晰透彻地理解所要讲授的内容，明晰学生需要知道这些内容的范围与程度。

② 查寻收集必要的辅助资料，如重要的事件细节、主要的观点、支持观点的数据、图表等实例……

③ 根据教学需要制成 PPT、微视频等视觉展示材料，如果选择实物展示，则还需考虑展示的条件等因素。

④ 根据教学需要设计讲授过程中的“问题链”、互动性活动以及评估方案等，来提高学生的听讲效率。

对于新教师而言，建议在头脑中事先把要讲解的要点“预演”一遍，有时甚至可以试讲一遍。

（2）掌握讲授的技巧

有了好的讲授内容，还必须借助好的表达方式将其演绎出来。教师讲授的语言应该是准确、简洁、清晰、流畅、风趣、生动的；应该兼具“规范性”和“艺术性”，“审美性”和“教育性”；应该融合“预定性”和“应变性”；应该既平实又不失趣味，既普遍又有针对性……

对于新教师而言，还需特别关注一些讲授的细节，比如讲到何处要用重音来强调，讲到何时要用轻声，哪里语速要快，哪里语速该慢，需不需要重复等，这些都是非常重要的。以下是澳大利亚课程专家马什教授提出的“有效讲授要求”①，供新教师参考学习。

① 用逻辑清楚的步骤讲解话题。

② 按照你将运用的顺序和序列把问题在头脑中排演。

③ 用直白的语言并避免专业术语。

④ 向学生呈现信息的速度要恰当。

⑤ 运用例子描述观点。

⑥ 重复难点。

⑦ 同时运用多种交流方式（如投影仪、幻灯片和口头论述）。

⑧ 用生动有趣的语调。

⑨ 用眼光接触学生，并保持注意。

⑩ 在整个讲解过程中，总给学生提问的机会。

（二）课堂提问

毋庸置疑，提问是师生在课堂上的一种重要交流途径，教师掌握了课堂提问策略就持有了课堂交流的基本工具。教师通过提问来检验学生的学习效果，学生通过提问来弄清楚自己的困惑。好的问题可以诱发学生积极参与教学活动，可以为学生提供学习线索，可以给学生提供练习和反馈的机会，好的问题有助于学生学习结果的迁移。

1. 教师课堂提问的现状

在探讨这个问题前，建议新教师可以辑录自己在一堂课中提出的所有问题，进而从发问次数、问题的清晰度、问题的难度及认知水平等方面做进一步梳理。

很多学者都进行了课堂提问观察，发现不少教师片面机械理解“对话教学”，变“满堂灌”为“满堂问”，课堂提问的实效亟待提升。经梳理，目前课堂提问普遍存在以下一些问题。

① 提问次数过于频繁，问题的数量过多。

② 低难度、低认知水平的问题过多，缺乏培养学生高阶思维的问题。

③ 重复问题、重复学生回答的情况普遍存在，浪费了宝贵的课堂时间，导致

---

① 科林·马什.初任教师手册[M].北京：教育科学出版社，2005.

完不成学习任务。

④ 教师对于问题答案的“控制欲”过强,“牵牛式”教学,学生难以独立思考,难以形成自己的观点。

⑤ 选择少数学生回答问题。

⑥ 对于答错的学生给予消极反馈,挫伤学生参与课堂交流的欲望;或者采取“你对我对大家都对”的无原则表扬。

⑦ 忽视对学生质疑能力的培养。

……

由此可见,无论是对于新教师还是执教年限较长的教师来说,改进课堂提问的设计、进行有效的课堂提问都是很有必要的。

2. 教师课堂提问的目的

请老师们先来思考一个问题:所有的课堂提问都需要学生思考回答吗?这其实涉及了教师课堂提问的目的。一般而言,教师的课堂提问往往有以下意图。

① 为了控制特殊学生的行为表现,提醒个别学生遵守课堂纪律,参与课堂学习。

② 为了鼓励学生,帮助学生树立学习自信。教师选择会做出正确回答的学生提问,能提高学生的学习参与度。

③ 为了检验学生的学习效果,诊断知识掌握情况;也有的提问是为了了解学生对关键问题的理解,教师视需要调整、推进教学活动。

④ 为了激发学生的高阶思维,培养学生的创造性能力。

那么,有效的课堂提问到底有没有标准呢?此处摘引IBSTPI(国际培训、绩效、教学委员会)颁布的教师能力标准,其中关于有效的提问技能,具体有以下要求。①

① 提出清晰和恰当的问题。

② 有效跟进学习者所提问题。

③ 使用多样的问题类型和问题层次。

④ 提出并重新引导到那些促进学习的问题。

---

① 克莱因.教师能力标准[M].上海:华东师范大学出版社,2007.

⑤ 用问题激发和引导讨论。

⑥ 以回答问题来连接学习活动。

实践证明，教师有效的课堂提问能帮助学生巩固、深化所学知识；能营造活跃的课堂氛围，始终吸引学生的学习注意力；能启发学生深入思考，培养学生的独立思维能力，培养学生的语言表达能力……

3. 教师课堂提问的策略

我们都知道，课堂教学离不开师生间的互动交流。由教师提问，学生回答组成的问答行为即是一种互动性行为。在此，我们立足于教师提问的视角，关注“问答行为链”的发问→候答→叫答→理答等环节，给新教师的课堂提问提出如下策略及建议。

（1）发问策略

在备课阶段，教师就应该围绕着教学目标设计好相关问题，全面考虑问题的语言表述、认知水平分布、发问频率等。具体包括以下几个方面。

① 问题的指向要清晰，措辞精准。

② 合理安排低认知水平问题与高认知水平问题的比例。

③ 与学习内容相关问题的发问频率应当维持在较高水平。

④ 围绕教学目标，合理安排低认知水平问题与高认知水平问题的次序。

……

（2）候答策略

教师提出问题后，应当给学生足够的时间来思考问题、组织答案。教师应注意肢体语言，力争兼顾班级每个学生。

（3）叫答策略

教师应当保证学生有均等且尽量多的回答问题的机会。可以点名让学生回答，也可以把班级分成若干个学习小组，组内学生共同讨论商议答案，教师随机请各个小组的某一位学生来回答。需要指出的是，教师应当谨慎使用“齐答”的方式，因为有思考容量、思维深度的问题是很难全班齐答的；再者，即便是检验学生陈述性知识的掌握情况，采用“齐答”也容易导致部分学生蒙混过关。

（4）理答策略

在理答时，教师应当以不同的方式回应学生的回答。当学生迅速而正确地回答后，教师应表示肯定，可以是口头表扬，也可以借助肢体语言表示赞许。需要指出的是，教师对学生的表扬应当采取慎重态度，以下提供“有效表扬”和“无效表扬”的比较，供教师学习参考。

表 4－1　有效表扬和无效表扬

有效表扬	无效表扬
• 根据具体情况给予表扬 • 表扬学生的特定方面 • 注重学生的成就，教师的表扬依成就不同有变化 • 只奖励学生的特定行为表现标准（包括努力）的达成 • 告诉学生他们的能力和他们的成就的价值信息 • 引导学生正确评价自己与学习活动有关的行为，多考虑如何解决问题 • 以学生原有的成绩为背景描述他现在的成绩 • 学生在完成困难的学习任务时，付出很大努力或取得成功，则给予表扬 • 把学生的成功归因于努力和能力，暗示学生将来仍有希望获得类似成功 • 鼓励内源性归因（学生认为他们是因为喜欢学习和/或想提高与学习任务有关的技能才付出的努力） • 把学生的注意力集中在与自己的学习任务有关的行为上 • 鼓励教学过程之后与学习任务有关的行为	• 很少或无规则地给予表扬 • 表扬学生一般化的积极反应 • 不注重学生的表现，表扬缺少变化 • 只奖励参与，而不考虑行为结果 • 不告诉学生任何信息或只告诉他们在班内的位置 • 引导学生与别人比较，更多地考虑竞争 • 以同伴的学习成绩为背景描述他现在的成绩 • 不考虑学生是否付出努力或取得成绩，一律给予表扬 • 把成功只归因于能力或运气、学习任务容易等外部因素 • 鼓励外源性归因（学生完成任务是由于外部原因——取悦教师、在竞争中获胜赢得奖赏等才付出努力） • 把学生的注意力集中在控制他们并作为他们外部权威人物的教师身上 • 介入进行中的教学过程，使学生不能专心于学习任务有关的行为

4. 教师反思自己的课堂提问

如前所述，课堂提问的重要性不言而喻。我们建议新入职的教师经常审视自己的问题设计与实施，及时反思，不断提升课堂提问的有效性。建议大家可以从以下几方面来反思自己的课堂提问。

表 4-2 教师课堂提问的反思点

课堂提问的反思点	具体阐释
提问的目的	• 这个问题是为了管理课堂纪律而问吗 • 这个问题是为了组织、调整、推进课堂教学活动而问吗 • 这个问题是为了激发学生的学习兴趣而问吗 • 这个问题是为了激发学生的高阶思维而问吗 ……
提问的对象	• 这个问题是面向全体同学的理解思考而问吗 • 这个问题是面向部分学生的深入理解思考而问吗 • 这个问题是针对个别学生而问吗
提问的难度	• 这个问题的难度如何,涉及的认知水平属于哪一层次
提问的频率	• 这节课的课堂提问有多少个 • 一次只问一个问题吗 • 需要追问吗 ……
提问的方式	• 教师口述提问的语言表述清晰精准吗 • 需要转问吗(转问是就同一个问题向另一名学生发问) • 需要再组织吗(再组织是指教师对学生的回答进行重组概括,向学生提供一个明确、完整、清晰的答案) ……
理答的方式	• 这个问题只请举手的学生回答吗 • 这个问题是在提问前指定学生回答还是提问后点名回答 • 这个问题是全班学生齐答吗 • 这个问题需要给学生多少思考时间 ……

教师可以以某节课为例,完整梳理自己的课堂提问,并思考:这节课,我一共问了多少个问题?在这么多问题中,有多少问题的表述是十分清晰的?有多少问题因表述不清晰而影响了学生的回答?这些问题的难度和认知水平有梯度吗?然后做一个简单分类。

三、课堂时间管理

大量的教育研究表明，课堂中的时间因素与学生在课堂里的学习行为及学业成就有着相当密切的关联。课堂时间可以作为一种用来研究教师教学行为与意图以及学生学习活动的分析视角，这也是课堂管理中不容忽视的重要内容。

（一）课堂时间的研究

早在20世纪初，就有西方学者开始关注课堂中教学时间的管理问题，开始研究课堂时间与课堂教学效果之间的关系。以下梳理并择取了具有代表性的四位学者的研究成果供大家学习参考。

1. 卡罗尔的学校学习模式与课堂时间研究

美国学者卡罗尔明确将教学时间作为影响教学成效的独立变量，在研究的基础上提出一个包含五个要素的模式，其中三个要素与时间有关：所需时间、所许可时间（受到学校时间分配规定的限制以及教师分配给每一个具体学习任务的时间的制约）、所用时间。以某一个特定的学习任务而言，可用以下函数来表明学生学习程度与学生所用时间和所需时间之间的关系：

$$学习程度 = \int (所用时间 / 所需时间)$$

所用时间：学生定向于某学习任务且积极专注于学习的时间。由所许可时间和毅力两个因素组成。

所需时间：取决于学生的能力倾向、理解教学能力及教学质量三要素。

2. 布鲁姆的掌握学习模式与课堂时间研究

在卡罗尔的研究基础上，布鲁姆把学生的学习结果和学习时间的差异归因于学生的认知状态、学生情感准备状态和教学质量三个变量。他的掌握学习策略指出教师应当向学生提供所需的足够的学习时间、提供适应准备状态的教学，最终达成对学习任务的掌握水平，并逐渐减少学习时间。布鲁姆把时间与学生特征、学习内容等因素密切结合起来。学习时间不再是一个独立的变量，是随着学生的认知特征、情感特征和教学质量而变化的。

3. 哈尼施费格和威利的专注时间与课堂时间研究

20 世纪六七十年代初,哈尼施费格和威利尝试性地提出了积极学习时间的概念,指出积极学习时间是专注时间与分配时间之间的比值。这两位学者认为学生的学业成就取决于学生的参与程度。学生的参与程度则体现在积极学习时间的长短及学生的所许可时间与学习动机。

4. 伯利纳的研究模式与课堂时间研究

伯利纳等人提出"学术学习时间"(academic learning time)的概念,其特指学生专注于适合自己水平的教学活动并达到较高掌握程度所用的时间,是影响学生学业成就的重要变量。他们把这一学术学习时间作为教学活动与学生学业成就之间的中介变量,提出了新的时间研究模式。该模式进一步强调教师的教学行为首先影响学生的学习行为,再由学生的学习行为影响学生的学业成就。

(二) 课堂时间与学业成就

"大量实践证明,课堂中的很大一部分教学时间被浪费了。"这种说法并没有夸大其词。下面先来做一个小小的自我评估。

表 4-3 我的课堂里,有这些现象吗?

	有	无(请打"✓")
• 课堂前 5—10 分钟用于讲述班级情况或者与学习内容无关的事情	□	□
• 不考虑学习需要,随意使用视频、PPT 等教学设施来填充教学时间	□	□
• 缺乏合理的教学设计,在课堂程序及教学环节过渡上花费较多时间	□	□
• 耗费过多时间维持课堂纪律,缩减了教学活动时间	□	□
• 教学内容安排不当,提前结束教学活动	□	□
……		

来自不同国家的研究都先后证实了课堂实践与学生的学业成就之间存在着极强的相关性。在此选取之前在"课堂时间的研究"部分提及的分配时间、专注时间、学术学习时间,来阐释其与学业成就之间的关系。

表 4－4　课堂时间与学业成就之间的关系

课堂时间	与学业成就的关系
分配时间	有关研究显示，学生实际接受的教学时间量与学生学业成就之间呈现正相关
专注时间	基于“学生内隐思维活动”和“学生外显课堂行为”的研究表明，专注时间与学生的学业成就之间存在着正相关
学术学习时间	学术学习时间指向程度不同的三个层次：分配时间、专心率和成功率。研究表明，学术学习时间的多少直接影响到学生的学业成绩，两者之间有相当稳定的正相关关系

如果以一节课为单位，建议新教师在教学设计时从教师的教学活动时间、师生的互动时间、生生的互动时间、学生的自主学习时间、教师的课堂管理时间等方面整体规划，预设好每个方面的所需时间，做到“心中有数”。

（三）课堂时间的优化管理策略

对于新教师而言，本书提出如下几条课堂时间的优化管理策略。

1. 树立时间效益观念，减少课堂的时间损耗

要提高课堂时间的效益就必须保障既定的有限时间落到实处，提高课堂时间的利用率。例如：课前认真设计教案，准备好所需的教具设施；按时上课，不占用课堂教学时间做与学习内容无关的事情；精心设计课堂提问，紧扣教学重难点，启发学生思考；注重教学语言，吸引学生参与课堂学习活动；等等。

2. 把握最佳学习时域，优化课堂的教学过程

科学研究表明，一节课中学生思维的最佳时间处于上课后的第 5 分钟至 20 分钟，这一时间段被称为课堂教学的最佳时域。要提高课堂的时间效率，就必须保证在这段最佳时域内完成主要教学任务，教师应当尽可能地在这段时间内领着学生向既定的教学目标行进。

3. 提供适度学习信息，提升课堂的教学效益

现代心理学认为，学生在课堂上的学习是一个获得信息、加工信息并不断调节完善认知结构的过程。无论是课堂信息量过少还是过多，都会导致教学效益低下，都是在浪费课堂时间。因此，教师应当保持单位时间内适度的信息量；教

师应当保障课堂传授知识的有效性;教师应当关注"信息组合与传播方式"。

4. 把控课堂教学节奏,增加课堂的学术学习时间

有时候,教师上了一堂课,会觉得时间过得很快,下课了学生依旧恋恋不舍,可能教师一时也并没有感觉到这堂课究竟好在哪里,这很有可能就是教学节奏的功劳。借鉴音乐节奏的定义,本文认为节奏其实是某事物的意义要素在时间段落上的分布状态及特征。可以把教学过程看作在一定时间维度上开展的一段师生共同完成的学习活动链。教师把控课堂教学节奏时可遵循以下原则:所有主要的教学活动应当指向同一个目标;把一堂课的总目标拆分成不同的子目标;教学手段应当多样,不宜太过单一;合理安排各个教学板块的学习时间,同一个教学板块时间不宜过长;教学过程的情绪应当体现高低起伏的变化。

四、信息技术应用

信息技术在教育教学中的角色日益多样,其功能亦日趋强大。大体而言,现代信息技术在教学中的角色与功能如下所述。

其一,作为学习对象,成为信息技术课程的内容:提供学生学习的信息技术知识、技能以及所包含的信息文化。

其二,作为学习中介:借由信息技术来查询、获取和传递知识;加工并处理知识内容;表达及交流思想;建构知识以及培养能力……

其三,作为学习材料:通过信息技术将学习内容和包含的知识信息化,扩大学习资源的范畴,有效存贮、组织和呈现学习内容。①

以下重点关注的是信息技术作为学习中介及学习材料在课堂教学中的应用。

(一) 信息技术的课堂应用原则

信息时代的到来以及信息技术的运用的确可以让课堂丰富、生动起来,但是,作为教师也应当清醒地意识到任何教学手段都是为教学目标的达成服务的,课堂绝不能"为用而用"。教师应当以"推进信息技术与教育教学的深度融合"的视角来审视信息技术的课堂运用,"融合"不是一般的技术应用,而是信息技术与教育教学的相互促进。

---

① 李艺.信息技术课程:设计与建设[M].北京:高等教育出版社,2003.

一方面，信息技术要进入教育教学过程，改变教育教学模式，形成新的教学方法和模式，发挥信息技术对教育教学改革的推动作用；另一方面，要实践新的教育教学理念和模式，必须有与之相适应的信息技术提供支撑，同时也为信息技术的发展提供新的方向。只有聚焦信息技术在教育教学中的应用，尤其是课堂教学中的应用，为学习者提供高质量的学习体验，才能找到信息技术与教育教学的融合点，才能真正体现"融合"对于促进教学改革、提高教学质量的强大支撑作用。

教师在课堂教学中应用信息技术的理想状态是教师转变为课堂教学的组织者、指导者，学生建构意义的帮助者、促进者；学生转变为信息加工的主体、知识意义的主动建构者和情感体验与培育的主体；教学内容转变为以教材为主，并有丰富的信息化教学资源相配合；教学媒体转变为既是辅助教的工具，又是促进学生自主学习的认知工具、协作交流工具与情感体验与内化的工具。

从实践层面而言，希望新教师能关注以下几方面，以做到信息技术在课堂教学中的"用之有度"。(1)时间分配：舍"长"取"短"，切忌让课堂成为缺乏思维活动的媒体播放场；(2)内容取材：去"粗"取"精"，围绕教学目标，结合教学内容及学情特点，提供合宜的媒体资源；(3)以生为本，因时而用：深入钻研教材，分析学生的学习需求，找准可利用现代信息技术教育的内容及切入点和时机。

（二）信息技术的课堂应用

用"深化融合，助力教学"来阐释信息技术对教学的促进作用。从上海市普陀区的教育来看：2015 年，结合国家和上海市教育综合改革的要求及普陀区区情，普陀教育提出"三化一强"战略，明确以"调结构，强技术，重文化"为路径确保教育特色综合改革实验区建设顺利推进。"强技术"的内容包括推动教育信息技术的深度应用，推动基于大数据支撑下的学习分析技术广泛应用等，目的在于提高教育教学的效率与质量，促进教育公平的实现。2016 年，普陀区作为整体试验区参加上海市数字教材应用研究工作。围绕着"数字化环境促进学生学科核心能力发展"的区域研究主题，形成了丰富鲜活的案例，在此与大家分享上海市曹杨实验学校的案例，希望能激发教师们的深度学习与深入思考。

【案例】

微课助学、合作互学[①]

信息技术手段是用来支持教学的，只有在一节好课的基础上，才能更有效地发挥出信息技术的优势，产生 1+1>2 的效果。上海市曹杨实验学校通过“微课助学、合作互学”的策略，呈现了信息技术与课堂教学的深度融合。

一、微课助学，学习资源灵活化

借助“全景课堂”平台。课前，结合学习任务单或教师导学，帮助学生提前感知学习重难点、激活固有知识、了解学习背景，激发学生的学习兴趣；课中，创设情境、强化知识，帮助学生进一步理解重难点，在完成知识内化的过程中，保持学习和兴趣的一致性；课后，巩固重难点，进行拓展学习，并拓宽延伸后续的学习内容。

如讲授四年级数学“垂直”一课前，教师让学生观看微视频《同一平面》，通过创设两个小朋友美化长方体礼品盒的生活情境来帮助学生理解“同一平面”的概念，给学生设定了“想象一下黄色的平面上两条直线会形成怎样的图案，请你在全景画板上画一画，然后分享给老师”的任务，学生自学后分享了许多想象丰富的作品给教师。课中，教师将筛选分类的 9 幅作品呈现出来，并让学生对作品进行了两次分类，学生在“画一画，分一分”的愉悦氛围中理解了垂直的意义。

如此，借助“全景平台”布置的课前活动，对学生来说简明而熟悉，开放而真实，不仅给学生留下了浓厚的学习兴趣、广阔的思维空间，更为课上的个性探究活动提供了灵活生动的素材。

二、合作互学，学习过程自主化

借助 APP 或在线网络，教师将任务发送给小组并分配不同任务，学生通过网络自主学习、共享资源、网上互动、疑难解答，反馈检查、分享成果。另一种方式是教师根据资源数据将学生进行同质或异质分组，进行组内或组间的联动学习。

如教学五年级语文课本中《五彩池》一文时，对于重点词句教师采用圈画标注、及时评价、合作交流等形式进行重点指导。教师首先让学生完成一

---

① 本案例由上海市曹杨实验学校“数字教材学校应用研究”课题组提供。

个趣味小任务：第一步，在五彩池分布图上选一个五彩池，用平台工具——画笔描画一下它的形状；第二步，仔细观察描画过的池子，想象这个五彩池像什么，进行文字输入并将标注后的图片发送给全班同学；第三步，用一句比喻句交流分享，表达出所描画池子的形状美。学生在阅读思考后兴致勃勃地交流着，有的说："我的五彩池像公主头上戴的皇冠。"有的说："瞧，这个池子像一朵盛开的莲花。"有的说："我觉得这个池子像一条在海里游泳的海豚。"还有的说："哈哈，这个池子真像一个可爱的米奇头像啊！"紧接着，基于学生活跃的发散思维，教师及时进行点评指导——所有的想象都应回归课文，联系课文的内容：五彩池是玲珑多姿的。最后，教师引导学生进一步思考：刚才大家的想象与文中"玲珑"一词有什么联系？从而促进学生对"玲珑"即"小巧而又精致"的理解——水到渠成。

这样基于网络先学后导的语文课堂，重点在于引导学生学与悟的"导"，不但没有将文字、网络与课文的情感体悟相割裂，而是更进一步将语文的外延扩展到整个生活，融入了学生的情感、悟性和灵性，使学生语言的积累和潜能得到喷发和涌动。

五、注重课堂交流

教学是以课程内容为中介的师生双方教和学的共同活动。[①] 可见，教学即交流。没有了课堂交流，课堂教学就不可能发生，教师应当善于掌握并运用课堂交流的原理和策略。

（一）课堂交流的形态

我们先来看一个例子。当教师认为某个问题对于学生很重要时，他往往会说："这个问题非常重要，同学们必须要掌握。"教师的行为就是在编码和发送信息。学生听到教师的强调，往往会产生这样的想法："说不定今后考试时就会考到这个问题"，于是认真做了课堂笔记。学生的行为是在解码和接受信息。当教师看到学生做了笔记后，就会判断学生已经接受了以上重要信息继而开始传递新的教学信息；如果教师发现学生对以上信息无动于衷时，就会重新编码并发送信息："我再三强调一下这个问题的重要性。"

---

① 顾明远.教育大辞典[M].上海：上海教育出版社，1990.

上述例子说明,课堂上教师对教学信息的编码和反馈是十分重要的,教师和学生可以互为教学信息的发送者和接受者。一般而言,课堂教学信息由教学内容信息、教学状态信息、课堂环境信息三个部分组成。

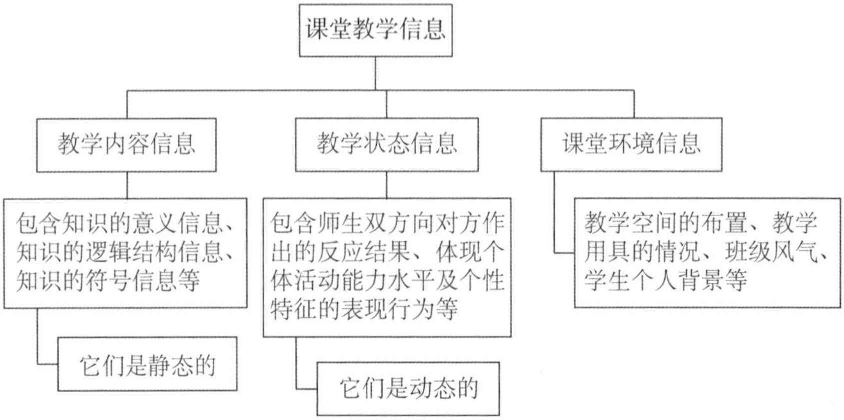

图 4-2　课堂教学信息的组成部分

一般来说,课堂交流需经过如下四个阶段,并不断循环,以不断推进课堂交流。

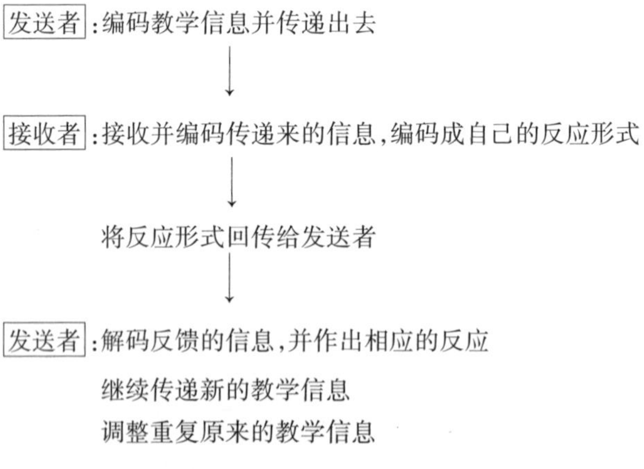

图 4-3　课堂交流四阶段

(二) 言语交流的策略

在课堂上,主要借助言语交流来达成教学信息的发送与接收。下文梳理了述义、行为描述、情感描述和印象核实等四种言语交流策略供新教师了解学习,以提高自身言语交流技能。

1. 述义

所谓“述义”,就是指当我们听了对方的话后,按照自己的理解,用自己的语言把对方的意思说出来。其“好处”是帮助我们正确了解对方的真实想法,可以使对方知道我们对他所说的感兴趣,进而愿意和我们进一步交流。比较以下案例中A、B两种交流,你能区分出吗?

【案例】

“良好交流”与“不良交流”(1)①

A:甲——小明实在不应该当老师。

乙——你是说他对学生要求过于严苛,缺乏宽容吗?

甲——NO!我是说他大学所学专业与现在的岗位不一致。

乙——哦,你是认为他应该找与自己专业对口的工作吗?

甲——嗯,正是,他实在不应该荒废自己的专业。

B:甲——小明实在不应该当老师。

乙——你的意思是指他不适合当老师?

甲——就是呀!他实在不适合当老师。

你认为良好交流是:□(A或B),不良交流是:□(A或B)

你的判断理由是:______________________________

____

2. 行为描述

所谓“行为描述”,就是指说话时只客观描述可以观察到的有可能改变的对方的行为,而对于不可能改变的行为则不予描述。不对对方的态度、动机、人格特质等进行价值判断,更不要妄加批评,以免对方因产生防卫心理而中止交流。比较以下A、B两种交流,你能区分出“良好交流”与“不良交流”吗?

【案例】

“良好交流”与“不良交流”(2)②

A:教师——小明,今天课堂讨论的时候,你一直在插嘴,好几次在别的

①② 案例选自《教育大辞典》,上海教育出版社1998年版。

同学还没讲完的情况下就打断他们。

B：教师——小明，你今天在课堂上一点不懂礼貌。你是不是太喜欢在课堂上出风头啦！

你认为良好交流是：□（A 或 B），不良交流是：□（A 或 B）

你的判断理由是：____

____

3. 情感描述

所谓"情感描述"，就是指具体清楚地描述自己的情感来让对方了解你现在的内心真实感受，以避免对方的不理解或者误解，同时也能够避免对方的猜忌。

【案例】

"良好交流"与"不良交流"（3）①

良好交流：教师——你忘了老师交给你的任务，我有点失望。

不良交流：教师——你一点都不关心班集体！（指控，而非描述内心情感）

4. 印象核实

所谓"印象核实"，就是指根据对方的语言或表情来推测其情感，并且向对方求证是否推测正确。如此，便不会因为猜测错误而导致影响双方的交流。

【案例】

"良好交流"与"不良交流"（4）②

良好交流：学生——我忘了老师交给我的任务，我觉得您在生我的气。

不良交流：学生——您为什么对我生气？（可能对方不一定生气）

学生"亲其师则信其道"，教师如果能够在理解的基础上常常练习这些技巧，同时以真心来对待学生，那么，师生间的交流将会更加通畅有效，这将大大有利于良好师生关系的建立。

---

①② 案例选自《教育大辞典》，上海教育出版社 1998 年版。

（三）非言语交流的策略

除了言语交流以外，身体或情境等非言语交流的方式也是完成教学信息的发送与接收的途径。根据一些学者的研究，非言语交流要占到全部交流的80%。

教师可以借助各种不同的姿态来传递各种不同的信息。比如：教师在课堂的不同区域来回走动、在某一个区域伫立、教师以目光与学生对视、抬手轻扣黑板……这些非言语信息都可以强化或者修正我们的言语信息。一般来说，可以从面部语言、体态语言、着装语言及空间语言等方面来了解非言语交流的策略。

1. 善用面部语言

面部语言可以说是人们的第二语言，可以强化或者修正口头语言。面部表情是教学中丰富的信息源。比如：在教学情境中，教师运用生气的表情来提醒有错误行为的学生；用颔首微笑来鼓励独立思考、认真参与学习活动的学生等。教师丰富适当的表情有利于创造良好的教学情境，形成有益于教学的课堂氛围，促进学生的积极思维，帮助学生理解教学内容。

眼睛是心灵的窗口，是面部表情中最富有表现力的部分，眼神的运用可能是最有意义的非言语交流通道。学生可从教师的目光中洞悉教师情感的微妙变化，体会到眼神蕴含的内容，教师也可以从学生的眼中获取反馈信息，做出相应的反应，调节教学活动。一般而言，经验丰富的教师既能从学生的眼神中发现信息，又善于用自己的眼神传递更多的情感。如教师一个激励期待的眼神，往往会比有声语言更能触动学生。有经验的教师还会将凝视与沉默连在一起使用，纠正学生的不恰当课堂行为。

2. 借用体态语言

头、手臂、手和身体其他部位组成的体态也是广泛的非言语交流通道。体态语言是无声语言的特殊表达形式，它在课堂教学中具有调动学生积极性，调控教学进程等作用。比如：教师在倾听学生的回答时频频点头，可以起到强化作用；教师轻轻叩击黑板时，可以突出学习重点；教师敲击讲台时，往往是引起学生注意……恰当的体态语言有助于高效传递教学信息。

3. 巧用服饰语言

服饰语言也是一种比较典型的非言语交流形式，是教师个人的性格气质与审美能力的直接表现形式。针对教师这一特殊的职业，教师的服饰应当以整洁干净、端庄大方为基本特征,也可以将教师个人审美情趣和学习需要结合起来。比如,有位教师执教拓展课“服饰与礼仪”时,选择了自己喜欢的旗袍,在优雅的举手投足之间带着学生一起领略旗袍之美,学习礼仪之美,深深地吸引了学生。

4. 乐用空间语言

教师对于学习空间的运用和学习环境的安排,也是一种信息交流的渠道。大量研究表明,在整洁温馨的课堂环境中,学生更多地感受到放松、愉快、喜欢和自豪的情感体验;反之,在杂乱无序的课堂环境中,学生往往会出现疲倦、头痛、烦躁和偏激等反应。作为教师,理应为学生创设良好、令人愉快的课堂环境来更好地促进师生间的课堂交流,以期达成理想的教学效果。

(四)课堂倾听与对话

叶澜教授说:“要学会倾听孩子们的每一个问题,每一句话语,善于捕捉每一个孩子身上的思维火花。”教师要学会倾听,倾听的意义远不是给孩子一个表达的机会,它或许能够点燃学生的思维火花,激起学生的学习热情。对于教师而言,倾听既是一项必须掌握的技术,也是一项教学艺术。从技术角度而言,本文将倾听视为一个教师主动的过程,可以分为三个部分:注意、理解及评价。

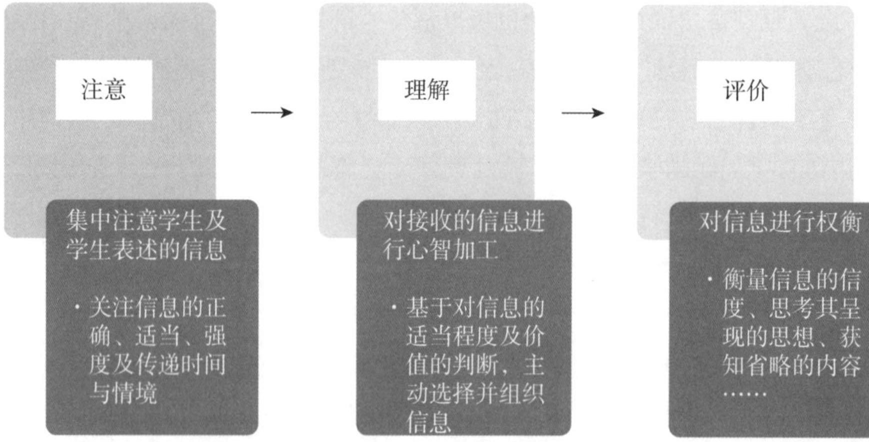

图 4-4 倾听的过程

请你回顾自己的课堂,有没有这样的情况——学生回答问题“不到点子”时,很容易缺乏耐心,插嘴打断学生,急着纠正学生的回答,忙着讲解备课时准备好的答案,想着快快进入教案的下一个环节。有效的课堂交流要求教师能够

“反思性倾听”,教师应当遵循学生的认知轨迹,对学生的思考和发现给予充分的尊重,借助澄清式盘问、描述、对话等形式帮助学生达成学习目标。教师倾听后的引导、点拨、评价都要恰当,这样才能促进课堂交流的深入开展。

【案例】

你是怎么知道的呢?

这是小学二年级的课堂,教师执教一节区级的探究型课程公开课“手套的学问”。课堂上有这样一个教学片段:

当学生分组研究各种各样的手套后,互相交流,一位学生自主地说出一次性方便手套的制作材料是LDPE。

只见执教教师笑眯眯地,不慌不忙地对男孩子说道:“你的回答蛮专业的嘛,你是怎么知道的呢?”

“我是从手套的外包装盒上看到的。”男孩边说边高高举起了手套的包装盒,“LDPE就是低密度高压聚乙烯。”

……

课后评课时,不少评课教师对课堂上的这一片段都津津乐道。想一想,如果你是现场的听课教师,你会有何感想?你以为这是执教教师的无意而为吗?再想一想,如果你是这位执教教师,你会如何应对?请你结合“课堂倾听与对话”这部分的学习要义,写下自己的思考。

六、应对课堂生成

教学是有组织的学习活动,讲求教学的科学与效率。教师备课时的教学设计(教案)是预设的、静态的,而实际的课堂则是动态的、生成的,充满了不确定性。因此,课堂教学不可能完全依照教学设计按部就班地开展。如何处理、协调好预设与生成两者之间的关系,对于新教师而言是个不小的挑战。

(一)课堂预设与生成

1. 教学设计对课堂教学的预设

如前所述,教学是有组织的学习活动。这就要求教学设计充满预设性以达成集体教学目标。教学设计是教学过程的启动环节和保证机制,在课堂教学系统中承载着先导性、主导性、控制性及调适性的作用。教学设计除了限定单位时间内的教学进度以外,还要预设单位时间的教和学的行为及行为效果。一般而言,教学设计对课堂教学的宏观预设有以下几方面。

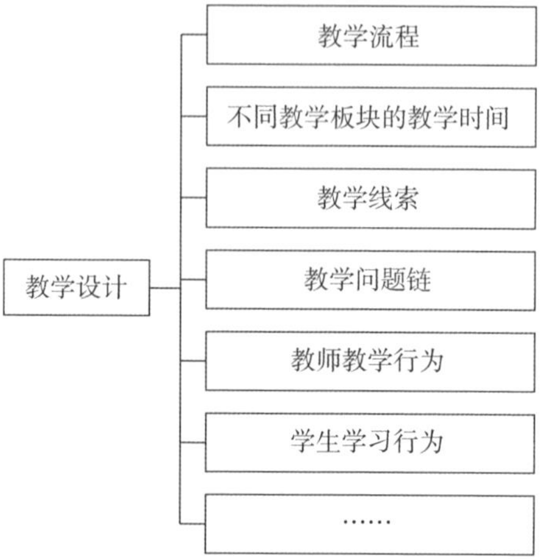

图 4-5　教学设计对课堂教学的预设

2. 教师调控对课堂教学的生成

在实际的课堂教学中,教师应当根据学生的学习行为表现来调控已有的预设,关注课堂的动态生成。教师在课堂上的教学行为是教师对教学内容的外化、活化和对象化,帮助学生内化、同化并迁移教学内容。本文将课堂上的教师教学行为及学生的学习行为进行如下的结构化呈现。

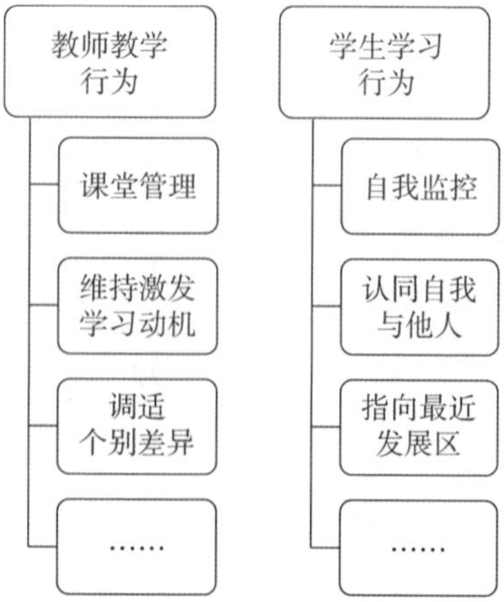

图 4-6　课堂教学中的师生行为

在初步了解了预设与生成的关系后，与大家分享一则案例。

【案例】

课堂的“动态生成”[①]

这是一位新教师执教的一节作文课。课堂上，教师为了创设生活情境，请学生小组合作表演“放焰火”的情景剧，让学生体会“火树银花不夜天”的美丽绚烂，感知放焰火时的兴奋与激动。（教师在教学设计中提及）

前两组学生都遵照教师的要求进行了情景剧的表演。轮到第三组学生表演时，其中一个同学点燃了焰火，可是迟迟不见动静，此时，组内的另两位同学大声说道：“这肯定是假冒伪劣商品！”然后，这组学生就开始了激烈的讨论，讨论起了社会上假冒伪劣商品的现象……台下的学生觉得很有趣还鼓起掌来，执教的年轻教师似乎也被热烈的气氛感染了，加入到同学们的“舌战大军”……课堂看起来非常热闹，直到下课铃响前5分钟才匆匆进入教学正题。

课后，听课的带教教师问及这位教师为何这样处理时，年轻教师回答：我们不是要关注课堂的“动态生成”吗？学生表演时提及了这个话题，教师不是应该及时捕捉“题外话”，循着学生的思维轨迹进行引导吗？

你认可这样的课堂生成吗？请阐述具体的理由。如果你是执教教师，面临课堂上的这种情形，你会采取哪些调控措施？

（二）应对课堂生成的策略

生成反映了教学理念的嬗变，是一种建构。课堂教学是千变万化的，再详尽的预设也不可能预见课堂上可能出现的所有情况，优秀的教师懂得如何根据实际情况灵活选择、整合乃至放弃原有的预设，随机生成新的教学方案，使静态的教学设计变成动态的、灵动的课堂生成。正确地处理课堂中的动态生成，不仅不会偏离教学目标，反而能为静态的教学设计锦上添花。

1. 生成的前提是充分预设

生成与预设之间是对立统一的辩证关系，生成的前提是预设。缺乏预设的

---

① 本案例选自《语文有效教学：观念·策略·设计》，华东师范大学出版社2009年版。

课堂,太过随心所欲,难以达成有效的教学效果;缺少生成的课堂,往往呆板,没有生命力。因此,教师要在教学目标、教学内容、教学重难点、教学流程、师生活动等方面进行充分的预设,同时又要适度"留白",体现出包容度、开放度和自由度。借由以下案例的分享,来探讨教师应该如何应对课堂上的"节外生枝"。

【案例】

"节外生枝"的应对①

这是一节校本研修公开课,七年级研究性学习的课堂,执教教师是一位教龄颇长的成熟型教师。

课堂中,教师将和学生一起经历实验探究的过程:做出实验假设→设计实验方案→依据方案开展实验以验证假设,主要探究相同的材料、不同的叠放顺序会不会影响水质过滤的效果。学生在此探究结论的基础上制作简易过滤柱。

这位教师围绕着教学目标设计了"想一想""讲一讲""做一做""改一改"等丰富的学习活动。在教学设计的统领下,直到小组汇报展示环节之前教学流程都推进得非常顺利。

前三个小组按序阐释了各自的简易过滤柱制作方案,还展示了小组制作的过滤柱,并通过过滤前后水质监测的各项数据对比成功演绎了探究成果。第四个小组的组长汇报时却引起了同学的哄堂大笑,原来,通过目测即可观察到过滤后的水质比过滤之前还要浑浊,还要"脏"!该组长也非常委屈:"我们小组的制作方案和第一小组差不多,也是按照方案进行制作的,怎么……"

其实,执教教师在巡视各个小组的学习活动时已经充分关注到了。

案例读到此处,你是不是会想,当教师关注到这个小组出现的问题时,他会如何应对处置呢?他完全可以即时指出这个小组的问题所在,并告知"补救措施",因为这毕竟是一节公开课呀!顺利完美地演绎教学设计该有多好呀!

可是,这位教师对于这个小组暴露出来的问题"不动声色",依旧按既

① 本案例由上海市普陀区教育学院钱铁男提供。

定设计请每一个小组进行全班展示与交流。而真正能够体现教师应对课堂生成智慧的,更在于如何将这样的“课堂意外”化作学生进一步探究的新起点与新动力。如果是你,你在这个小组汇报交流后将如何推进教学?

这位教师是这样处理的:先请组长重复制作过程,并提请其余小组的学生仔细聆听;接着请该组的组员试着“发现问题”(组员在教学现场中提到了操作规范性的问题);再请和本组制作方案一致的第一小组充当“小先生”来对这一小组进行点评与指导……出乎意料的是该小组居然在同伴们指导的基础上形成了改进实验装置的进一步设想,又“回报”给了第一小组……

当然,由于这个“节外生枝”,原本预设的课内完成学习评价单的活动未能现场完成而留到了课外。课后的校本研修评课时,听课教师是这样评价的:

“课堂上,学生在实践过程中发现辛辛苦苦过滤之后得到的水反而更脏了,以及原本自认为设想得非常完美的‘上粗下细’的结构在过滤时因为细小的沙子完全无法卡在下端的瓶口全然崩塌,这些课堂实时生成的问题才让研究型课程的课堂更有魅力,在老师‘那你们猜测这是什么原因?’‘该如何改进?’的追问之下,学生对先前的实验进行反思总结,这其实就已经达到了研究课的教学目的,允许学生在不断试错、不断调整的过程中有效达成学习目标。”

“教师在教学中往往对于课堂生成会做一定的预设,有的教师对于达到有目标预设比较‘执着’,在问题的设置中尽量规避可能出现的意外。但其实只要我们对教学目标心中有数,把学生思维中的意外看成是他已有认知的外显,那么这些意外也是美丽的意外,生成或许就是教师和学生思维碰撞的火花!”

执教教师本人在课后说课时,这样解读他对预设与生成的思考和实践:“在实验中探究是学生喜欢的学习形式,教师需要对可能出现的问题做好预设,如上课前我就对学生在实验材料选择、叠放顺序安排以及实验操作规范等方面容易出现的问题进行了充分的预设。课堂巡视时,发现一个小组由于操作不规范及材料叠放顺序不合理等原因造成过滤后的水质看起来比过滤前更脏。我之所以没有直接指出他们的问题所在,并且让他们同样面向全班展示汇报,是想告诉孩子们不是所有的探究都会成功的,面对失败,我们应该理性分析，找到原因，这才是真正的探究！同时，不可小觑同伴互助的力量，有时，同学之间的互相启发远比教师直接给出一个正确答案更加有价值……”

可见，教师的智慧在于将一个“课堂意外”生成为一个“教学契机”，课堂教学不是生产流水线，更多的时候，在充分预设的前提下打破预设会使按部就班的课堂更富魅力！

2. 生成的关键是多元互动

真正的课堂教学绝不是教师单向的传授，而理应是建立在师生、生生多元互动基础之上的。课堂互动是指在课堂空间内，发生在教师和学生之间、学生和学生之间的各种形式、各种程度的相互作用和影响，包括师生之间的言语互动和非言语互动。

影响课堂互动效果的因素有不少，其中比较关键的因素包含教师对于互动的预先设计、实时指导、组织水平，具体的课堂教学环境，以及学生的认知特点与学习参与度等。教师可以从互动主题、互动过程和互动小结等三个方面将互动主题、内容、材料、步骤、时间、实际、指导等影响互动效果的因素整合起来。教师应当善于在多元互动中洞见学生在课堂学习过程中可能遇到的困难、可能跌入的“陷阱”，由此来创设更为广阔的思维碰撞空间。

3. 生成的难点是把握契机

课堂生成的资源具有极强的不确定性，教师应当将教学内容与学生的心理需要、情感需要和知识需要等整合起来，在课堂上根据实际情况进行“二度备课”，因势利导，适时生成，按需调整教学内容与策略。

【案例】

课堂采血后的生成[1]

一位教师执教蒙田的《热爱生命》。在备课时，教师就担心这篇课文太抽象太理性，怕学生难以理解，事先查找了许多资料，几乎对文章的每一句话都进行了详细的分析以揭示其深刻含义……但她依旧带着担忧走上了

---

[1] 本案例选自《语文课程与教学论》，浙江教育出版社2003年版。

讲台。

课上到一半,推进得有些吃力。就在这时候,校医推门而入,告知要占用课堂时间给同学们抽血,无奈,这位教师只好停止授课……不出十分钟,采血完毕,可教室里就像一盘散沙,再难回到采血前探讨的话题。这位教师还是有些“教学机智”的,一转身,在黑板上写下:“当针头扎进手指,当殷红的鲜血流进血管……”教师适时请学生就此话题,结合对课文的理解,说出一两句意蕴深刻的话。话音刚落,学生纷纷陷入了思考,不久,便举起了一只只手臂:

“这是生命的暖流,没有理由不去珍惜。这一刻,我懂得了生命的可贵。”

“这一扎,刺破了我的胆小和懦弱。每一个生命都是弱小的,同时也可以是强大的。”

“所有的紧张瞬间消失,唯有留下平静,因为真实地面对才是人生的最佳选择。”

“针头扎破手指的一瞬间,神经中枢有了强烈的刺痛感,大脑立即下达命令:坚强些,再坚强些!终于,那样的痛楚不复存在。生活中也会遇到许多痛苦,相信只要学会忍耐与坚强,就一定能闯过难关!”

……

出乎教师意料的偶然事件打乱了预设的教学计划,但同学们的即兴表达却成了理解文章最好、最真实的注脚。可见,预设固然重要,生成更为可贵啊!当“预设”遭遇“山重水复疑无路”时,恰当合宜的“生成”恰是“柳暗花明又一村”!

第二节 实施教学评估

一、教学活动评估

本节的教学活动评估主要是指向教师的课堂教学评价。对于新入职教师来说,指向教师的课堂教学评价可以帮助教师提高授课的质量,可以帮助教师了解学生课堂学习的情况,根据学生在课堂内的学习行为表现来了解学生的学习进展情况,发现学生学习过程中的问题、困难,进而分析问题与困难产生的原因,以提升学生的学习有效性。

(一) 听课的内涵与意义

许多学校都建立了多项促进新入职教师快速成长的教师专业发展机制,其中最为普遍的莫过于"师徒带教"制度,"师徒带教"中有一项最基本的研修便是要求师徒双方互相听评课。听评课制度也是所有中小学教师的一项重要专业活动。

如果要给"听课"下一个定义:听课是一般教师或研究者凭借眼、耳、手等自身的感官及有关的辅助工具(记录本、调查表、录音录像设备等),直接地(也有间接地)从课堂情景中获取相关的信息资料,从感性到理性的一种学习、评价及研究的教育教学方法。[①] 听课是教师开展教育教学研究的重要手段,也是教师相互交流分享、相互学习借鉴和促进教师自我反思、加速教师专业成长的重要途径。

通过听评课,执教教师得以不断完善教学设计、优化教学实施、提升课堂教学质量、习得课堂管理艺术……听课教师得以开阔视野、体察同行的教育教学智慧与手段,取人之长补己之短,促进专业提升……对于踏上讲台不久的新教师而言,广泛地听前辈、同伴的授课,可以博采众长,无疑是增长教学技能与才干的有效途径。

(二) 课堂观察的方法与策略

有学者进行了大量的课堂观察研究后,认为当前我国中小学教师参与同伴的听评课活动,总体而言,所花费的时间较多,而所获得的效果却有限,并且梳理出听评课活动的"三无"现象:听课多为教师个体行为,没有同伴间的合作任务;评课缺少证据的推论,基于假设的话语居多;听评课,没有研究的实践,多为应付任务。

鉴于目前听评课活动中存在的这些现象,亟须以一种更为专业的思维来开展教师同伴间的听评课活动。为此,学界提出了"课堂观察"的视域。"课堂观

---

① 林存华.再议听课的作用[J].教学与管理,2006(32):3-6.

察”,顾名思义,就是观察课堂。既应当观察教师在课堂里的教学行为,也应该关注学生在课堂上的学习行为,还应当了解课程的性质和课堂的文化。为契合新入职教师的课堂观察需求,以下将从课堂观察前、课堂观察时和课堂观察后三个阶段来提一些具体的方法和策略。

1. 课堂观察前:明确目的,有备而来

课堂观察是一个教师的学习过程,观察者应该抱有“来学习”的目的。课堂观察,也是具备教育教学实验和研究功能的,就此而言,观察者的主要目的不在于评价授课者,更在于和授课者一起探讨交流某些教育教学问题。课堂观察能够帮助教师,特别是新手教师解决课堂教学的诸多问题,比如:教学活动是否围绕着主要目标展开?教学过程是否合理?达成教学目标的方法是否恰当?……

明确了课堂观察的目的后,教师还应该熟悉教材、了解教学内容。对于自己本学科的课堂,更有必要对本节课的学习内容在教材中所处的“地位”进行分析,明晰授课者在这节课之前已经开展了哪些教学活动,在这节课后又将实施怎样的教学活动……对于非本学科的课堂,也应当对相关学习内容有所了解。

2. 课堂观察时:转换角色,掌握技能

(1) 体验“学生”角色

观察者要设身处地,从学生角度出发,按学生的水平去听课,多想一想,如果自己处于学生那种水平、那种认识能力时能否听得懂、学得会,以此考量执教者的授课是否符合学生的实际。

(2) 感知“教者”角色

观察者应当思考这样的问题:如果由我来执教,我将如何进行教学设计?又将如何组织课堂教学?这样可以避免观察者以局外人、旁观者的视角审视和挑剔执教者。

(3) 尝试“同伴互助者”角色

课堂观察是校本研修的主要载体之一,由此,观察者和执教者之间构成了“同伴互助”的学习共同体关系,观察者应当站在学术的高度,运用相关的教学理论及教学经验,对执教者的课堂教学进行专业的分析与判断,形成课堂观察后的反馈意见及建议。

当然，对于新入职的教师而言，可能更多的是体验“学生”角色和感知“教者”角色。课堂观察是一项复杂的脑力活动，除了上述提及的多种角色体验以外，观察者还应掌握一些方法与技能，努力做到看、听、记、思相结合。以对课堂教学实施的观察为例，观察者可以从以下几方面来考察一节课的教学实施情况。

① 教学活动是否围绕着主要教学目标开展

大家对朱自清先生的散文名篇《荷塘月色》都非常熟悉，下面以此为案例展开研讨。

【案例】

《荷塘月色》教学观察①

一位教师执教《荷塘月色》，其教学设计中确定的教学目标为：感受荷塘对作者的意义。课堂上，该教师组织了这样一组教学活动：

PPT 放映多幅荷花照片，欣赏历代吟咏荷花著名诗词的配乐朗诵，要求学生交流荷花的特征；

请班中有绘画特长的一名学生展示自己的荷花画作，并谈谈自己的绘画体会；

请学生将课堂上、生活中看到的荷花与作者描写的荷花进行比较；

请学生交流阅读课文之后的联想；

与朱自清先生的“荷塘月色”进行比较。

观察者在教学现场看到这位教师采用了多种教学手段，诸如多媒体展示、朗读教学、学生作品展示、圈画讨论质疑等，某些环节中的学生表现也堪称精彩，但是，之后的评课活动时，教研组教师的观点集中在“如此丰富多样的学习活动叠加在一起却不成系统……”

在此不讨论这篇课文的教学究竟应当怎样来设计。强调的是，进行课堂观察时，应当了解执教者确立的教学目标，围绕着执教者的目标观察其课堂教学实施，考量目标的达成度如何；或者，也可以透过观察到的课堂教学实施情况来反观其确立的教学目标是否合宜恰当。

---

① 本案例选自《语文课程与教学论》，浙江教育出版社 2003 年版。

② 教学过程是否清晰合理

清晰合理的教学过程是达成教学目标的重要条件。观察者可以从以下几方面来评价一节课的教学过程。

教学思路清晰吗?一节课的教学流程应当像一篇文章的结构一样有清晰的起、承、转、合脉络,教者“环环紧扣”,学者才能“步步深入”,才能达成预设的教学目标。

教学板块安排合理吗?教师如何安排教学板块来呈现这节课的“轻、重、缓、急”,如总的教学目标与分层目标,重点难点与一般辅助性知识,学生已有的学习起点与学习困惑点、障碍点……

教学板块和教学环节之间有内在关联吗?在一节课的主要教学环节上,前一个学习环节应当为下一个学习环节服务,各个教学环节之间应当是有逻辑关联的。

观察者可以借助以下量表来重点观察教学环节是否围绕学习目标展开。①

表 4-5 “教学环节与学习目标的达成”观察量表

教学环节		环节 1:	……	环节 N
学习目标				
学习内容				
环节设计依据 (学习目标/学生认知水平/教学资源特点)				
时间分配(预设/生成)				
环节过渡				
课堂学习过程	学生观点			
	课堂作业			
	参与人数与表情			
	学生扮演			

需要指出的是,表 4-5 的教学环节、学习目标、学习内容、环节设计依据、时

① 崔允漷、沈毅.课堂观察:走向专业的听评课[M].上海:华东师范大学出版社,2013.

间分配、预设的相关内容应当在课堂观察前借助执教者的说课等活动完成；课堂观察中，主要完成时间分配(预设/生成)、课堂学习过程等栏目的观察记录；课后，则进行学习结果的调查与分析。

③ 教学方法是否得当并促成教学目标的达成

按照建构主义的观点，学习活动是学生主动构建的过程，学生的学习活动是否主动积极直接影响着学习效果。研究表明，教学活动的有效程度与学生的参与程度存在着正相关关系。有学者对学生在课堂上的学习状态进行了研究，划分出六种状态：注意状态、参与状态、交往状态、思维状态、情绪状态、生成状态，并制定了每一种状态的评价细则，可以作为课堂观察的参考。

表 4-6　课堂中的学生学习状态及评估要点①

六种状态	评估要点	A	B	C	D
注意状态	学生的目光是否追随发言者(教师学生)的一举一动				
	学生的回答是否针对所问				
	学生的倾听是否全神贯注				
参与状态	是否全员全程参与学习				
	是否积极投入思考或踊跃发言				
	是否兴致勃勃地阅读、讨论				
	是否自觉进行练习				
	是否有主动帮助别人或发表独到观点的学生				
交往状态	学生之间在学习过程中是否有友好的合作				
	师生、生生之间进行交流时是否语言得体				
	整个课堂教学氛围是否民主、和谐、活跃				

① 改编自《评课》，福建教育出版社 2005 年版。

（续表）

六种状态	评估要点	A	B	C	D
思维状态	学生的语言是否流畅、有条理、善于以自己的语言说明				
	是否敢于质疑、提出有价值问题，并开展讨论				
	学生的回答或见解是否有自己的思考或创意				
情绪状态	通过捕捉学生思维表情变化去分析评价				
	在学生个别回答问题时，观察其他学生的反应				
	学生是否自我控制与调节学习情绪				
生成状态	是否全面投入学习				
	是否有满足、成功、喜悦等体验，对后续学习确有信心				
	学生能否总结当堂学习所得，或提出新的问题				
评价结果	等级：　　　　描述：				

表 4－6 作为一个课堂观察的参考，提醒观察者应当关注学生在课堂上的学习状态，要把学生的学习状态纳入这节课学习目标达成的框架内来观察与评价，不能仅看课堂表面的热闹，更应关注教师是否能够根据学生的学习状态来调适学习内容、教学方法，来激发学生的积极情绪、主动参与到课堂学习活动中。

如前所述，教师进行课堂观察时应力求做到看、听、记、思相结合，这里的“记”，即指做好课堂观察的记录，记什么、怎样记。不同的学科、不同的课型、不同的研讨主题导致执教者在课堂上所呈现的教学思想、所采用的教学方法都会有所不同，在实际的课堂观察记录中，可能有所不同或有所侧重，但“教学过程”一定是常规的课堂观察记录的组成部分。我们对新教师提出如下建议：

a. 掌握记录的三种形式

简录:简要记录教学步骤、方法、板书等;详录:除了简录的内容以外,具体地记录师生问答;实录:从上课开始到下课结束,把所有的师生活动都详细记录下来,需要摄像、录音等设备辅助。

b. 掌握记录操作要点

记录的内容一般包括板书、老师的重点提问、学生的典型发言、师生活动的主要情况、有效的教学方法和手段、教学中的出彩创新与失误之处……记录应详略结合,突出重点:一般而言,可以简明扼要地记录教学过程,可以详细地记录符合教学规律、有创新、有特色的做法或存在的问题和不足等,对观察到的问题思考或自己的见解也可以详细地记录下来,以便课后交流。

3. 课堂观察后,及时整理,评价反思

课后应当及时整理课堂观察记录,并进行理性的思考和分析,归纳、总结,或是形成自己的观课心得,或是提出一些改进的意见及建议,还可以梳理出一些值得借鉴的经验和做法,并积极参与评课活动,与执教者及教研组同伴共同探讨一些值得关注的教育教学话题。如果能在日常积累的基础上,尝试写一些"课堂观察札记"则更能助力自身的专业提升。

二、学生学习评估

学生学习评估的涵盖面非常广。此处所探讨的"学生学习评估",主要指的是根据预先设置的学生学习评估目标(或评估标准),系统地收集相关信息,从而对学生的学习过程和学习结果的价值进行评估,以改进学生的学习和教师的教学。一般来说,其主要手段包含考试、各种类型的测验、替代性评估方法、作业等。

(一) 学科作业的设计与反馈

论及学生学习评估,就不得不关注教学活动重要组成之一的学科作业。从实践层面来看,不少教师往往只关注学科作业的"量",而忽视了对学科作业"质"的研究。因此,提高学科作业的有效性是一个亟须引起广大教师思考的现实问题,请你先想一想这三个问题:布置多少学科作业是合适的？布置什么类型的学科作业才是最好的？布置怎样的学科作业才能提高学生的学业成绩？

1. 学科作业设计的现状

2013年10月上海市教委教研室和上海市教委基教处联合开展了上海市义务教育阶段作业设计与实施的大型调研,结果显示:教师花费在学科作业设计和统计分析上的时间相对最少,教师花费时间最多的环节是作业批改;学科作业的功能多为“巩固课堂知识与技能”;学科作业设计的整体质量明显不足;学科作业的批改方式欠佳,并缺乏理性的作业统计分析;学校对学科作业的管理缺乏科学性和有效性。

2. 学科作业设计的思考与建议

（1）丰富学科作业类型

从现实情况来看,目前义务教育阶段的学科作业类型比较单一,大部分为练习型作业,用以帮助学生掌握巩固课堂所学的知识点或相关技能。建议教师在进行学科作业设计时,更多地兼顾不同的作业类型,来激发学生完成作业的兴趣。当然,学科作业的类型必须是为其目的服务的,不能“为丰富而丰富”。一般来说,学科作业大致有以下三种类型。

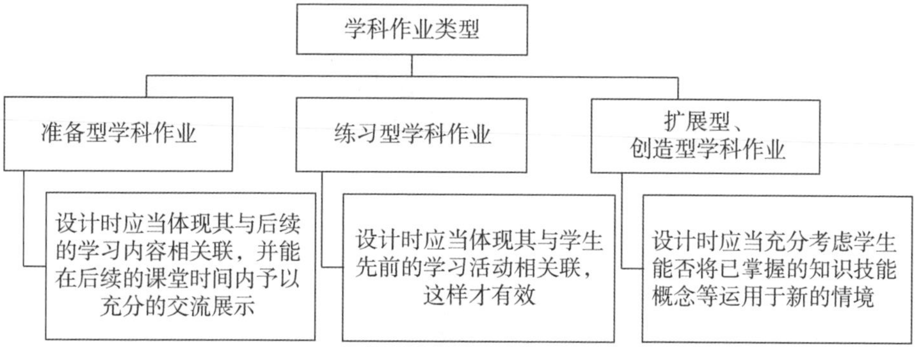

图4-7　学科作业的类型

（2）优化学科作业功能

学科作业承载着丰富的功能,总体而言,大致有强化巩固课堂所学的知识技能、保持或提高学生的学习兴趣、培养学生良好的学习习惯与合理安排时间的能力、增强学生对学科的重视程度、优化学习方法提高学习成绩……充分发挥好学科作业在“诊断学生的学”和“诊断教师的教”两方面的作用。

（3）倡导学科作业单元设计

教师应当依据各学科课程标准的具体要求,结合教材内容的编排,以“单元”的视角，整体考虑学科作业目标的分配，将单元目标合理分解至每个课时，体现作业目标的递进特征。还应当合理分配学科作业的题目量，整体设计合作型、实践型的单元作业，讲求实效。

(4) 学科作业反馈的思考与建议

目前，绝大部分学校都通过家校联系册(或备忘录)等形式来加强学校与家庭在学科作业方面的联系，起到记录与督促的作用。教师对作业的批改形式主要以判断正误、打分或评等级为主，对于学生作业情况的反馈主要以讲评为主。本文提出如下建议供教师们在学科作业反馈时参考。

① 尽快批改作业以向学生反馈作业情况。

② 丰富作业批改形式。根据作业的目的、特点等，可以采取面批、文本批注(指出存在的问题、导致错误的原因或者提供解决问题的思路)、互批等形式。

③ 梳理(可以是教师梳理，也可以是教师指导学生梳理)学科作业中的错误，加强对作业问题的统计与分析，充分发挥学科作业的诊断反馈功能。

(二) 试卷命制及质量分析

1. 试卷命制通识

学校或教师对学生的学习情况进行评估，离不开试题编制。以试题的形式进行测验或考试是目前最为常见的学生学习评估方式。测验或考试也是检验教学质量最为普遍和传统的评价方法，主要有以下一些类型。

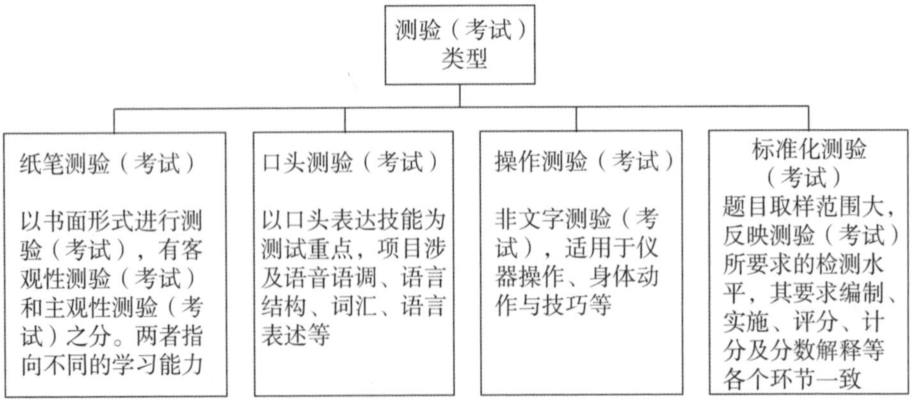

图 4－8　测验(考试)类型

以纸笔测验（考试）为例，一般而言，常见的试题类型有以下几种。

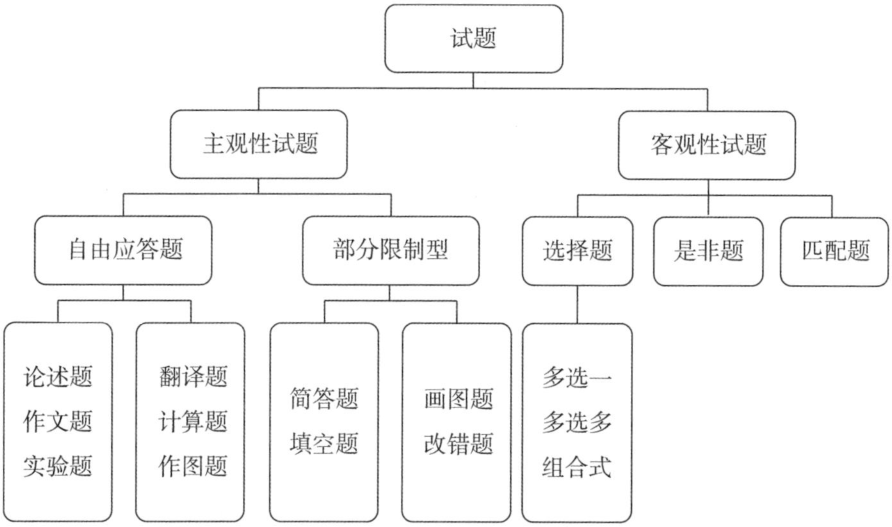

图 4-9　常见的试题类型

教师在编制试题前要有详细的计划，还应当讲求命题的原则及技术。如图4 9所示，试题的类型有许多，性质也有所不同，但是有一些共性的原则可供教师参考。

表 4-7　试题类型比较

分类 比较项目	主观性试题	客观性试题
知识再现方式	再现型	再认型
回答方式	自由应答	固定应答
内容及效度	题量小，覆盖面较小，内容效度低	题量大，覆盖面较广，内容效度高
适用范围	能检测高层次认知目标，有利于特殊才能的发现和个性的培养，能测量应试者的独到见解和对问题的创新探讨	适用于测量知识、理解、应用、分析几个较低层次的认知目标，不易测量高层次目标，如发散性思维、独创精神、文字表达等

（续表）

比较项目＼分类	主观性试题	客观性试题
命题难易	较简便，省时省力	难度较大，技术、专业性强，耗时费力
影响结果的因素	应试者的文字表达能力	不受文字表达能力的影响
所能反映的信息量	能较清晰地反映解题过程，能鉴别应试者对于问题的解决程度	看不出应试者解决问题的具体思路，只看结论，掩盖了会与不会的界限
试题及评分标准	试题标准较复杂，评分不易客观一致，易受主观因素干扰	试题标准明确，评分客观
阅卷效率	评阅者专业要求高，不能用机器阅卷，工效低	可以用机器或非专业人员评卷，工效高
可猜测性	没有猜答案的机会	有猜答案的机会

2. 质量分析建议

每所学校都非常重视测验或考试后的质量分析，也相应形成了各具特色的质量分析具体要求和模板，在此不过多展开，下面提供一些质量分析的基本要素供新入职教师参考。

① 分析试卷结构和试题分布情况。

② 分析学生答题情况：建议充分利用信息技术，统计得分情况、各题型的得分分布情况等，并进行梳理与分析。

③ 分析失分情况：特别关注失分原因，可以指导学生整理错题集。

④ 思考改进措施，措施要具体、有针对性。

思考

1. 学生面对教师课堂提问的反应会有各种情况，想一想，当你遇到以下情况时，将如何来应对呢？(1)学生回答正确，但表现出犹豫不决；(2)学生回答不完整；(3)学生回答不正确；(4)学生不回答问题。

2. 实践表明，恰当地运用媒体创设教学情境能够收到事半功倍的教学效果。但是，教师必须清醒地认识到使用媒体创设情境的目的是服从和服务于教学，因此，媒体的内容、形式不可牵强附会。请结合自己的学科背景，谈谈运用媒体创设教学情境的注意事项。

3. 从技术角度来看，“课堂倾听”分为哪几个过程？请结合自己的课堂教学实例来谈谈教师在每个过程中应当重点关注哪些内容？

4. 就你执教的学科而言，纸笔测试的题型大致有哪些？请以某张试卷为例，谈谈你对该试卷信度、效度、难度与区分度的评价。

第五章

体验班级管理

在新教师的专业成长道路上,成为一名班主任,去体验班级管理是值得迈出的一步。班级具有其特定的教育功能,新教师在走上班主任岗位之时,要对班级的真实内涵及其天然具备的育人功能有一定的认知,也要对班主任这一身份所决定的多重角色与职责有充分的认识。新教师除了走进班级、走进班主任角色,还要走近学生、走近家长。通过班级日常管理、班级活动组织和师生情感交流带领学生共同成长;通过家校沟通的桥梁,携手家长合力育人。本章内容旨在引领新教师打好扎实的班主任基本功,为建班育人提供指导与帮助。

第一节　认识班级的教育功能

一、班级的内涵

（一）班级的基本含义

班级是学校的基本单位，是学校依据一定的编班原则把几十个年龄和学龄相当、认知学习程度相近的学生编成的正式群体。它既是教育活动的基本组织单元，也是教育活动的载体和学生自我教育的源泉。如此说来，班级的含义有两层：一层在教室，另一层则为班集体。教室在这里已不只是一间房、四面墙、几十个人所处的物理空间了，而是指以班级形式承载的教育环境。这种环境是在教室物质环境的基础上，衍生出来的人际环境、课堂教学环境、微型社会环境。

（二）班级的组织结构

班级组织的结构主要包括职权结构、角色结构、师生关系结构和生生关系结构。

1. 职权结构

班级组织的建立具有三个显著特点：层次分明、制度严格、权责明确。一般情况下，班级由三个层次构成：第一个层次，由班长、团支书组成；第二个层次，由各个委员组成（学习委员、生活委员、体育委员、宣传委员、组织委员等）；第三个层次，主要由小组长组成，主要负责班级的一些具体的活动。

2. 角色结构

从某种角度来说，角色意味着责任和义务。职权与责任是统一的，因此职权与角色也应该是统一的。即有什么样的职权相应地就会担任什么样的角色，反过来，担任什么样的角色，相应地就会拥有什么样的义务。如何合理地发挥班级干部各种角色的作用，使他们既受到锻炼，又不影响学习，同时又保持良好的心态，是建班过程中需要好好研究的一个课题。

3. 师生关系

教师与学生是通过教学活动联系起来的，从不同的角度来研究，教师与学生之间的关系表现就会不同。但不管如何进行转换,都必须保证以发挥学生的主体性作用为前提。师生之间形成真正的尊重平等关系有利于发挥与培养学生的创造性,有效地实施素质教育。

4. 生生关系

虽然班级组织成员个体间的目标一致性较高,但由于学生的身心正处于发展时期,并且群体成员中的矛盾关系是客观存在的,如性别关系、工作关系、学习关系、交往关系等。也正是由于有这些关系的存在,才使得学生在学校与班级中能够经历一个比较完整的社会化过程,由一个自然人不断地向社会人的方向成长与发展。

了解班级的含义和组织结构,是新班主任走进班级的开始。接下来,班主任们要开始着手进行班级规划了。下面提供一个班级的自主发展计划表,以便新教师对班级规划的基本内容稍作了解。

表 5-1 ________学年第________学期中队(班级)自主发展计划表①

<table>
<tr><td>中队/班级</td><td></td><td>辅导员/班主任</td><td></td></tr>
<tr><td>中队精神
(班级口号)</td><td colspan="3"></td></tr>
<tr><td>学期发展目标</td><td colspan="3"></td></tr>
<tr><td rowspan="3">温馨教室建设</td><td colspan="3">特色活动创建:(请结合校级活动和年级班级特色简要介绍本学期中队/班级计划进行的重点项目及实施措施)</td></tr>
<tr><td colspan="3">行为规范每月重点工作:(请根据年级班级特点,结合行规礼仪、文明用餐、出操等重点项目,逐项制订班级检查反馈计划)</td></tr>
<tr><td colspan="3">(期末小结填写)针对上述计划所列重点项目,请简要介绍本学期实际开展的系列工作及取得成效</td></tr>
<tr><td rowspan="2">可测成果
预设</td><td colspan="3">流动红旗次数:
学习成绩:
重点工作成果呈现形式:</td></tr>
<tr><td colspan="3">(期末反思填写)简述实际成效及达成或未完成原因</td></tr>
</table>

① 本表格由华东师范大学第四附属中学李莉提供,有改编。

从这个表格中，可以看到在做班级规划时的一些基本元素：班级名称、班级口号、发展目标、重点工作、特色活动、自查计划、成果成效、工作反思等。对于班级名称和口号这样的基本信息，建议新教师多到别的学校走走看看，进教室听课前，也请记得抬头看一眼教室外面墙上贴着的班级介绍。

二、班级育人功能的体现

（一）班集体建设的内容

良好的班集体建设要实现四个目标：创设宽松和谐的班级环境、建立民主平等的师生关系、为不同个性的学生提供公平的发展机会、引导学生在活动中发展他们的个性。有以下几个方面的内容需要关注。

1. 以学生发展为本

班集体建设以促进每个学生个性和谐发展为根本目的，学生的发展不仅指学习成绩、行为表现等，更重要的是其内在的情感态度、思维方式、知识经验、社会适应、学习能力、自我意识、品格等个性精神方面的和谐发展。

2. 班集体建设人人有责

教师和学生共同组成班集体建设的主体。班集体建设是班主任的责任，也是全体任课教师的职责，更是每个学生在集体生活中的权利和责任。教师和学生在班集体建设中的主体性通过对话、引领等方式不断进行整合、磨合，随着学生心理水平的发展，师生间的合作方式也需要不断调整。

3. 班集体建设是一个个性化的过程

每个班级成员的个性、能力、心理需求各不相同，班主任也都有各自的特点，不同班集体的建设过程都不完全一样。因此班集体建设要从班级实际出发，选择适合班级特点的切入口，展开富有本班特点的集体活动，创造适合本班学生发展需要的集体生活方式。班集体建设具有规范性、计划性的一面，但更是一个充满个性化的动态建构过程。

4. 创设集体主义价值导向

班集体建设要把集体与每个成员的共同和谐发展作为班集体建设的准则，不能把集体发展和个人发展对立起来。班集体又是整个学校和社会的一部分，其建设要与学校、社会生活联系起来。要引导集体行为主动适应社会发展需要，在参与学校和社会生活中承担社会责任，创造集体的社会意义。

【案例】

两位新教师的班集体建设①

教师A：

班级管理：利用“班级事务承包制”的形式，抓好班级常规工作，进一步找出班级重点问题，落到实处。

班风建设：利用“班级优化大师”APP，重视班级风气管理，随时找出班里每个同学身上的闪光点，进行加分，培养班级良好的舆论风向，让每个同学知道做什么，也知道该怎么做，同时利用班会、谈话等形式加强培养学生的习惯，“讲道理”与“干实事”相结合，并且提高每个同学的班级责任感与班级荣誉感。

班干部建设：培养锻炼班干部队伍，严格对班干部的要求，提高班干部的责任感、荣誉感，通过谈话、辅导等方式帮助他们顺利开展工作，树立他们在班级里的威信，也让他们在班级能起到正面影响的作用。

教师B：

一是硬件的布置。注重教室的卫生：平时的工作中，我经常教育学生看到地上有纸屑就主动捡起来，课桌椅摆放整齐，让每个学生都感受到主人翁的责任感——“教室就是我的家”。重视教室的布置：两侧的墙壁贴一些字画等，把教室的角落安排成卫生角、图书角，后面的黑板报经常更换，并由学生自己排版、策划。讲究座位的排列：座位排列按照学生高矮顺序以及学生的学习状况，时时更换，并且在不同的课上安排成不同的座位方便学生进行问题的探讨。

二是“软文化”的建设。加强班集体建设，发挥班级干部的带头作用，充分信任他们，并给予指导和监督；加强学生良好习惯的养成，重点抓好礼貌待人、尊敬父母、尊敬师长、团结同学等良好习惯的培养和形成；根据学校要求将行为规范教育、班集体建设、差生和问题学生的教育、家校联系、班会课等常规工作落到实处。每天的课间操、眼保健操是纪律教育和健康教育的良好载体，要予以充分重视。做好家访工作，提醒家长提高家庭教育水

① 本案例由上海市李岩班主任带头人工作室提供。

平,实现家校配合,形成教育合力。

虽然班集体建设因为班主任的风格不同会呈现不同的特色,但也是有共性方面的。两位新教师的分享体现了班集体建设的两个方面:一个是硬件建设,一个是软件建设。说明他们都走进了班级的内涵,走进了教室,也走进了班级社会。

(二) 班级育人的途径

2017 年教育部颁布的《中小学德育工作指南》(以下简称《指南》)提到了六大育人途径:课程育人、文化育人、活动育人、管理育人、实践育人、协同育人,这也是班级育人应遵循的六个途径。

1. 课程育人

班主任要通过班会课或者学科课程研究、分析班情与学情,从学生生活和任教科目中挖掘德育内容,让课程最大限度地接近班级学生的生活实际,贴近学生的真实生活情境,满足学生的真实心理需要。

2. 文化育人

《指南》提出要"建设班级文化,鼓励学生自主设计班名、班训、班歌、班徽、班级口号等,增强班级凝聚力。"班级文化包括班级物质文化、班级制度文化和班级精神文化。物质文化包括:班级设施、教室布置、座位编排;制度文化建设包括:班级组织制度、班级管理模式、班级规章制度、行为规范建设;精神文化建设包括:班级理念、群体意识、班级价值取向、班级向心力与凝聚力等。

3. 活动育人

活动是将学生的道德认知转为道德行为的重要机制。《指南》提出要"精心设计、组织开展主题明确、内容丰富、形式多样、吸引力强的教育活动,以鲜明正确的价值导向引导学生,以积极向上的力量激励学生,促进学生形成良好的思想品德和行为习惯。"

4. 管理育人

借用文件中的原话即是:"制定班级民主管理制度,形成学生自我教育、民主管理的班级管理模式。"

5. 实践育人

开展各类主题实践活动，不断增强学生的社会责任感、创新精神和实践能力。

6. 协同育人

进行家庭教育，指导教师和家长进行沟通，充分了解学生所面临的情况和困难，进行联合教育，形成合力，构建家—校—社一体化育人格局。

第二节　担当班主任的多重角色

一、班主任的职责

（一）对班集体的领导

班级建设目标、建设进程、建设内容的实施都由班主任来把握，班级的建设也由班主任来组织和引导。在班级建设中，班主任既是设计者、引导者，也是组织者、参与者。班主任是班级建设的主体，班主任的工作水平、思想道德水准、管理方式方法很大程度上决定着这个班级的建设水平。新教师需要认清班主任这一角色由管理者向人生导师的转变，其所做的一切都是为了学生的成长发展。

（二）与任课教师的协作

班主任还应当认识到仅凭“一己之力”、一个人“单打独斗”是难以完善和建设班集体的。在工作中应当协调与任课教师的关系，彼此信任、相互合作，共同进行班集体建设。

1. 主动联系任课教师，尊重任课教师的意见和建议

班主任应当主动联系任课教师，让任课教师感受到班主任积极向上的工作态度，在充分了解的基础上相互合作。任课教师处于教学的第一线，往往在教育第一现场掌握第一手资料，对班风班纪比较了解，在学生的学习方式、管理方式、班干部选拔等方面也有自己的见解。班主任在与任课教师的交流沟通中应当尊重任课教师提出的意见和建议，积极解决在班级建设中遇到的问题。

2. 紧密沟通，互相扶持

班主任有更多深度了解学生的机会，对于学生各方面的诉求有更广泛的了解。对于学生的意见和要求，班主任应及时向任课教师反映。在班级管理中也会不断出现新目标、新要求、新措施，班主任应及时告知任课教师。班主任与任课教师建设共同的奋斗目标，统一要求、相互配合、有效执行，共同为班集体建设努力。

3. 经验丰富的任课教师是新教师的好老师

许多任课教师也同时是别的班级的班主任，或者以前有过班主任经历的，在处理一些班级事务方面，在和学生及家长的有效沟通方面，他们都有着宝贵的经验。新教师应虚心求教，可借助他们的力量，请他们参与到问题的处理中来。

班主任每天都会和任课教师有各种交流，下面这位新班主任借了数学老师的力，共同帮助一名学生的进步。

【案例】

借数学老师之力①

班级有名男生，体育很好，但行为习惯较差，学习也不好。升入初中后，他喜爱上了数学，与数学老师关系也很好，数学进步很大，让他信心陡增。七年级时，原体育委员转走，他主动请缨，我认为这是个磨炼他的好机会，但是又担心他责任感不强，自己也经常违反班规，无法胜任。于是与数学老师沟通后，告诉这个男生，写一份申请书，并且让数学老师签名“作保”，就可以担任体育委员了。数学老师非常支持，平时也一直关注着该男生数学以外的表现，在我们两个的“配合战”下，男生各方面都取得了很大进步。

（三）对家庭教育的指导

教师是指导家庭教育的主要角色。首先，源于家长对教师专业度的信任，信任让家长更乐于接受教师的意见与建议，这是教师指导家庭教育的“特权”。其

① 本案例由上海市李岩班主任带头人工作室提供。

次，教师处在教育第一线，亲临教育现场，在每日的教育教学工作中了解每一个学生，在做家庭教育指导工作时有很好的针对性与持久的关注度，在工作中可以根据需要随时联系家长，这是教师在做家庭教育指导工作时得天独厚的条件。最后，教师在多年的教育工作中积累了丰富的教育经验，了解各年龄段孩子的特点，指导方式也更专业，更真实可信。

【案例】

三位新教师的家庭教育指导①

教师A：

班中有名男生卫生习惯不佳，一方面是家庭不重视，另一方面也与他本身的身体状况有关。在六年级时，甚至曾有两次在集体外出活动时，憋不住而在大巴上上了厕所。平时也常常不洗澡不洗脚，身上有异味，引发同学反感。与家长多次微信、电话沟通，都未引起重视。于是，我陪同该男生回了他家，家长不在家，我便督促他洗了澡，教他使用洗衣机，并为他买了防脚臭喷雾剂。晚上，再与其母电话联系，细细告知其不好的卫生习惯给他的健康与人际交往带来的不好影响，其母终于真正重视起来，事后多有改进。

教师B：

有一名学生小于，性格桀骜不驯，在学校调皮捣蛋，在教室里永远不能认真听课和写作业。在对他进行仔细地观察以及与他进行认真沟通以后，我发现他是只色厉内荏的“纸老虎”，表面凶悍实则十分缺爱，他所做的一切都是为了引起家长和老师的关注。他认为父母不爱他，只关注他的学习成绩。了解到这种情况后，我迅速与其家长取得联系，发现其家长在教育孩子方面也有很大缺陷，家长很不善于表达感情，并且在除了学习之外的一切事情对孩子都很纵容。我认为这种情况非常严重，就约了孩子妈妈单独沟通，并给学生家长提出了建议：要多表达自己对于孩子的关心，让孩子感受到家长的关爱；另外，在除了学习之外的其他事情上要严格管教，这也会让学生感受到家长对孩子的在意。除此之外，作为班主任，我也会尽量多关心这个学生，让他觉得家长

① 本案例由上海市李岩班主任带头人工作室提供。

和教师没有放弃他，始终在关爱着他。在慢慢感受到家长和老师的关爱后，他慢慢能够在课堂上听一听课了，也愿意听老师的教导了。

教师C：

学生小胡在家玩手机游戏上瘾，到了废寝忘食的程度，家长也比较爱唠叨、抱怨其缺点，导致亲子间沟通有很大的障碍，学生脾气暴躁不耐烦。家长到校与班主任沟通，发现学生在学校能比较好地控制住自己的情绪，因此发现自己的教育方式可能出了问题。作为班主任，我从说话方式方面对家长进行了一次指导，同样的含义用不同的字眼说出来，会让人有不同的感觉，这对改变亲子间交流方式有很大的促进作用。

除了指导家庭教育这一职责，新教师还要认识到：随着社会的迅猛发展，城市化进程不断加快，学校生源构成比以往任何时候都要复杂，大部分学校既有本地学生，也有不断涌入的来自五湖四海的外来务工子女；既有健全家庭，也有单亲家庭；既有标准的三口之家，也有多子女家庭……生源的多元化，也意味着家长的多元化，多元化的家长导致了教育观念、教育方式的千差万别。因此，这些不同的家长对于家庭教育指导的需求也必然是多元化的。一刀切的、单向的家庭教育指导已无法满足大多数家长的内在需求。

二、做好自己

（一）自我评估、自身定位

立足班主任岗位，教师要对自己的职责和能力有正确的评估。要明确该干什么事、能干什么事、想干什么事，要想清楚你希望成为一名怎样的班主任、你现在能做到成为一名怎样的班主任。有了合理的自我评估之后，才能科学地制定个人规划。

新教师不一定做过班主任，但一定做过班主任的学生。从自我出发，想想看你喜欢的班主任是什么样的，他们有哪些特点和优点，他们会说什么样的话，做过什么事；反之，你不喜欢的班主任又是什么样的。试试填写下面这张表，它就会像一面镜子，可以经常拿出来照照，也可以随着工作经验的积累和教师个人的成长，不断更改、更新。适当的时候，还可以拿给学生填一填。

表 5-2 喜欢和不喜欢的班主任的样子

我喜欢的班主任的样子	我不喜欢的班主任的样子

【案例】

几位新班主任的自我定位[①]

教师 A：班主任首先是知识传授者，其次是一个有效沟通者、积极助人者与健康人格的塑造者，更应该是一个终身学习者。

教师 B：班主任是一个班级的灵魂。当学生之间剑拔弩张时，我要做一名民事调解家；当家长对自己孩子的管教束手无策时，我要做一名帮助家长管教学生的大姐姐；当学生有心理障碍时，我要做一名心理咨询师；当学生身体不适时，我要嘘寒问暖，做一名护理员。

教师 C：做一个会学习的班主任，向有经验的老师学习管理方法和与学生的交流方式；做一个善于反思的班主任，对于班级中发生的大小事件、学生的变化情况都要进行思考，并在下一阶段中进行适当调整改进；做一个健康快乐的班主任，成为学生的朋友，让学生愿意和我分享他们的喜怒哀乐。

教师 D：只做引导者，不做领导者。

（二）班主任的个性化发展

班主任是一个共同的名字，在这个名字背后是千千万万有着不同个性的人。常听到“创建特色班级”“打造个性班级文化”，那么实施这一切的关键人物——班主任的个性化发展是不是也至关重要呢？班主任个性化发展对教师专业发展是起推动作

① 本案例由上海市李岩班主任带头人工作室提供。

用的。班主任的个性化发展关系到班主任个人的健康发展,关系到学生个性的健康发展,关系到学校教育的蓬勃发展。因此班主任要善于分析自身的个性资源并进行资源整合,为个性化发展准确定位,走适合自己的个性化发展之路。

第三节 带领学生共同成长

一、班级管理的实务

（一）班级情况的分析

1. 班情分析的元素及要点

班情分析是组织和建设班集体的一项基础工作。只有对班情进行较全面的了解,才能制定组织和建设班集体的规划,尤其是对新接班的班主任更为重要。

细致全面的班情分析应从下列几个方面进行。第一部分为班级概况,包含班级类型、班级学生的构成情况,如男女生比例和学生年龄结构情况、班级学生的家庭情况、学习情况、每个学生的爱好及个性特长、班级任课教师的授课情况等。第二部分为班级情况分析,如班级整体突出优缺点分析、影响班集体的教育环境、因素等。第三部分,在班情分析的基础上制定出切实可行的班级奋斗目标和管理策略,并围绕目标设计开展活动。班主任进行班情分析需要关注以下几个方面。

（1）适时开展班情分析。新班主任在接班并完成全部家访后,需进行班情分析;新班级组建后两周之内,班主任要进行班情分析;一般来讲,学校在期中、期末考试后也会要求班主任对班级情况进行分析。

（2）内容尽量全面,重在分析。可以是班级学生总体情况的分析,也可以逐个分析每个学生。

（3）奋斗目标和对策要具有适宜性和可行性。一要考虑学生的年龄特点、个性特长,遵循教育规律;二要有鼓励性,目标制定要具体明确,高低适宜,分层次、分阶段,把远、中、近目标结合起来。

【案例】

某班班级情况分析报告[①]

班级概况： 高一(2)班现共有42名学生，其中男生有30名，女生有12名。班级性质是平行班，入学时中考的平均成绩较其他班级要低，而且学校有择优进博雅班和理科班的制度，每次月考或期中、期末考试后，根据学生的成绩，年级百分比在前的学生进入好班，年级排名靠后的学生进入平行班。因此，经过一段时间的流动，平行班的平均成绩在年级靠后，从学生的学习能力及学习态度来看，与其他班级存在一定的差异。
突出优缺点分析：(可选择班风、班集体建设、班干部等关键点进行分析) 我们班的优点在于：学生与学生间关系非常融洽；男生人数多，班级较为活跃；班干部管理水平高，能帮助老师协调班级工作，也能帮助学困生解决问题。缺点在于：班级纪律比较差，部分男生的一些不良行为习惯影响整个班级；学生学习成绩两极化比较严重，好的学生非常好，态度端正、接受能力强、完成作业的质量高，但是有不少学生还暂处于困难阶段，主要表现为上课注意力不够集中、做作业速度慢并且拖拉严重。
对策与教育建议： 1. 平时注重对学生日常行为习惯的培养，落实好日常行为规范。 2. 进一步培养班干部队伍，我们班的班干部已经有一定的管理水平，为了发展每个学生的能力，将进一步管理细化，使每个学生都能为班级出力，培养集体意识。 3. 注重分层教育，因材施教。了解学生的心理特点，对待每一个学生的方式根据他的性格特点做调整，达到有效性。 4. 加强学困生的管理，平时多与他们交流，帮助他们改掉一些坏习惯，树立正确的学习方法。 5. 注重关怀教育，多关心班中每一个学生，尤其是中间的学生。从细节着手，点滴关怀，走进孩子们的心灵。 6. 加强家校互动，与家长保持沟通，共同探讨如何解决孩子出现的问题。

(二) 班干部会议的组织

班干部会议是教育培养班干部的专用时空，开好班干部会议也是班主任的基本功之一。

1. 班干部会议的功能

班干部会议有以下几项功能。

① 本案例由上海市晋元高级中学王丽丹提供。

（1）传达通知，布置工作。常规工作、重要活动的安排分工都可以通过会议部署下去。

（2）交流信息，探讨班级存在的问题。班干部最了解班级情况，在会上可以提供并交流各种信息，回答班主任的询问，班主任可以及时发现班级存在的问题或隐患，并且和大家商量对策。

（3）开展头脑风暴，共议问题解决方案。班干部是班级精英，是班主任的智囊团，他们可以对班级活动提出各种意见和建议，制订活动方案。

（4）就班级重要的问题达成共识。班干部是班级的领头羊，他们的态度和行动对班级发展方向有较大的影响。班级出现了问题，首先要在班干部中统一思想，达成共识，再将这些共识通过各种方式传播出去，形成正确的舆论导向。

（5）提高班干部的团队意识。班主任要对班干部加强团队意识的培养，要让他们明确自己是在一个团队中，不是各自为战。要产生这种意识，就必须让班干部有组织纪律性和团队归属感。

（6）教育培训班干部。培训班干部是班主任的重要工作之一，班干部的责任心和能力会在培训中获得提升。

2. 班干部会议的实施过程

班干部会议在实施过程中有以下几个要点。

（1）会议要定期召开，形成例会制。建议班主任参考一下校历，考虑到学校的重大活动或考试等情况，按两周左右一次的频率，把一个学期的班干部例会先做一个预安排，列一张表，如果遇到重要的事情，可以临时调整，增加或取消会议。开会前一天还要正式通知一次，让班干部有时间安排好自己手头的事。准时参会是对班干部工作素质的基本要求。

（2）要选择适当的开会时机。具体到每一次开会，保证会议质量，首先要确保学生能定下心来开会，不能心不在焉，草草了事。班主任要慎重选择时机，避开重大考试前夕或者其他不适合开会的时间点。每次会议不要太长，以免影响学生其他事务的安排，但也不能过短，否则讲不了多少内容。

（3）要选择合适的开会地点。一般首选是在本班教室，在卫生打扫结束，全体学生离开后再开会。也可以选择在学校其他环境优雅的地方召开，班干部会议虽要求严肃认真，但氛围要尽量轻松愉悦。

（4）强调会议的纪律和秩序。参会不仅是责任，也是一种荣誉。班主任可以在第一次会议上和班干部商议确定几条基本的会场纪律，成文后在以后的会议沿用这些规定即可。会议应该有正式的会议记录，由某一名班干部专门负责。

（5）确定会议的主题、内容和主持人。主题明确、内容充实、流程清晰的会议才是高效的。班主任要事先准备，确定会议主题和内容，特别是培训内容。如果是班干部主持，则需对班干部进行指导和帮助，使主持人在实践中不断提升能力。

下面分享一个以“职位竞选”为主题的班干部例会。

【案例】

“班干部例会——队长职位竞选”过程记录①

一、介绍中队长选举过程

大队长：同学们，我们经过竞选演讲、全班无记名民主投票，以及紧张激烈的唱票，新一届的中队干部名单出炉啦。（PPT 出示：竞选照片、票数、选票）下面，有请中队辅导员上台宣布新一届的中队干部名单！

中队辅导员：下面我宣布，我们班的新一届中队干部有陈榕、邹云婧、陆子晨、詹佳宁、陈哲媛、张宸悦、黄薛俊。欢迎以上中队干部登台亮相！

二、介绍蒲公英委员会的各职能部

大队长：这七位队员将组成我们班新一届的中队委员会。那么中队委员会到底有哪些岗位部门呢？让我们先来听一听吧！（PPT 出示：中队主席、争章委员、学习委员、宣传委员、体育委员、劳动委员、文娱委员）

（七名同学上台打快板介绍各岗位）

中队辅导员总结：原来中队委员会有这么多的岗位呀！那怎么分配给这七名中队长呢？其实在老师心里这七名队员都非常有才干，能力也很强。老师提议，为了发扬我们中队的民主精神，这一次我们来个改革创新，让这些队长自主竞聘上岗。队员们，你们说，行不行？

三、各中队长竞聘自治委员会岗位

各中队长竞聘演讲/表演。

（我觉得我哪里有特长……我可以为班级开展什么，我能胜任 XX 委员

---

① 本案例由上海市新普陀小学阚颖提供。

的工作;自我展示,下面同学呼应)

宣传委员:……

体育委员:……

学习委员:……

中队主席+争章委员:几句话的小品,争章委员工作中碰到问题,组织委员和中队主席怎么出谋划策解决。

中队辅导员总结:队长们,班级中有许多岗位,只要大家怀着一颗为他人、为集体服务的心,我们就能承担起应有的岗位责任,干好自己的本职工作。老师希望你们能不辱使命,不遗余力地为大家服务!

中队委员齐呼——我们将不辱使命,不遗余力地为大家服务!

四、布置近期任务(略)

(三)学生座谈会的召开

召开学生座谈会的目的通常是为了改变或改善某种状况、解决某个问题而向部分学生了解情况并听取学生意见,它是班级民主管理的必要元素。要开好学生座谈会,达到收集有用信息的目的,应做好以下几方面工作。

1. 要注意会前会后的思想工作

会前要消除学生的思想顾虑,会后要安抚学生情绪。在谈话之前,讲明座谈的目的在于改进教育教学方面的问题,改善班级教育环境。同时在座谈前要做好个别教师的工作,正确处理学生反映的问题。座谈会后,要及时解决学生反映的问题,通报解决结果,说明一些问题尚未解决的原因,以免学生产生"说了也白说,不如不说"的看法,影响座谈的积极性。

2. 要求学生以实事求是的态度客观评价问题

既不把小事情说成大问题,也不能掩盖问题,大事化小、小事化了,更不能说假话。既要谈存在的问题,也要发现优点、肯定成绩。要向学生说明学生代表不仅是发表自己的观点,更重要的是要能代表全班学生的意愿,反映全体同学的心声,防止主观片面性。

3. 要善于引导

座谈前可先将座谈内容向学生公布,使学生心中有数。座谈中要加强引导,要联系学生实际,让学生有话说,想说话,关键时候要提示,使谈话往既定目标发展,同时班主任要以听为主,不要过多加以评论,防止堵塞话题。

4. 要采用灵活的谈话方式,活跃气氛

座谈开始时往往比较安静,谁都不愿第一个发言。为打破冷场,班主任可采取点将的办法或者安排发言的顺序,一旦学生放开以后,则采用自由发言,谁有话谁先说,有问题随时说,畅所欲言。

老师们可以看看这份学生座谈会记录单,了解座谈会的基本内容和记录的基本框架。

【案例】

某次学生座谈会记录单①

会议主题:加强学生与老师的交流,发现教学中的问题			
会议时间	×年×月×日	会议主持人	
出席对象:			
会议记录: 听取学生对课堂教学、教学管理、教师授课等方面的意见与建议。座谈会气氛十分热烈,同学们积极发言、各抒己见,达到了较好的效果。大部分同学通过一学期的学习认为大多数教师教学认真负责,备课认真,教学效果良好,对任课教师的教学比较满意,同时也对教学和管理中存在的问题,提出了自己的看法和建议。 一、学生对教师教学评价好的方面(内容略) 二、教学过程中存在的问题(内容略)			
观摩(或主持)会议反思: 学生对老师平日的观察都是很细微的,对老师的教学方法、教学过程都有自己的见解,因此他们站在自己的角度上对老师们进行了简单的评价,可以看出他们对任教老师是满意的。但是,其中也存在一些问题,在轻松的环境中他们也都踊跃提了出来,接下来要把信息反馈给任教老师,希望老师们能够分析这些问题,寻找解决的方案,尽快解决这些问题,提高学生的学习兴趣和学习动力。			

座谈会记录单中的最后一块"观摩(或主持)会议反思"是非常好的,这是班主任对这次座谈会是否达到预设目的、是否合理解决问题以及下一阶段还需要采取哪些行动的思考和总结。从完整性来讲,建议添加"会前准备"这一栏。

---

① 本案例由上海市晋元高级中学孙超提供。

二、班级活动的组织

（一）主题班队会(含主题教育课)的设计实施

1. 主题班队会的策划设计

班主任在主题班队会召开之前,需要做好充分的准备工作。

(1) 确定主题,明确活动内容。主题要有针对性,可以结合当前国家时事,也可以结合学校工作主线,还可以根据班级学生实际情况或突发事件而定。活动内容切口要小,针对一个具体的教育点。

(2) 组建团队,成立策划小组。班主任事先向全班发布班队会召开的信息,可采取“招募”的方式,组建团队和每个流程的负责人,让学生自主设计,班主任负责参谋、把关。

(3) 确立形式,撰写活动方案。主题班队会的形式丰富多样,要结合学生的年龄特点和心理特征来确立。班主任需拟订详细的活动方案:明确目标、写明内容及步骤、确定各环节负责人和需要落实的材料道具等。

2. 主题班队会的组织实施

从实施流程上看,有三个大的阶段,第一是主题导入,第二是主题的展开和深化,第三是总结提升。主题导入是主题班会实施的第一个阶段,主题的导入方式也是影响学生对主题班会兴趣与参与热情的重要因素。如果导入的形式新颖、导入的活动具有趣味性,并能引发学生的情感共鸣和思考,就会给接下来的主题活动打下良好基础。

主题的展开与深化是主题导入以后,通过有效的活动,让学生深刻体会主题教育的内容,获得关于主题的态度、体验和经验的过程。班主任可以尝试以下几种活动类型。

(1) 体验型。此类活动是主题班会最常见的一种类型。就是在主题班会中给学生提供相应的体验空间使他们获得对一个主题内容比较深入的体验,从而加深学生对相关教育内容的深入理解。

(2) 讨论型。是学生在老师的正确引领下,在班会上围绕某个主题对一个问题进行深入的探讨或争论,从而获得对某一问题的深入理解和清晰认识。

(3) 表演型。通过让学生模拟一定的生活场景,扮演某一生活场景的角色来获得关于某一问题的深刻体验。比如,心理剧和道德情景剧就是班主任老师在班级活动中经常使用的体验方式。

(4)叙事型。主题班会中通过一个事件、故事的讲述调动学生对这个故事的体验,引起学生的情感共鸣。

(5)综合型。以上介绍的体验型、讨论型、表演型以及叙事型,实质上是一种理论上的划分,在真正的主题班会类型里面往往是两种或几种类型的综合。

总结提升的阶段是在班会的结尾由老师和同学共同总结班会的体悟,进行主题的深化和提升。总结提升是一个主题班会必不可少的环节,没有这个点睛之笔,主题就很难突出。适宜、恰到好处的主题提升有助于帮助学生,获得关于班会主题的清晰的感觉和印象。

3. 主题班队会的评价反馈

主题班队会结束后,要进行反馈与小结,帮助学生积累经验,引导学生在评价活动中产生情感的共鸣和思想的碰撞。班主任可趁热打铁,组织学生参与讨论,说一说自己从活动中收获了什么。也可召开班委会或通过问卷调查的形式征集全班同学对主题班队会的看法。

(二)社会实践活动的组织开展

《中共中央办公厅国务院办公厅关于适应新形势进一步加强和改进中小学德育工作的意见》中规定:"社会实践活动包括社会调查、生产实习、军事训练、公益劳动、社区服务、科技文化活动、志愿者活动、勤工俭学等多种形式。要把学生的社会实践活动作为必修内容,列入教育教学计划,切实予以保障,学校要制定学生参加社区服务和社会实践活动的措施。社会实践活动总时间,初中学生一般每学年不少于20天,普通高中学生一般每学年不少于30天。"这里向新教师介绍普陀区社会实践活动的两大特色品牌:普陀大学堂和研学旅行。

1. 普陀大学堂

普陀区盘活区域资源,构建了以下学堂:以区内爱国主义教育基地及改革开放成就展示点为主的"红色学堂";以苏州河两岸自然、历史、文化资源及艺术走廊为主的"河湾学堂";以区内科普教育基地和创新实践基地为主的"创新学堂";以区内公民思想道德建设示范实践点、社区街道、阳光之家、敬老院等公益性基地为主的"公益学堂"和以本区中小学生社会实践安亭基地为主的"田园学堂",并以目标内容为主线，进行资源、课程、活动、队伍的整体设计，建立长效机制，为学生的课外实践形成指导支持系统，使学生的成长发展从“教室小课堂”向“社会大课堂”延伸；以体育精神和健康审美价值取向培育为重点的“体艺学堂”；以职业生涯教育为重点的“职业学堂”；以财经素养教育为重点的“财智学堂”。

表 5-3 普陀大学堂资源建设一览表①

五大学堂	教育基地	活动内容
红色学堂	1. 区内 23 个爱国主义教育基地 2. 改革开放成就展示点	爱国主义教育基地寻访活动和改革开放成果考察活动
公益学堂	1. 公民思想道德建设示范实践点 2. 社区街道所对口的各敬老院等公益性基地	劳模等先进人物寻访活动、志愿者服务活动
河湾学堂	苏州河两岸历史文化资源	苏州河历史文化探寻活动
田园学堂	1. 区中小学生社会实践安亭基地 2. 校园小农场	“学农”实践活动、农业文化调查研究活动
创新学堂	1. 区内的科普教育基地 2. 八大创新实践基地	科技创新学习实践活动
体艺学堂	1. 青少年活动中心 2. 区内文化、体育运动场所	主题类体育健身活动 审美实践活动
职业学堂	1. 曹杨职校职业体验基地 2. 各类企事业单位	职业体验实践活动
财智学堂	1. 并购博物馆、金融博物馆 2. 银行网点	社区周围金融机构和产品调查 理财实践活动

2. 研学旅行

研学旅行是上海市普陀区的德育特色项目。普陀区对小学、初中、高中学生的研学范围做了初步的要求，小学以本市研学活动为主，初中可开展跨省市的研学活动，有条件的高中学校可组织跨国研学活动的试点。研学路线的确定体现区域统筹和学校自主设计相结合。

① 本表格由上海市普陀区教育学院德育室提供。

【案例】

慈善初心,牢记扶贫使命①

一、案例概述

格莱珉精准扶贫社会实践活动是上海市曹杨第二中学学农三部曲的第三部曲,此项目荣获首届上海市校外教育实践课程优秀成果征集及展示活动,活动课程类课程一等奖。从2016年1月,学校开始筹划格莱珉银行社会实践项目,在陆口建立了曹杨二中社会实践基地。学校每年1月份组织学生前往格莱珉银行总部,跟随银行从业人员参与乡村考察、客户访谈、项目筹划、贷还款项签约等实践活动。让学生感知"精准扶贫",感动慈心善举,感悟社会责任。从2016年至今,学校已经连续开展三年,课程主题分别为:知金融扶贫,行慈心善举,悟社会责任(2016年);践行精准扶贫义举,凝练金融公益精神(2017年);学焦裕禄全心为民,研格莱珉精准扶贫(2018年)。

二、背景与目标

孟加拉乡村银行是一个发行微型贷款的机构。此组织及其创始人穆罕默德·尤努斯一起获得了2006年的诺贝尔和平奖。这位引起人们广泛关注的"穷人的银行家",通过无抵押小额信贷,格莱珉银行已使孟加拉639万穷人受益,为人类解决贫困难题提供了一个可行的办法。众多的经济学者、金融学者和银行界人士热烈地研究探讨这一崭新的银行信贷模式,希望可以将此模式复制到其他类似的地区,为人类提供一个摆脱贫困的途径。2014年7月,在企业家高战先生的努力下,中国的格莱珉银行项目在徐州新沂市窑湾镇陆口村正式启动。

为贯彻落实党的十九大精神和中共中央办公厅、国务院办公厅《关于深化教育体制机制改革的意见》,根据教育部《中小学德育工作指南》文件等要求,全面推进社会主义核心价值体系教育,紧扣"立德树人"的培养目标,以"中国学生核心素养"为导向,融入我校"现代公民,博雅君子"的办学目标。依据《关于推进中小学生研学旅行的意见》的文件精神,坚持开展形式多样的社会实践活动,坚持"知行合一,思是桥梁,信是准则;学做一体,

① 本案例由上海市曹杨第二中学侯文英提供。

重在悟道，引领向善”的教育理念，为每个学生德行成长构筑生动的“道德生活体验场”，进而提升他们“感知社会、观察社会、研究社会和提升自我”等理性思维与学术修身能力，提升学生的社会责任意识。该实践活动课程旨在通过研学旅行，以学生的真实体验，来了解并探究这个源自诺贝尔和平奖获得者尤努斯教授的创举——精准的金融扶贫，给农村贫困家庭带来的福音，领悟其国际化经济背景下的价值所在。

三、师生情感的互动

（一）与学生的语言沟通

1. 与学生个别对话的必要性

班级大多数活动都是面向全班同学解决共性问题的，难以解决学生的个性问题，并且教师与学生的互动、反馈和讨论都有所限制。个别谈话是拉近师生距离、增进师生情感的有效方式。它是学生与教师进行一对一的对话，谈话对象之间的互动性较强。学生能够反映问题、澄清是非、提出疑问，教师也能了解情况、摆明立场、开展教育。它能落实到具体的学生对象以及具休的事件。能够在一段时间内，比较清晰明确地评判教师谈话教育的成效。在谈话教育过后，教师可以进行观察跟踪，学生也可以继续汇报反馈。可以针对谈话过后学生的改进和事件的发展，再进行师生间的谈话、反思和总结，以不断地接近原本谈话教育期许达到的目标。

2. 个别谈话的要点与技巧

（1）做好充分细致的准备工作。要做到了解谈话对象、确定谈话内容、把握谈话时机、选好谈话环境。在教师进行谈话教育前，要了解谈话对象的性格特点、心理活动，以及谈话事件的来龙去脉。对谈话事件的片面认识，容易造成师生间的误解，不仅会导致学生不信任教师，甚至还可能加重事件的严重性。班主任找学生谈话要选择恰当时机。谈早了，条件不成熟，达不到预期目的；谈晚了，就会时过境迁，于事无补。选择轻松舒适的环境和学生谈话，地点不宜太嘈杂，也不可太隐蔽，要让学生有安全感，易于敞开心扉。

（2）尊重学生，营造良好的谈话氛围。谈话不等于说教，教师在谈话时要注意态度的缓和和语气的温和，要善于倾听，换位思考，取得学生信任。要注意保护学生的隐私,谈话内容要尊重学生的自尊心,谈话内容和方式也要根据学生的性格来定,性格敏感的学生要注意谈话方式,话语中尽量避免出现敏感词语。对于不轻易在人前吐露心声的学生,可以从学生兴趣爱好入手打开话题。语言上多鼓励,在鼓励中提出希望。

(3) 注意信息反馈和跟踪,做好谈话记录和总结。谈话后,学生可能会产生思想波动和行为反复,班主任注意观察,需要肯定和鼓励时及时予以表扬;需要开展新谈话时,也要及时进行。要做好谈话记录,总结谈话的经验。便于在日后工作中出现相同或相似事件时,指导谈话的开展,并提供宝贵的资料储备,以便在实践中不断改善和提高与学生的谈话技巧。

(二) 与学生的文字交流

1. 文字交流的载体

除了语言沟通,教师和学生之间的对话方式还可以通过文字。即便看不到表情,听不到声音,文字亦可传“情”。班主任可以通过学生周记、班级成长日志、学生成长手册,甚至利用新媒体交流工具和学生进行文字互动。

(1) 周记。有的学生会利用周记开展文学创作,也有学生会在周记本上写下自己的困惑或困扰。无论是摘抄还是原创,无论是分享喜悦还是倾诉心事,班主任关注的重点不该是文字水平,而应是学生情感的表达和需求。周记具有一定私密性,是建立在师生之间的专属桥梁,班主任的一句肯定和鼓励的话语、一个赞同的回应、一个表示理解的共鸣,远胜于一个“阅”字和日期。

(2) 评语。撰写评语是班主任常规工作之一。学生会看老师对他们写出怎样的评语,家长也会关注教师对孩子的评价。客观公正的评语对于指导学生总结经验、寻找差距、发扬优点、改变缺点以及密切学校和家庭的关系等方面都有着非常重要的意义。

(3) 书信、贺卡、明信片等。班主任可以利用一些契机,例如节日、生日、班级奖励等,用手写的贺卡和明信片和学生进行互动。班主任也可以在一些突发事件后,用书信来替代个别谈话,表达对学生的关心和开导。

2. 文字交流的方法与要点

这里重点以学生评语为例。撰写评语之前要全面了解学生。除了自己观察以外,还可以多与任课教师交流,听取他们对学生情况的反映,这样了解到的信息,才更为全面。

撰写之时要讲究个性化。评语要因人而异,要在有限的空间内发挥评语的积极意义,基于日常观察充分挖掘学生身上的优点,给予肯定,针对学生的不足之处,提出希望。要结合每个学生的实际情况,恰如其分地写出学生的个性特征和专属性质,以个性评价流露真情实感,防止措辞上的千篇一律,复制粘贴。

撰写语言要注重规范,掌握技巧。善用昵称,拉近距离;冠以美称,增进感情。写完后通读评语,检查错别字,判断语言表达是否连贯通顺。

【案例】

学生评语摘选①

一、小学生

例1:你是个乖巧、聪明、有礼貌的小女孩。老师最爱看你上课时的样子,总是坐得端端正正,听得认认真真,现在的你不再那么胆小、腼腆,有时一堂课会举很多次手,而且很有自己的见解。看到你变得越来越自信了,老师真替你高兴！这学期,你通过自己的默默努力,取得了较好的成绩,也当上了小干部。你尊敬老师,友爱同学,是一个从不让老师操心,讨人喜欢的好学生。老师希望你能保持优良的成绩,并能关心班集体,帮助老师、同学做一些力所能及的事情,锻炼自己的能力。期待你能成为老师得力的小助手！

例2:长相甜美的你,有时却十足像个"假小子"！老师挺喜欢你穿着漂亮的小裙子,唱着好听的歌曲,跳着优美的舞姿,十足一个可爱甜美的小女生。有时候你也有顽皮和好动的一面,贪玩成了你上课注意力分散的主要原因,不自信使你课堂发言变得扭扭捏捏,吞吞吐吐。其实自信除了来自于别人的鼓励外,更多的是靠战胜自己！难道你不觉得,你有很多优点:聪明记忆力好,学习成绩也很棒,爱帮班级做事,做老师的小助手。所以老师希望进入二年级之后,你能多一份文静,少一份贪玩。课堂学习和做作业时,让自己的心静下来,提高做事的专注能力,这样会更加讨人喜爱！老师期待你的进步！

二、初中生

例1:你是我们班上公认的"小才女",优秀的成绩、逼真的绘画、优美的

① 本案例由上海市普陀区朝春中心小学、上海市兴陇中学、上海市曹杨第二中学提供,有改编。

字迹赢得了同学们的青睐。老师知道你目前正面临着病痛的困扰,老师希望你以乐观的心态面对人生,也请你相信每一个挫折只不过是生命中的一段小插曲,笑对人生,你的未来必将精彩!

例2:你是一个非常礼貌、懂事的男孩,对待班级工作总是默默无闻、一丝不苟,对待他人总是坦率与友好,你是同学们的好朋友,也是老师心中的好孩子!老师请你相信成功不局限于你走在哪一条路上,而是在你选择了适合自己的道路后,不畏艰难困苦,即使荆棘满路,依然信心满满地不断前行!

三、高中生

例1:你是一个性格独立坚强的女孩子,与人相处懂得谦让,能热心助人,尊敬老师,热爱学校生活,积极参加课外活动。爱劳动,讲究个人卫生。你能时时为别人着想,体贴和关心身边的每一个人。但是学习上却总是缺一股冲劲,希望你能脚踏实地,刻苦学习,成为同学心目中的好榜样。

例2:你是个聪明的学生,而且正在成为一名懂礼貌的好学生。回答问题反应快,语言表达能力强,每门功课都获优秀。你热心帮助和关心同伴。在“学雷锋”主题会上,你那临阵不乱的表现和标准的普通话,给全校师生留下了美好的回忆。老师多么希望你能早日加入共青团,在各方面都成为大伙儿的榜样。

第四节　携手家长合力育人

一、搭建家校沟通的桥梁

(一)组织家访

家访是家庭访问的简称,是沟通学校与家庭、教师与家长的重要方式,也是进行个别家庭教育指导的一种常用的有效方式;是教师与家长正确、全面了解学生的渠道;是教师与家长沟通情况,交流感情,密切关系,商讨共同教育儿童、青少年的方式方法。这种指导方法比较灵活机动,便于进行,而且指导得比较具体,更具有针对性。

1. 制订家访计划

根据不同的家访目的,班主任需制订不同的家访计划,确定家访时长和谈话内容,以期取得良好沟通,达到最佳效果。一般来讲,班主任进行家访的目的有以下几种。

(1) 了解学生及其家庭。通过家访谈话、观察家庭环境、与孩子和家长互动交流等方式,了解学生的兴趣爱好、个性特点、家长的文化素养及对孩子的教育方法等。

(2) 探望学生。当学生病休或因其他事情请假在家,或其家庭发生变故,教师应及时登门探望、关心慰问,并帮助解决一些问题。

(3) 开导学生。当学生犯了较为严重的错误时,教师应及时进行家访,一面耐心开导教育学生,稳定学生的情绪,一面向家长交流看法,取得教育的一致性。

(4) 突发事件后的干预。在学生发生伤害事故后(无论校内外),班主任都应家访探望;当学生一段时间学习状态低迷,情绪也十分低落或不太稳定时,班主任可在和学生个别谈话后进行家访,以进一步了解情况,帮助学生调整状态;如遇学生未到校上课,家长尚未请假也联系不上时,班主任应上门家访。

【案例】

一位新教师的家访案例表①

<table>
<tr><td colspan="2">学生姓名</td><td></td><td>年龄</td><td></td><td>性别</td><td></td><td>年级班级</td><td></td><td>担任工作</td><td></td><td>兴趣爱好</td><td></td></tr>
<tr><td rowspan="2">家长</td><td>父</td><td rowspan="2"></td><td rowspan="2">年龄</td><td></td><td rowspan="2">工作单位</td><td colspan="3"></td><td rowspan="2">职务</td><td></td><td rowspan="2">电话</td><td rowspan="2"></td></tr>
<tr><td>母</td><td></td><td colspan="3"></td><td></td></tr>
<tr><td colspan="2">家庭住址</td><td colspan="3"></td><td>电话</td><td colspan="3"></td><td colspan="2">邮编</td><td colspan="2"></td></tr>
<tr><td colspan="2">家访目的</td><td colspan="11">走近学生,走近家长,走进家长的心里,走进学生的心里,进而挖掘学生的优点,激发学生的自信心,使学生向着德智体美劳全面发展。</td></tr>
</table>

① 本案例由上海市李岩班主任带头人工作室提供。

（续表）

家访过程记载	寒假期间，我决定深入她家去家访。了解其家庭教育情况，然后再找对策。乘车三十多分钟，终于到了她家。我现在才明白为什么她经常迟到，每天要走那么远的路，对于一个十几岁的孩子来说，其艰辛是不言而喻的。我有些后悔自己没了解情况就随意批评她。接待我的是她的姑姑，经过她的介绍，我了解到她家的情况比较特殊，爸妈分开后各自组建了自己的家庭，爸爸在海南，妈妈在新加坡。父母几乎没有时间关心孩子，她靠着爷爷奶奶跟着姑姑一起生活，她姑姑在外打工，自己家里还有两个孩子需要照顾，因此在她身上投入的精力有限。孩子的爷爷奶奶忙于生计，对孩子的教育意识比较淡薄，往往放之不管，很少与孩子进行沟通，询问其学习和生活情况。
情况分析	首先我和她的姑姑进行了沟通交流，对她的教育态度表示理解，同时指出这样的教育方式效果不明显，希望家庭多给孩子温暖。孩子本身性格倔强，越是打骂她越是反抗。告诉她要尊重孩子，不能动不动就打孩子，孩子的暴力倾向很大程度上是向她学习的。在孩子犯了错误时，要先了解事情的原委，给孩子解释的机会。尽量抽出时间，多和孩子交流沟通，知道她心里想什么，化解孩子心中的怨气。同时指导家长如何做。（如定期检查孩子的作业，指导学习，帮助孩子解决学习中的困难，多抽时间与孩子交流，对孩子的进步给予及时的鼓励。）
后续教育记载	了解到李诗颖每天上学路途遥远，我允许她开学以后到校时间是早读时间，不需要提前五分钟到校，让她感受到老师是关心她、爱她的。春风化雨，坚持疏导教育，避免直接批评，不与她发生正面冲突，注意保护她的自尊心，采取以柔克刚的教育方式。当她犯错误时，不当着全班同学的面点她的名字，而是在与她个别交谈时动之以情，晓之以理，耐心帮助她分清是非，意识到自己的错误，并愿意主动地去改正。
家访后的反思	通过家访，我感受到家庭教育存在的问题。大多数学生家长比较忙，无暇照顾孩子的学习，有空也是随口问声“作业做好没有？”长久这样使得孩子的学习自觉性较差。通过与家长的交流，家长们也知道了照顾孩子不仅是关心孩子的吃喝，孩子的学习也要照顾周到。另外，家庭成员内部不一致的教育力量难于与学校教育配合。爷爷奶奶对孩子比较宠爱，容易导致孩子学习习惯不好。作为班主任，要时时关注学生，多与他们谈心，了解他们的生活和学习，了解他们的思想动态，以便更好地教育学生。同时我深深体会到家长的期盼，深感责任重大，对今后的工作更不应有懈怠之心。
导师评价：	

2. 家访的方法与技巧

（1）家访前的充分准备

家访前首先要对家访对象的基本情况有所掌握，对于新班主任而言，读准学生姓名是要做好的第一个准备。然后，要了解学生的爱好、优点与不足之处。接下来，还要准备好计划向家长展示的、与学生表现有关的各种材料。其次就是做好心理准备。设想可能会出现的情况，想好不同的对策来应对家长的不同反应。最后是要做好出行准备，提前和家长预约好时间，并规划好路线和出行方式。

（2）既要说，也要听

家访是班主任的主动行为，表面上看家长处于被动状态，但是很多时候，班主任面临的是倾诉型的家长。尤其当家长看到的是新教师、新班主任时，他们的表达欲望会增强。在这种情况下，班主任要谨记家访目的，在充分尊重家长的前提下，成为家访的主导者。同时，也要认真倾听，从家长的话语中捕捉相关信息。在平等尊重的基础上，教师的诚心、爱心是与家长沟通、开展家庭教育指导的前提。

（3）多报喜，巧报忧

有的学生说“天不怕，地不怕，就怕老师到我家”。怕什么？怕老师向父母告状，然后父母就来“找麻烦”。因“怕”生“厌”，总是向家长告状，学生反感，家长也不欢迎，只会让他们觉得教师没本事。家访时反映学生情况要全面，婉转地反映学生存在的不足，肯定学生的优点，反对告状式的家访。家访时首先要向家长反映的是其子女在校期间的进步和优点、爱好和特长，哪怕是微不足道的一点进步也不要放过，要把它作为与家长沟通的支点，清除家长的心理障碍，让家长看到孩子的希望。然后再实事求是地介绍孩子在校的其他表现情况，耐心地和家长一起分析研究，商讨教育的措施和办法，必要时让学生旁听，让他谈谈自己的看法。“告状式”家访容易使家长对孩子的教育失去信心，有些对孩子期望过高的家长则会对学生产生更多的不满情绪，甚至产生对老师的不满。这样不但不能解决问题，还可能给以后的工作造成困难。

（4）家访后的资料整理

从学生家走出来并不意味着家访工作的结束，教师要尽快整理出家访记录，把家访过程中搜集到的信息梳理清楚。如果是第一次家访，就要把学生的基本情况、学生的行为习惯和待人方式、学生家庭的基本环境、父母基本的教育观等信息记录好。如果是其他原因的家访，则要在家访目的的基础上，记录家访后的思考,评价家访效果如何,目的是否达到,后续还要开展哪些工作等。

3. 注重家访的礼仪

无论是出于什么原因进行家访,班主任都要注意家访的礼仪,这是成功家访的必要条件。对于第一次和学生及家长会面的新班主任,更要关注自身言行,留下良好的第一印象。

(1) 事先确认,先预约再上门。家访前要使家长有心理准备,不要突然造访,成为“不速之客”。联系时,在表明家访原因后,若家长由于各种原因仍有所推辞,不可勉强家长。

(2) 遵守约定,按时到访。家访时不提前,以免因家长未准备好而陷入尴尬境地;不迟到,避免因等待太久而浪费时间;更不可失约,如有特殊原因造成不能按时前往或失约,应及时向家长说明情况并请求谅解。

(3) 仪表大方,符合教师形象。家访要注意仪容整洁,服装要朴素、大方以表示对家长的尊重和礼貌。

(4) 举止得体,尊重隐私。进门后,不要自行随意就座,家长让座后表示感谢再入座。主人递茶,要双手接过并表示谢意。家长未请你参观,不要东转西瞧,但可以要求看看学生的房间,以示关心,并对学生多些了解。

(5) 注意沟通礼仪。跟家长谈话,语言要客气,注意控制家访时间。太短无法展开话题,太长则会偏离主题。达到预期目的即应告辞,并要与家访家庭的所在人员一一告别。

(6) 不收“礼物”。家访时,不可借家访解决私事或吃饭,收受“礼物”。

【案例】

一位新教师总结的家访经验[①]

根据几次家访的观察,我总结了以下几点经验:

(1) 目的明确,打好腹稿。在家访之前,应有明确的目标,要和家长沟通什么、希望解决什么问题。在家访过程中,应适当掌握话题走向,见习教师往往拙于言辞,觉得没有什么能和家长聊的,可以在家访前先准备好与学生有关的二三事,多夸孩子,作好铺垫,再引出真正想解决的问题。教师要

① 本案例由上海市李岩班主任带头人工作室提供。

掌控时间,避免多说多错,也为后续家访的行程留出时间。

(2) 了解情况,扬长避短。在一个家庭中,总会分出主次,谁管孩子、谁管其他,需要了解情况,具体情况具体分析。例如方同学家中主要以母亲管教孩子为主,就需要和母亲结成“统一战线”,交流教育理念、联合家长一同教好孩子。

(3) 火眼金睛,随机应变。家访,不仅是访学生,更要访家长,在过程中,一方面要注意学生与家长的情绪,另一方面也要和家长沟通相互的教育理念,随机应变。教师要注意说话的艺术——多夸奖、多肯定再提不足,并且要表现出身为一个教育者的专业性,必要时可以多举例,加强认识。

(二) 召开家长会

家长会一般是指由学校或教师发起的,面向学生、学生家长以及教师的交流、互动、介绍性的会议或活动。家长会是家校联系的一种常用方式,其目的在于交流信息,沟通情感,寻求合作,达成共识,形成教育合力。具体地说,即通过融洽、平等的交流与沟通,建立相互理解支持的、良好的家校合作伙伴关系,共同促进孩子的健康成长。

1. 家长会的备课环节

在整体设计准备家长会时,要始终秉承“尊重家长与关爱孩子”的理念,让家长有所看、有所闻、有所想,最后有所为。要围绕主题,精心备课。家长会的主题可以来源于学校整体安排,也可以基于班级实际情况而定。备课环节还应注意以下几个方面。

(1) 会议资料。包括签到表、座位表、向家长展示的学生资料(个别学生的资料或者班级成长的多媒体资料)都需提前准备好。

(2) 会场布置。包括教室黑板欢迎词或多媒体演示、桌椅公物的整齐摆放、教室的卫生整洁、墙面其他布置的完好无损等,这些都是展示班级风貌的重要因素。

(3) 会议流程。班主任要撰写好家长会的主要内容和流程,估算好时间,并和要参与家长会的任课教师做好沟通。

(4) 个人形象。家长会是班主任与家长近距离接触的场合。教师的仪表形象十分重要,着装要得体,避免浓妆艳抹、饰品过多。

2. 家长会的实施过程

家长会的实施过程一般包括家长签到、家长会主题及目的介绍、学校情况介绍、班级情况(包括任课教师和学生)介绍、近期考试情况介绍以及给家长的建议等方面。实施过程中需要注意以下几个方面。

(1) 以学生为主体。班主任工作报告的内容主角是学生,不是单纯的谈学生分数,不是告学生状,更不是责备家长,而是多说学生的表现,用事实来启发家长。

(2) 展示班级个性与特色。班级的文化名片是师生共同创造的。教师在关注孩子成绩的同时也在关注孩子的心理健康和全面发展,这样更容易得到家长的认同,更加放心把孩子交给老师。

(3) 和家长一起认真收听广播。学校广播的内容往往涉及学期重点工作、重大活动等,有时也会安排家庭教育指导方面的专题讲座。班主任不仅要提醒家长认真收听,适当做好记录,自己也应如此,而不是忙进忙出或无所事事。

(4) 有序安排任课教师交流学习要求或学生学习情况。班主任要协调好任课教师发言的顺序,让任课教师先讲,自己收尾,注意把握发言节奏。

【案例】

与孩子共同成长(1)①

一、家长会背景

学生刚进入初中不久,对初中的学业难度缺乏充分的心理准备。很多学生小学时等第都是"优秀""良好",在中学里面对直接的分数,尤其是期中考后,部分学生因不适应初中的教学方法,成绩不理想,在心理上有巨大的失落感。由于过大的压力,许多学生背着沉重的思想包袱,影响了学生的正常学习和生活。

二、目的

提供一个平台,让老师、学生和家长之间开展真诚、平等的交流,让学生和家长相互理解。并通过老师与家长、家长与家长之间的相互交流和探讨,引领和指导学生及家长正确认识初中学业的特点。借鉴好的家教经验,让

① 本案例由上海市梅陇中学提供。

家长认识到应该如何与孩子共同走过他们的初中阶段。从而实现家校携手形成教育合力,谋划学生美好的未来。

三、重点内容

增进了解,认识初中学业特点,满怀信心迎接初中阶段学习和生活。

指导对象:家长和学生。

活动形式:交流式。

活动前准备:

1. 召开任课教师会议,明确家长会的目的,对安排开展讨论。

2. 提前一周向学生家长发邀请信,从正面积极向学生宣传家长会,尽可能多的争取家长参加,对可能到会和不到会的情况进行统计。与典型学生及其家长进行沟通,并请他们准备发言。

3. 邀请成功学生的家长参加家长会进行分享(该家长的孩子去年由我校毕业并考入名校)。

4. 打扫卫生,在教室墙上办两个专栏,展示学生半学期来的学习成果;合理安排教室,创设有利于研讨的U字形座位方式。

5. 安排学生干部做好接待工作,班主任做好组织的准备工作。

家长会过程:

1. 班主任自我介绍,并将半个学期来本班的教育教学工作和学生主要表现向家长简要汇报。

2. 班主任引入主题:读我班一同学在周记中的一段话(内容略)。

3. 请两位典型学生讲讲自己自读初中以后的学习和生活情况,期中考以后的心理感受。

4. 请两位家长对孩子进入初中之后的表现进行评价。

5. 各请两名学生和家长谈谈对压力的看法。

6. 请一位任课教师谈初中学业的特点,重点谈如何看待初中的考试成绩。

7. 成功家长经验介绍:“与孩子共同走过”。

8. 学生家长自由提问。

9. 班主任对学生家长提出建议。

10. 家长与老师、家长与家长自由交流。

会后工作:

1. 统计到会家长,与缺席家长交流。

2. 向家长了解对家长会的意见和要求。

3. 跟踪学生思想和行为的变化,了解家长会效果。

这份案例的细致性和条理性非常值得新教师学习,看得出班主任在会前做了充分的准备。这不是全部的案例内容,这位班主任在最后还有一个“收获与思考”的板块,在为班主任这份家长会案例完整性点赞的同时,也请老师们来感受一下她的“收获与思考”。

【案例】

与孩子共同成长(2)[①]

收获与思考:

学生能否健康成长是由学校和家长共同教育决定的。“隔行如隔山”,不可能每个家长都能熟悉教育规律,在望子成龙和望女成凤的强烈愿望驱使下,许多家长很容易在对孩子的教育过程中无意识地对孩子造成伤害,从而给学校的正常教育带来困难。通过家长会的召开,能帮助家长认识教育规律,反思自己的家教,和学校统一认识,主动正确地配合学校做好对孩子的教育引导工作。当家校形成合力后,教育效果会有明显提高。

学生刚进入初中不久,对初中的学习和生活还不是很适应,家长和孩子一下子无法接受在初中学习成绩的下降,学生家长也产生了焦虑。有个学生家长和我说,不知孩子是怎么了,在小学时,科科都是“优秀”,但一进初中就……。他们开始怀疑孩子的努力程度,甚至于怀疑孩子是不是学坏了。从此学生面对家长的盘问多了,在家里的自由空间越来越少了,有的只有带着焦虑埋头读书,有的开始沉默寡言,有的甚至在强烈的反叛心理作用下开始放弃……这次家长会的召开,让家长和他们的孩子有了一次坦诚的交流,增进了理解,更让家长初步认识到,在孩子的初中阶段他们应该怎么做。会后一位家长说:“以前不知道小学和初中有那么大的区别,只以为是孩子到初中以后不用功了,在家里会有一些埋怨和责备的话,本是想加强督促,没

① 本案例由上海市梅陇中学提供。

想到起了反作用。”这次家长会后，我班学生的思想明显稳定了许多，精神状态慢慢恢复正常，许多学生的成绩也在逐步提高。这些变化不能不说得益于家长会的及时召开。

家长会的目的要明确，主题要鲜明，并要做好充分的准备工作。召开家长会既要向家长介绍一个时期班上学生的情况，向家长提些要求，更要有问题的提出，并利用家长会商讨解决问题的办法，对家长如何家教进行指导。在这次家长会中，我主要利用会前办在墙上的两个专栏向家长进行情况汇报，让早到的家长可以先行参观了解，节省了时间。开会时只用几分钟进行简要介绍即可，而把主要内容放在问题的探讨方面，提高了家长会的效率。“你们学校的老师真不错，才两个多月就对我们的孩子这么熟悉。”会后一个家长与我说。这句话让我认识到，在家长会前班主任老师和科任老师做好充分的准备非常重要。除了组织安排方面的准备外，还要对全班学生的思想表现、学习态度、健康状况进行一个分析和沟通，做到有备无患，这样才能与家长开展交流，也有利于家长支持老师的工作。

家长会应该贯彻“尊重、平等、合作”的精神，这是让学生和家长乐意参加家长会，保证家长会质量的关键。针对学生一听家长会就变脸的情况，家长会前，我就会议内容、召开方式征求过部分家长和学生的意见，并精心设计了邀请函，说明了会议的主题和程序。会中，我们有意识地把时间和空间让给家长和学生，让他们成为家长会的主角，这样家长可以有机会全面了解孩子的情况，有机会倾听其他家长的教育经验与困惑，还可以有机会与孩子面对面地交流。这次家长会后，常有家长主动与我联系，共同分析探讨孩子的教育问题，我也深深地感受到家长对我的信任。我明白了，其实家长都是我们的朋友，在我们的工作中不能没有他们！

这位老师的“收获与思考”是十分值得新教师借鉴的，相信新教师在阅读过后也有很深的感受。

（三）接待个别家长

1. 家长接待的不同情况

班主任日常接待个别家长的情况可以分为主动型的日常接待和被动型的日常接待。

主动型的接待就是班主任主动邀请家长会面的接待。通常是由于学生在学习生活中存在一些问题,需要家长配合。这种谈话比较有针对性,不宜让第三者知道。建议班主任事先组织好语言,避免出现尖锐、不当的用词。事先了解家长的背景,对不同的家长要采用不同的方法。在交谈中,班主任要给家长说话的机会,倾听他们的心声。

被动型的接待是指班主任在无准备的情况下对来访家长的接待。这种情况下,班主任对家长的来意不明,比较被动。建议班主任在礼貌的前提下,探询家长的来意。明白问题后再化被动为主动。同时注意营造良好的气氛,使得双方的交流更加流畅自然。

无论是哪一种接待,谈话结束后,班主任都应该认真地总结本次谈话的经验教训,及时地做好记录,以便今后做进一步的研究。

2. 家长接待的要点把握

(1) 交流前做好充分准备。对于不同需求、不同类型的家长,班主任一定要做足准备。要通过各种途径尽可能多地了解学生的家庭状况,然后根据所掌握的情况,具体设计沟通方式、交流的问题。要把沟通中可能会出现的问题都一一罗列出来,并准备好相应的解决方案。

(2) 保持良好的沟通心态。在与不同需求家长交流时,教师要尽力和家长取得某些共识,另外在交流的过程中一定要坚持就事论事的原则,充分地摆事实、讲道理,进行科学分析。面对家长应不卑不亢,不要因为自己是新教师就过分怯弱,但是过分高傲也容易产生隔阂,不利于沟通。以尊重为原则,以礼待人,确保和家长谈话的轻松氛围。沟通时对孩子的评价一定要客观全面,既肯定优点与进步也要真诚地提出不足之处。谈话结束时要肯定本次沟通的收获。

(3) 耐心交谈,不急于求成。学生的问题也好,家庭的问题也好,都不是一天形成的,同样问题的解决也不是一次谈话就可以完成的。家长也需要在交流中慢慢改变自己,和家长要坚持沟通,做到细水长流,如果操之过急,大家的情绪都会浮躁,不利于沟通和解决问题。

二、新媒体时代的家班共育

(一) 新媒体时代的沟通工具和方式

新媒体沟通主要指在“互联网+”教育时代的大背景下,家校沟通采取信息化手段，提高沟通的效率。它是传统沟通的有益补充，主要有“社交软件沟通”“电子邮件沟通”“网络互动平台沟通”几种形式。因新媒体沟通的互动性更强，所受时间、空间的约束更少，可在单线联系和群体沟通中自由切换，所以得到教师和家长的广泛运用。新媒体对教育也好，对家校沟通也罢，都只是手段，而无法改变教育和家校沟通的本质和目的——促进学生健康和全面的发展。

（二）新媒体时代家校沟通的基本策略

1. 妥善管理群组，设立群公约

新媒体的群组功能非常方便教师和家长、家长和家长之间的沟通，但有时难免会被“投票”“广告”充斥。所以教师要妥善管理群组，及时发布公告，设立公约，禁止群中成员在群组中发布与学生学习和家校沟通无关的广告、投票。对于家长的负面情绪，要与家长进行单独联系，避免个人事件升级为网络群体事件，教师要采取一定的自我保护措施。

2. 注意媒介素养，理性沟通

目前 QQ 和微信是家校沟通中非常普及的模式，教师和家长之间通过互加好友，可以及时进行沟通，群组功能更便于教师在班级群中发布通知和公告。所以在与家长沟通时，教师要时刻注意言谈举止，理性传播教育理念。

3. 保护学生和家长的隐私

新的社交媒体给家校沟通带来方便的同时，也容易暴露一些隐私的问题，所以教师要注意保护学生和家长的隐私，谨防因个人信息的泄露给沟通双方带来不必要的麻烦。

4. 发布的信息要公开透明

以家校合作的视角来看，建立网络互动平台的目的是便于教师和家长之间能更方便地交流学生的教育信息、助力教学信息公开透明，减少学生学习过程中家长与教师之间的信息不对称，以加强家校互信度。所以除了要在平台上及时发布信息之外，还要注意信息的准确、公开、透明。

良好的家校合作，能够密切师生和亲子之间的关系。在寻求家校成功合作的实践中，传统的家校沟通和新媒体家校沟通应是互为补充，缺一不可的，这样才能在家校之间形成合力，深化学校对学生的教育影响力，促进学生的健康成长。

【案例】

新教师分享新媒体沟通①

教师A:(1)建群之初要明确班级微信群规则;(2)个别问题要私信沟通;(3)利用班级群多多分享孩子们的表现;(4)不能用新媒体工具完全代替面对面沟通。

教师B:如果是在公共群里与家长沟通,我一定不会在群里谈起学生的学习成绩以及在学校发生的"坏事",一切以鼓励和表扬的话语来交谈。如果单独沟通,我会言简意赅,如果事情比较重大,会跟家长约时间打电话或者面谈,如果事情不大,尽量以比较礼貌、比较简洁易懂的话语将事情说清楚。

教师C:面向所有家长发布内容时,主要发布一些班级通知及学生校内外活动情况,能拉近家长与孩子的学习生活的距离,关注细节,宣传优秀的行为品质,让家长对学校有参与感;面向个别家长发布内容时,主要是针对学生在校的问题进行沟通交流,就事论事,解决问题。

教师D:发通知时不要求家长们发"收到",避免骚扰,语言慎重,不在群里与家长个别交流。

思考

1. 请结合《中小学德育工作指南》中的六大育人途径,思考班级育人的举措,并逐条进行说明。

2. 怎样和学生对话是门学问。教师要在掌握一定的教育学、心理学理论知识和了解学生身心发展规律及特征的基础上,和学生开展有效对话。不妨尝试更多的文字交流方式,选择一种载体,和学生开展一次一对一的文字对话(一定要手写),并用案例的形式记录下这个经历。

3. 你在和家长的沟通过程中,有过哪些愉悦的、有成就感的家校合作经历?又遇到过怎样的困难和困惑?从不同的经历中又分别领悟、学习到了什么?

---

① 本案例由上海市李岩班主任带头人工作室提供。

第六章

研究助力成长

新教师研究的定位是校本教研，要搞清楚校本教研“是谁研”“为何研”“研什么”以及“怎样研”，要掌握自我反思、同伴互助、专业引领三种校本教研的主要形式；新教师研究的基石是专业阅读，要了解专业阅读“为何读”“读什么”“怎么读”，可以从本体性知识、条件性知识、拓展性知识三方面入手，遵循“发现问题、驱动阅读、获取新知、反思感悟、解决问题”的五环节阅读模式，学会知性阅读方法；新教师研究的关键是研究方法，作为初涉校本教研的新人，依据教师研究的情境性、微型化和草根化特征，应重点掌握案例研究、观察研究和教育叙事这三种研究方法。

第一节　学做校本教研

校本教研是"以学校为本位的教学研究"的简称，它是以中小学教师为研究主体、以教育教学中的实际问题为研究对象，并且将研究成果直接用于学校实际的研究活动。基层一线教师开展的教学研究主要是校本教研。比如大家熟悉的听课、评课、说课、集体备课、教学研讨、教学反思、专题讲座、经验总结交流等活动，都属于校本教研的范围。学做校本教研是新教师不断改善自身的教育教学行为、不断获得专业成长的有效路径，新教师一定要学会做校本教研。

一、校本教研"是谁研"

校本教研是学校教师自己做研究，而不是教研员、教学专家、大学老师做研究，是由一线教师自己发现问题、思考问题、研究问题，成为研究的主角。那么新教师如何才能让自己成为校本教研的"主角"呢？

首先，新教师要有自我提升的强烈愿望，树立研究主体的意识，把搞好校本教研看作是自己教育教学生活的重要组成部分，是自己义不容辞的责任。新教师要时刻牢记这样两句话："教师即研究者""教室即实验室"。在校本教研中不能只做一个默默的旁观者，而要真正成为一名"研究主角"。

其次，新教师要不断提高自己的教育科研素养，掌握教育科研的理论和方法。校本教研具有教育科研的一般特征，遵从教育科研的一般规律。新教师必须掌握一定的教育科研理论和方法，善于发现教育教学问题、反思教育教学经历、总结教育教学规律。如果新教师不具备最基本的教育科研素养，即使有着强烈的自我发展愿望和校本教研主体意识，也不可能真正成为校本教研的"主角"。

二、校本教研"为何研"

校本教研的直接目的是解决学校教育教学过程中存在的问题，改善教育教学实践，增强学校教育教学实践效益。丢掉了这个直接目的，校本教研也就缺失了灵魂。

有些教师做校本教研只看重开展了多少次活动，如开展了多少次示范观摩课活动、发表了多少篇论文、编写了多少本著作、完成了多少个课题，他们不是很关心这些成果有多少实际价值，能在多大程度上解决教育教学中的实际问题。这样的做法使校本教研变成了一种形式、一种摆设，成为一些教师博取荣誉的途径，是不可取的。教师做校本教研，研究成果不仅仅要看教师是否写了论文或交了总结，更重要的是要看他课堂教学改革和改进的情况，教育教学专业水平提高的程度。问题的解决和教学效果的提高是检验校本教研有效性的主要标尺。

校本教研除了为解决问题而开展，也为提升教师职业生活，促进自身专业成长服务。苏联教育家苏霍姆林斯基曾经说过"如果你想让教师的劳动能够带来乐趣，使天天上课不至于变成一种单调乏味的义务，那你就应当引导教师走上从事研究这条幸福的道路上来。"做校本教研能使教师的教育教学生活不再单调乏味，能给教师带来工作的乐趣，这也是教师做校本教研的重要追求之一。

三、校本教研"研什么"

校本教研是教师为解决教育教学中所存在的问题而开展的研究，这些问题通常表现为学生的问题、教学方法的问题、课程教材的问题、考试的问题等诸多方面。因此新教师的研究可以从以下几个方面着手。

（一）研究学生

一是研究学生的家庭环境与成长经历。教师可能会遇到学生网络成瘾、学生父母离异、学生早恋等问题。只有深入研究自己面对的每一个孩子，了解他们的家庭环境与成长经历，按需施加爱与教育，才能收到良好的效果。二是研究学生的学习。只有准确了解和掌握学生的学习水平、学习特点以及当下的心理状况，教师才能实施有效的教学。研究学生的学习包括：①研究学生现有的知识经验水平；②研究学生的认知特点。

（二）研究教法

踏上教师工作岗位后，新教师会发现，优秀的教师能够依据不同的教学对象、不同的教学情境而采用不同的教学方法，这是他们拥有教学实践智慧的表现。有教学智慧的教师的共同特征是：以生为本，让课堂教学返璞归真；对话交流，让课堂教学同构共享；情感体验，让课堂教学灵性闪光；主动探究，让课堂教学生机盎然；预设生成，让课堂教学相得益彰。而这些都是新教师需要学习和研究的。

（三）研究课程教材

新教师研究课程应该从课程标准入手，研究课程的性质与地位、课程的基本理念、课程标准的设计思路、课程资源的开发与利用、课程总目标及阶段目标等。研究教材必须以课程基本理念为指导，系统分析教材的特色体系。

（四）研究考试

研究考试包括研究平时的阶段性考试和研究中考、高考等选拔性考试。研究平时的阶段性考试，主要是让教师明确教学过程中的不足和差距，提高教学中的针对性和有效性。它的主要形式是举行考试分析会，结合平时的学情对学生的考情进行有针对性的分析和对比，让教师做到心中有数。研究中考、高考，就是要研究中考和高考中的规律性东西，研究中考和高考对学生的知识和能力等各方面的要求，并且在自己的教学中认真地加以渗透，从而使自己的教学方向明、教学效果强。研究中考、高考的有效形式包括研究中考、高考信息，研究中考、高考的各类试题，举办各种类型的有针对性的中考、高考讲座等。

四、在自我反思中做校本教研

校本教研大体分为三种主要形式：教师个人的自我反思、教师集体的同伴互助、专业研究人员的专业引领。自我反思是校本教研的基础。

【案例】

我遇见了性格倔强的学生①

刚刚走上初中数学教学岗位的王老师在课上提问某个学生，这个学生拒不回答问题。王老师大怒，叫学生站着，结果该学生就是不站，师生之间发生了激烈的争执，导致教学无法进行下去。事后王老师进行了自我反思，并写下了一篇文章《我遇见了性格倔强的学生》。他把教学中遇到的情况进行了自我反思与总结，认识到自己盛气凌人的训斥和罚站只是"火上浇

---

① 本案例由上海市普陀区教育学院吴华清提供。

油”,对于倔强的孩子来说,责骂与体罚并不是好的教育方式。跟倔强的孩子打交道不能硬碰硬,要注意在维护他们自尊心的同时做好教育引导。为此他还特意请教老教师和查阅文献寻找如何教育倔强孩子的方法策略。

以上是教师结合自身实践开展自我反思的案例。自我反思是指教师对自己的教育教学实践进行思考,总结出成功经验或者失败教训的过程。面对教学中出现的哪怕是一般人认为微不足道的细小问题,新教师都要思考一下为什么会如此,其表象背后到底隐藏着什么规律性的东西,然后联系相关教育理论、他人或自己的教育教学实践,再进一步思考,就有可能得出独特的认识。自我反思可从以下几个方面着手。

(一) 反思教育教学观念

观念决定人们的行为。反思教育教学观念对教师改进教育教学行为有重要作用。比如“我是怎样对待学生的?”“我是怎样处理教材内容的?”“怎样的教师才是好教师?”这些问题涉及自己的学生观、教材观和教师观。对这些问题的不同回答反映了教师的不同教育教学观念,也决定了教师处理这些问题所采用的不同方式和方法。

【案例】

悄悄的约定①

全国著名教师霍懋征发现在自己的课堂上,一个学生在老师提问时每次都积极地举手。但当让其回答时,却都吞吞吐吐回答不上来。霍老师觉得很奇怪,便单独找这个学生谈话,问清情况。该学生说:“老师,别人都会,如果我不举手,别人会笑话我的。”出乎意料的回答让霍老师陷入了深深的歉疚和思考之中。她认识到,每个学生都有强烈的自尊心,这种自尊心容不得丝毫的忽视。于是霍老师就和这名学生悄悄地“约定”,今后老师提问时,她如果不会回答就举左手,如果会的话就举右手。不久之后,这个学生就在这样的约定中变得更加开朗,成绩和自信心都有了很大的提高。

看了这样的案例,教师要反思如果自己遇到这种情境会如何处理呢?或许

---

① 本案例选自《校本教研的7个关键点》,西南师范大学出版社2013年版。

就放弃了，让下一位同学回答，以后不再叫她了；或许会用讥讽的方法来对待这位学生——“你根本就不会回答这个问题，怎么还滥竽充数呢？”然后教育孩子做人要诚实。这样做的结果就是孩子越来越不敢举手，越来越不敢回答问题，而且会产生自卑感，彻底失去学习的自信心。霍老师看似简单的一个行为，却成就了这个孩子。这种教育行为的背后是她尊重学生、关爱学生，以学生为本的学生观。

（二）反思教育教学行为

反思教育教学行为包括反思教学设计、教学过程、教学方法、教学手段等。比如反思自己教学中好的做法、成功的经验，思考成功背后的原因。

【案例】

扣分不如加分[①]

大学毕业后我来到了一所极其普通的高中工作，承担了两个班的语文教学工作，其中一个是艺术特长班。他们的文化成绩都不是很理想，上课的习惯也不好，比如看小说、玩手机、顶嘴、随便讲话走动。我像唐僧一样进行苦口婆心的说教，但多数说教都以失败而告终。我绞尽脑汁想出了一个办法——扣分，谁要是在课堂上耍花招，我就在期末成绩上按情节轻重扣分。

一开始我以为自己的办法一定会起到作用。但是不久之后，我发现不听课的还是照旧。这让我很郁闷。如何让学生对我的课感兴趣呢？我在讲课内容上也想了很多办法，可收效依然甚微。

一天，我教《再别康桥》，让学生按照书中描述的意境编写电视脚本。这种做法在好班大受欢迎，并收获了很多构思独到的创意。但是在这个班，除了个别学生外，就再无人理会。无奈，我只好降低要求，让大家朗读这首诗歌，结果还是没有几个人理会。后来有学生问：“老师，读了加分吗？”我信口回答道：“好，只要你读了，可以给你加分。”接下来令我没想到的是，有一个学生起来读了，接着两个、三个、四个……最后竟然班上绝大部分学生都起来读了，包括平时极为懒散、总喜欢顶嘴的学生都站起来读了。读完之后，我高兴地表扬了他们。他们或面有喜色，或面露羞涩，真让我吃惊。

---

① 本案例选自孙瑞欣：《自我反思，反思什么》，《河北教育》2011年第10期，有改编。

我后来反思自己的做法，对于基础好的学生，老师可以提出较高的要求，更好地培养他们的能力，但对于基础差的学生，对他们高标准、严要求，不如降低标准，因材施教。扣分不如加分，批评不如鼓励。

案例中的老师通过反思明白了扣分不如加分，批评不如鼓励，高标准严要求不如降低标准的道理，这为他解决教学过程中遇到的难题提供了思路。正是有了在教学中的不断探索和反思才有了这位老师这样的感悟，形成自己教学实践中的成功经验。

在教育教学实践中，教师既有成功的经验，也难免会有失败的教训。要经常反思失败的教训，及时改正自己的错误。比如“我组织的学习活动为什么没有激发学生的学习兴趣?”“我的课堂气氛为什么不活跃?”“为什么我教的学生考试成绩不理想?”

（三）反思教育教学效果

教学是一门遗憾的艺术。即使大家都认为是成功的课，也难免有不尽如人意之处。新教师必须对自己每一次教学的效果进行及时、深入的反思，寻找成功或失败的原因。老师们可以思考这样一些问题：我这堂课的预设是否取得了预期效果？是否达成了教学目标？怎样改进教学，才能更好地达成教学目标？学生得到了哪些发展？

五、在同伴互助中做校本教研

新教师经过了自我反思，得到了一些有价值的规律性认识后，还需要与其他教师交流、分享和切磋，以便相互借鉴、共同成长、更快进步。同伴互助指的是两个或两个以上的教师之间进行的教学交流、探讨和互助，它是校本研究最主要的形式。

【案例】

合作解决“作业抄袭”

新教师贺老师任教语文并兼做班主任。一天，她意外发现自己班上部分学生有抄袭作业的现象。虽然很生气，但她控制住了自己的情绪。她找到班级其他任课教师了解情况。结果大家都有这个发现，并且都有要好好治治作业抄袭现象之意。于是，由贺老师牵头，所有任课老师参加，以整治该班抄袭作业为目标的同伴合作小组形成了，老师们先提出各自的方案商讨。

数学老师说，他准备设置作业专题讲评课。讲评课上先表扬所有作业全对的学生。然后让这些学生当小老师，为大家进行解题示范，几个抄作业的学生自然就会“挂黑板”。尽管心知肚明，但老师不解开真相，给“抄手”们面子，让他们因愧疚而改正缺点。

英语老师说，她准备对自己的教学活动做出针对性改进。在班上建立学习互助小组，引导学生们积极、正确地对学困生进行学习援助；课堂上关注学困生的表现，有针对性地调整教学节奏；在作业批阅中增大面批的分量，更加关注对学生的个别指导。

班主任贺老师说，她准备组织学生自编自导“诚实为金”的主题班会，让学生通过讲故事、演话剧、夸典型、表决心等形式，激发和增强“诚实守信”的意识和信念。

大家听后，觉得各自的方法都不错，于是，任课老师们都借鉴了数学老师和英语老师的方法，班会则按照班主任的计划进行。几天后，学生抄袭作业现象明显减少。孩子们也渐渐感受到了老师和同学的诚挚关心，外在压力转化为内在动力，学习兴趣也明显增强了。

在这个案例中，老师们通过合作一起解决学生作业抄袭的问题。大家尝到了合作的甜头，学会了互相借鉴。那么有哪些同伴互助的方式呢？

（一）平时交谈

利用交谈进行同伴互助，必须真正做到“三句话不离本行”。平时的交谈不一定要提供教育教学的相关主题，也不一定要具备系统的教育思想，只要涉及教育教学工作，一个观点、一点体会、点滴经验都可以。交谈的内容可以是教学中共同存在的问题，也可以是关于教学中偶发事件的处理，或者是学科中的热点问题等。通过交谈，大家实现彼此间的信息交换，扩大和丰富自己的信息量和各种认识，从同伴身上获得许多无法从书本上得到的知识和经验，从而促进自己的专业成长。交谈时教师既要积极发言，充分展示自己的想法、做法与经验，让同伴共享，也要认真聆听，虚心学习，从交谈中收获同伴的“真经”。

（二）加入团队

加入教师合作团队，共同承担责任，完成对某个问题的研究，既有共同的研究目的，又有各自的研究责任。比如按自己的性格、特长、追求等个性自主加入课题组合作开展某个课题研究，或者加入课程开发小组合作开发课程。老师们可以依据自己的优势确定合作具体内容，然后自主开展合作活动。

（三）互帮互助

怎样开展互帮互助活动呢？一是在集体备课的过程中，大家互相交流、互相沟通与互相帮助。二是互相交流班级管理经验，提高班级管理水平。三是互相质疑，互相答疑。在质疑与答疑的过程中，升华教育教学经验。四是采用示范课、研讨课、观摩课、调研课等形式，为同行提供一种可参考、可借鉴的全新教育教学模式。

【案例】

跨学科互助①

新教师何老师任教语文。正好语文第五单元的写作训练是做贺卡。如何指导学生去做贺卡呢？因客观条件限制，何老师感到力不从心。她首先就想到去寻求美术教师高老师的帮助，看看能否在美术课上让学生动手做一做贺卡。高老师非常支持并热心地准备了五颜六色的卡纸，以圣诞节为背景，指导学生画、涂、写等。学生做得很开心，何老师顺势指导学生让他们及时地写下来，写出做的过程，写出做的感受。学生感到有话可写了。结果这次写作训练质量非常高。

案例中同伴互助走出了学科，进行了跨学科的合作教学。同伴间要做好互帮互助，大家彼此间就要互相真诚和互相欣赏，还要发扬奉献精神。只有大家互相关心，互相帮助，不讲条件，不斤斤计较，携手合作，凝合智慧，才能取得好的效果。

（四）经验分享

怎样实现经验分享呢？比如可以参加教育教学经验交流会，在经验交流会

① 本案例由同济大学第二附属中学刘君若提供。

上，大家互相分享成功的经验；也可以把相关经验整理成文，在校刊或者学校公众号上发表，让同事在学习的过程中，反复琢磨而得到启迪；还可以把相关经验与成果上传在微信工作群里，方便交流共享。

六、在专业引领下做校本教研

校本教研突出“校本”并不是说不需要专业人员，尤其是需要与教师接触最多的区教育学院的专业人员的介入。区教育学院的专业人员有三大优势：他们大多是从一线教师中走出来的优秀者，是教育教学的骨干，是教师中的优秀代表；和一线教师相比，他们有较高的理论水平；具有信息资源优势。区教育学院的专业人员凭借信息资源优势可以开阔教师的视野，避免教师囿于本校，造成视域的狭小；凭借理论优势指导教师的教学实践，提高校本教研的层次；帮助教师发现平时教学中自己难以发现的问题。专业引领的实质是理论与实践的结合，是理论对实践的指导。专业引领的方式主要有以下几种。

（一）寻求专家把脉

专家把脉是指针对教育教学中的问题和困惑，请专家进行的咨询和诊断，并找到解决问题的办法。

【案例】

她为什么总拖堂①

新教师周老师所教班级语文成绩下滑明显。学校领导非常担心，请来区语文教研员把脉问诊。教研员找来了部分学生进行座谈。

教研员：你们班的语文成绩不理想，是什么原因呢？

学生：我们不太喜欢语文老师的课。

教研员：你们不喜欢语文课？是什么原因？

学生：语文老师总是拖堂，占用了我们课间休息的时间。

教研员：每次都这样吗？

学生：很少不拖堂。她几乎每次来上课都发火，过几分钟才正式上课，有时要过半节课才上课。

① 本案例由上海市普陀区教育学院吴华清提供。

教研员:老师为什么每次上课都发火呢?是不是你们在哪个方面做得不好?

学生:我们班上语文课的纪律不好,上课铃响了还讲话,而且讲个不停,老师就发火了。

教研员:上课铃响前,老师到班上没有?

学生:基本没有。

于是教研员找到周老师沟通。当谈到班级纪律时,周老师显得很无奈。教研员不失时机地给她提出了一个建议:"你课前认真备好课,每节课提前5分钟到教室候课,做好课前准备。同时让学生也做好课前准备,用良好的心情迎接每一节课。"周老师照做了,结果学生的纪律好了很多,学生也认为她拖堂的次数变少了,成绩也慢慢赶上来了。

以上案例说明,通过教研员的问诊把脉,这位新教师的教学效率提高了。

(二) 聆听专题讲座

专题讲座指的是就学校教育教学中的某一个问题,特别是课堂教学中的问题,围绕某一理论开展的讲座。比如学校领导根据本校教育教学工作中遇到的突出问题,请相关领域专家围绕该问题的解决开展一次辅导讲座。很多教研员会先从基层教师中征集一些问题,然后把这些问题分门别类加以整理,选择急需解决的问题作为专题讲座的主题。对于这样的专题讲座,新教师一定要认真聆听。

另外教师也可以关注一些媒体上的专题讲座。比如一些教育网站上有专家名师的辅导讲座。中国教师研修网、全国中小学教师继续教育网等提供的教师网络研修课程也有很多专家的视频讲座,这些讲座对教师做校本教研都能起到专业引领的作用。

(三) 参加专题研讨

专题研讨是指围绕某一教育教学主题,组织教师开展的教育教学研讨活动。一般教研员会定期组织教学专题研讨会。他们会根据基层学校教学中的突出问题确定研讨主题,比如研讨怎样提高课堂教学效率、什么样的课是好课、怎样落实教学目标、教学预设与生成关系的处理、怎样才是"用教材教"而不是"教教材”，等等。然后组织教师开展研讨课。对于这样的专题研讨活动，新教师要积极参加。

（四）接受现场指导

现场指导指的是专业人员与教师共同备课、说课、上课、听课、评课等，在真实的教学情境中对教师的教学给予具体指导。教研员会经常走进课堂，发现教师教学中存在的问题，帮助教师解决问题。新教师要保持开放的心态，积极争取教研员来解剖自己的课，从而得到专业人员具体的指导。

第二节　学会专业阅读

专业阅读是指专业人员阅读本专业或与本工作有关的阅读，通俗地说就是为开展工作而进行的阅读。① 新教师要学会专业阅读，必须明确以下几个方面。

一、专业阅读“为何读”

苏霍姆林斯基说过：“教师若不读书，若没有在书海中的精神生活，那么提高他的教育技能的一切措施就都失去意义了。”②著名教育家朱永新先生也认为：“没有阅读，就没有真正的教育。没有专业阅读，就无法造就真正的教师。”“教师的读书不仅是学生读书的前提，而且是整个教育的前提。”③在他发起的新教育实验中，更是把“营造书香校园”作为整个实验的根基，使得教师专业阅读成为营造书香校园的重要内容，可见教师专业阅读何等重要。

通过名师成长的案例与教育研究实践可以发现，进行大量的专业阅读对于提升教师教育研究能力具有重要意义。比如大家熟知的教育家于漪老师，她的“一辈子做教师，一辈子学做教师”的知行故事，不知道影响了多少老师。于老师年轻时为了做一名合格的语文老师，就非常重视专业阅读。

---

① 陈宏宙，霍彩玲.图书馆员的专业阅读漫谈[J].当代图书馆，2014(03)：7－9.

② 苏霍姆林斯基.帕夫雷什中学[M].北京：教育科学出版社，1999.

③ 朱永新.新教育[M].桂林：漓江出版社，2014.

【案例】

为做个名副其实的语文教师打基础①

为了做一个合格的语文老师，于漪老师广为涉猎，学习借鉴，吮吸其中的琼浆，丰富自己的语文素养，“为做个名副其实的语文教师打基础”。

于老师说：“语文教师要有拼命汲取的素质与本领，犹如树木，把根须伸展到泥土中，吸取氮、磷、钾和其他微量元素。只有自己知识富有，言传身教，才能不断激发学生求知的欲望”。从《唐诗三百首》《古文观止》等通俗选文开始，到《论民族自决权》《德意志意识形态》《世界教育史》《世说新语》《四库全书简明目录》，于老师广泛涉猎，前后通读了辛弃疾、杜甫、陶渊明等大家的著作，叩心扉观性灵，享受读书之乐趣无穷。

于老师重视阅读语文教育的相关论述。张志公先生的《传统语文教育初探》，朱自清、叶圣陶、吕叔湘先生对语文教学的众多论述，从识字教育到工具书的使用，从阅读教学到作文训练，于老师都认真阅读，逐一推敲，从中寻觅有效的途径。于老师的一段话，对我们很有启发，“尽管有些学术著作做大学生时也读过，但那时不懂得联系实际，自己也无多少实际可供联系，空对空，学得浮光掠影，现在带着问题学，效果大不一样”。

于老师读书，有三个要诀。一是重要的理论反复学。力求正确理解，学能深入，用能浅出。理论上的模糊必然导致实践中的盲目。于老师说：“我深切地体会到，自己在教育教学上出现的无效劳动，往往是由于理论上认识不清，理解上有所偏颇。对教育教学理论的学习也是如此，比如叶圣陶先生提出‘教是为了不教’，开始不少人误解为‘少教’乃至‘不教’。但只要结合实际仔细想一想，就能体会到千万不能用‘等于’代替‘为了’。教师的‘教’是今日的任务，‘不教’是明天的目标。今日的‘教’要达到明日‘不教’的目的——学生能自学，独立工作。自学能力的培养并非一朝一夕，其中有个过程，‘教’得得法，就能达到‘不教’的目的”。二是紧扣一点深入学。要弄懂一点知识，必须深入学习，认真钻研，锲而不舍，层层深入。于老师说：“学

① 本案例选自《做有思想的行动者——研究型教师成长的案例研究》，上海教育出版社2008年版。

知识犹如汲深泉之水，越学越能品尝其中的甘甜。深入学习，其乐无穷。”三是拓宽视野广泛学。在某个意义上说，语文教师的知识仓库里货物不能不“杂”，但要杂而有章。这就需要广泛地阅读，有条理地储存。

于漪老师是广大教师专业阅读的榜样，她的“重要的理论反复学、紧扣一点深入学、拓宽视野广泛学”的专业阅读方法值得我们借鉴。对于新教师来说，如果经常阅读那些能奠定人类精神及学术根基，影响和形成自己专业思维方式的经典书籍，使自己站在大师的肩膀上，与专业经典和学科前沿对话，那么必然会厚实自己的学术涵养。正如北京师范大学的肖川教授所说的，“那种只能根据教科书、教学大纲、教学参考书来教学的老师，顶多算是教书匠，但永远不会成为有思想的教师，永远是走不远的。你不站在巨人的肩膀上，不和大师去对话，你永远只能做一个平庸的教师！”①

校本教研离不开专业阅读。美国一家机构的调查统计表明，一名从事自然科学研究的科研人员在一个科研项目中查阅资料所用的时间占全部研究时间的四分之一或三分之一，而社会科学研究查阅资料的时间占全部科研时间的一半以上。② 可见，专业阅读是教师研究的基础，因此新教师要对自己的专业阅读，包括阅读的内容、方法等，做一个合理的、梯度的规划，坚持不懈，通过专业阅读来提升自己的研究能力和专业素养。

二、专业阅读“读什么”

有些教师很喜欢阅读心灵鸡汤式的文字，这类文字往往强调一种戏剧性的转变，通过转变前后的鲜明对比，来制造一种戏剧化效果，将复杂的问题简单化。这样的文字或许能抚慰心灵，但最终却未必会促进教师专业素养的提升。心灵鸡汤式作品的背后是一种简单幼稚的因果思维。正是这种思维妨碍了教师复杂性思维能力的形成。而复杂性思维能力却是教师研究能力的重要方面。还有一些教师好像也在专业阅读，但他们只是围绕着教材和教参转，显然，他们对专业阅读的认识是不足的。他们很少阅读“课外”书，看得最多的就是课本、作业、参考书。专业阅读的窄化使他们在课堂上只会照本宣科，一味地讲解教材，学生学

① 肖川.教师的幸福人生与专业成长[M].北京：新华出版社，2008.

② 卢洪利.教师研究成果表达的技巧[M].长春：东北师范大学出版社，2010.

习兴趣索然，教学效果不理想。

那新教师的专业阅读到底要读些什么呢？一般认为，为丰富和发展教师的专业知识素养，专业阅读应该从本体性知识、条件性知识、拓展性知识三方面入手。教师的知识素养丰厚了，从事教学与研究的源头活水便有了。

（一）本体性知识阅读

本体性知识也称为学科专业知识，是指教师从事具体学科教学所必备的专门学科知识，如语文知识、数学知识等。本体性知识是教师开展学科教学的基础，包括学科的发展历史、学科特点、学科体系等。教师只有具备广泛的专业基础知识和深厚的专业功底，课堂教学才能游刃有余，才能充分体现本学科的特点和魅力。学科的不断发展需要教师不断地阅读本学科的专业书籍，夯实学科的知识基础。

【案例】

中学语文教师的本体性知识阅读①

中学语文教师的本体性专业阅读要以字词句、篇章修辞、文体文学、文化精神思想为本体，其宗旨是希望教师在语文专业知识方面的修养能够最终达到“我即某课程”的境界。苏霍姆林斯基也曾论述，一个教师，在所教学科方面的知识，应该是实际所教的数十倍。用冰山理论来比喻，就是所讲所教的那一小部分背后，要有更为宽广的沉潜部分作支撑。在专业阅读“六级水平”模式的内容体系中，本体性专业知识的阅读约占50%。它包括：一是语文课程与教学论基础，如《语文课程与教学论》（王文彦、蔡明主编，高等教育出版社，2006年版）；二是语文教学技能基础，如《中学语文课堂教学技能训练》（徐林祥、张悦群主编，东北师范大学出版社，1999年版）；三是语文教学案例基础，如《语文课程与教学论案例教程》（李山林主编，湖南师范大学出版社，2006年版）；四是语文课读解学基础，如《语文课读解学》（蒋成著，浙江大学出版社，2000年版）；五是语文教育史基础，如《中国语文教育史纲》（张隆华著，湖南师范大学出版社，1986年版）；六是语文专

① 本案例选自余国源、余熹微：《试论中学语文教师专业阅读“六级水平”模式》，《科学咨询（教育科研）》，2011年第12期。

业期刊,如《中学语文教学》《语文教学通讯》《语文学习》等。

(二) 条件性知识阅读

条件性知识也被称为教育学科知识,是指教师作为教育专门人才所必备的知识,它是教师从事教育教学工作的必备条件,也是区别于其他行业的重要标志,包括教育学知识、心理学知识等。例如,对于教学设计、课堂导入、问题设计以及学生课堂学习成果的评价、学生的学习兴趣和动机的激发等的知识。教师必须尽可能多地学习相关教育书籍,才能更好地把握自己的教学,运用更专业的理论和方法教好学生。

【案例】

学科教师的条件性知识阅读①

条件性专业阅读内容包括:一是课程改革基础,如《〈基础教育课程改革纲要〉(试行)解读》(钟启泉、崔允漷、张华主编,华东师范大学出版社,2001 年版);二是教育学基础,如《当代教育学》(袁振国主编,教育科学出版社,2000 年版);三是教育学史基础,如《外国教育史教程》(吴式颖主编,人民教育出版社,1997 年版)、《中国教育史》(修订本)(孙培青主编,华东师范大学出版社,2000 年版);四是心理学基础,如《学与教的心理学》(皮连生主编,华东师范大学出版社,1997 年版);五是教育研究方法基础,如《教师行动研究指南(3 版)》([美]杰夫·米尔斯著,王本陆、潘新民等译,重庆大学出版社,2010 年版);六是教育前沿理论基础,如《教育——财富蕴藏其中》(联合国教科文组织国际 21 世纪教育委员会,教育科学出版社,1996 年版)、《国际教育新理念》(顾明远、孟繁华主编,海南出版社,2001 年版);七是教育学术期刊,如《教育研究》《中国教育学刊》《课程·教材·教法》等。

上述案例中提供的一些书籍可能时间有点久远,时代性方面有所欠缺。但是教师的专业阅读围绕这七个方面应该是值得我们借鉴的。

---

① 本案例选自余国源、余熹微:《试论中学语文教师专业阅读"六级水平"模式》,《科学咨询(教育科研)》,2011 年第 12 期。

（三）拓展性知识阅读

要成为一名优秀教师需要博览群书。既要阅读人文社科知识,还要涉猎自然科学知识,以百科知识来丰富自己。除了本体性知识和条件性知识外,教师还应具备广博的文化基础知识,把自己的视野拓宽。一名具有丰富学识的教师,他的课堂教学就很有可能是生动活泼、充满启发性和创造性的。对这样的教师,学生往往会由衷敬佩,从而对学科学习产生浓厚的兴趣。因此,教师应广泛阅读人文科学、社会科学、自然科学等各方面的书籍,提高自己的整体文化知识水平。

【案例】

中学语文教师的拓展性知识阅读①

拓展性专业阅读内容包括:一是国学基础,如《论语》《孟子》《庄子》《老子》《荀子》《大学》《中庸》等;二是人学基础,如《人的现代化》([美]英格尔斯著,殷陆君译,四川人民出版社,1985年版)、《自我实现的人》([美]马斯洛著,徐金声等译,三联书店,1986年版)等;三是哲学基础,如《教育哲学通论》(黄济著,山西教育出版社,2001年版)等;四是美学基础,如《美学散步》(宗白华著,上海人民出版社,1981年版)、《美的历程》(李泽厚著,文物出版社,1981年版);五是文化学基础,如《中国文化概论》(张岱年、方克立著,北京师范大学出版,1994年版)、《汉语与中国文化》(申小龙著,复旦大学出版社,2003年版)等;六是科学基础,如《现代教师读本·科学卷》(周洪林主编,广西教育出版社,2006年版)、《科学家论教育》(周川选编,江苏教育出版社,2003年版)等。科学知识的拓展性专业阅读,主要概略了解外国哥白尼的近代天文学、布鲁诺的宇宙无限论、培根的近代归纳法、笛卡尔的近代哲学、牛顿的经典力学、达尔文的进化论、巴普洛夫的条件反射理论、爱因斯坦的相对论、维纳的控制论、贝塔朗菲的系统论以及我国陈中伟发明的断肢再植技术、袁隆平发明的杂交水稻技术、王选发明的汉字激光照排技术等科普知识,为专业化发展提供科学素养特别是科学思想、科学思维方面的支撑。

---

① 本案例选自余国源、余熹微:《试论中学语文教师专业阅读"六级水平"模式》,《科学咨询(教育科研)》,2011年第12期。

三、专业阅读“怎么读”

（一）遵循五环节阅读模式

【案例】

从书籍中寻找问题解决之道①

我是一名高中语文教师。有一次在上《前赤壁赋》的课上，我问学生：“船上一共有几个人？”对于这个问题，我本来的意图是希望学生回答客人与苏子其实是一个人，从而引导学生去理解“主客问答，抑客伸主”的写作手法。但是学生的实际回答和我预想的却大相径庭。学生是这样回答我的：“有五个人，客人、苏子、烧饭的、划船的还有一个丫鬟。”我推测，这可能是他们初中时学过了《核舟记》一文，里面有一句话，“盖大苏泛赤壁云”，还有该文里面也提到了“清风徐来，水波不兴。”于是学生就告诉我有五个人。当时我整个人都愣住了，因为我也不知道怎么跟他们解释这个《核舟记》和《前赤壁赋》是完全没有联系的，场面一度非常尴尬。于是，我向自己的带教师傅诉说了在课堂上遇到的这个难题。师傅耐心地听我讲述，安慰之余，向我推荐了晚清王筠的《教童子法》。这是一本专门论述启蒙教育的书，也是我国最早的小学语文教学法著作。书中对语文教学的论述有深厚的基础与精辟的见解。虽然是一本启蒙教育的书，但师傅认为对高中语文教学也有借鉴价值。于是，我找到了这本书，并认真阅读起来。书中有这么一句话对我启发最大：“为弟子讲授，必时时请问之，令其善疑，诱其审问。”意思就是在向学生讲授的时候，要研究提问的艺术，把握设计问题的技巧，启疑开窦，问得美妙，问得开窍。我的那节课问题就没有设计好。于是我再一次设计问题，改为：“客人与苏子是一个人还是两个人？”这样的问题就较为直接，只要告诉我是一个人还是两个人。在另一个班授课的时候，学生觉得我这么问就肯定是一个人，于是我便要求他们阐明理由。这样的提问对于引出主旨起到了较好的帮助作用。

① 本案例由上海市甘泉外国语中学黄琳提供。

以上案例讲述的就是一位新教师通过专业阅读来解决自己教学中问题的故事。教师的专业阅读之所以作为教师研究的基石，其实是因为本质上它是一种问题求解式的阅读。新教师工作中每天可能都会遇到大量的问题和困惑，而解决这些问题，消除这些困惑，除了求教于同事，求教于专家，还有一个最有效、最经济、最方便的方式，那就是求教于专业书籍。新教师开展基于问题解决的专业阅读可以遵循以下环节。

环节 1：发现问题

专业阅读的第一步不是盲目地找一本书来阅读，而是在自己日常的教育教学工作中发现急需解决的问题。很多教师的专业阅读之所以效果不是很理想，就是因为没有基于自己的问题开展专业阅读。问题是激发教师专业阅读的动力，而解决问题则是开展专业阅读的最终目的。

环节 2：驱动阅读

教师带着教育教学的问题去寻找文献开展阅读。长期以来，教师有了教育教学的问题，都往往是凭自己的经验提出解决的方法。这种解决问题的方式有的时候有些效果，但大部分情况下效果并不尽人意，或者不显著、不长远。这是因为“经验”是有限的，很多时候是靠不住的。面对复杂的教育教学情境，教师的“经验”常常是不够用的。教师带着问题去阅读，就是为了突破经验的局限。

环节 3：获取新知

问题解决的前提和关键是获得解决问题的观点、立场和方法。这种解决问题的观点、立场和方法就是最宝贵的专业支持。它来自哪里呢？或者说，对于新教师来讲，问题求解的最便捷、最有效的方式是怎样生成的呢？就是专业阅读。专业阅读的目的是“用”，而不是为了“读”而“读”。这个“用”，不是照本宣科，也不是依样画葫芦，而是获取破解教育教学问题的新观点、新思路、新方法，从而突破固有经验的局限。

环节 4：反思感悟

用阅读所得的新观点、新思路、新方法对自己的问题进行反思。教师所遇到的教育教学问题并不是一读书就能解决或者能找到破解的方法。事情没有这么简单。很多教师正是有了这样的错误认识，才会觉得读书没有用，因为它无法解决教育教学中的实际问题。事实上，在阅读与解决问题之间，还有一个非常重要的环节就是反思。这里的反思就是用文献中获取的观点、立场和方法审视自己的思想和行为，将阅读所悟所得纳入自己的经验体系，内化为属于自己的解决问题的观点、立场和方法。

环节5：解决问题

反思感悟之后就必须有行为跟进。教师运用内化后的观点、立场和方法来解决当初所遇到的问题，从而改善自己的教育教学行为。

教师的专业阅读是指向教育教学实践的。大家需要基于问题，一边阅读、一边思考、一边实践，将阅读与工作实践相互"编织"，这样才能从阅读中获得巨大的奖赏与回报。

（二）掌握知性阅读方法

阅读一般分为两种方法，感性阅读和知性阅读。感性阅读是指带有消遣性质的快餐式阅读，读者仅凭感觉去感受书中的信息而不加以反思咀嚼。知性阅读是指带有钻研性质的理解性阅读，读者凭借逻辑和已有的经验去理解书中的观点，与书籍反复对话，并以书中的思想对自身经验进行反思和改进。[①] 感性阅读侧重于一种单方向的片面的接受过程，而知性阅读则强调双向的交流对话，强调阅读者通过自己的理解与解释，对书本中的信息进行一个新的建构。关于二者的差异，有一个形象的比喻：感性阅读像溜冰，轻松愉快，看四周反反复复都是熟悉的景色；知性阅读像爬山，汗流浃背，但四周的景物始终都在变化，越来越开阔，直至无限风光在"顶峰"。相比于"溜冰"，登山更能增强人的"体质"（理解力）。

从阅读群体数量来看，感性阅读更为广泛，知性阅读比较少见。对于要从事教学研究的教师而言，要学会知性阅读。因为只有知性阅读才能够真正提升自己的思维水平，增强他的反思能力和研究能力。那么新教师如何培养自己的知性阅读能力呢？

1. 圈画摘抄

古人说，"口过千遍不如手过一遍"，教师要养成"不动笔墨不读书"的习惯。比如可以用不同颜色的笔画出那些有着真知灼见的好句子。尽可能地领悟作者所表达的每一个意思。对于圈画出的句子，可以专门抄写在摘抄本上，也可以输入电脑保存。当这样读过一本书或一篇文章之后，如果在实践中遇到相似的问

---

① 魏智渊.教师阅读地图[M].桂林：漓江出版社，2014.

题情境，就可以迅速地找出来反复揣摩。久而久之，这些文字就会化为自己的血肉。这种方式可以把教师从快餐式的浅阅读中拯救出来。也许有教师认为，这样会花费较多时间。但是，没有经过这样的专业阅读训练，理解力很难得到有效的提升。

摘抄有两个好处。首先，培养自己深度阅读的能力。现在是一个移动学习的时代，快餐式的微阅读，让教师的眼睛无法长时间停留在一些语段上，思维常常无法集中，而摘抄是一种非常有效的训练自己专注力的方法。其次，加深对书内容的记忆和理解。我们通常很难真正地记住一本书或一篇文章，经常是前面读过，过些日子就忘了，而摘抄会让我们对这本书的精华内容印象更深刻，也便于日后反复查找和翻阅。

2. 理清脉络

阅读时要用心去揣摩一本书或一篇文章的整体结构和主要概念，要理清它们之间的关系。一本真正的好书或一篇好文章，总会呈现出一些重要的概念或者结构，要通过反复阅读找出它们。为此，要去读懂该书或文章的结构，熟悉其脉络，知道作者想说什么，搞清楚他是如何一步一步论证的。可以拟定该书或文章的提纲，但绝不是简单地重复书的目录或文章的各级标题，而是要写下主要观点和论证过程。这其实就是很好的读书笔记。

3. 批注对话

教师常常误以为自己读懂了某些内容，但事实上并未真正读懂，只是有些朦胧的感觉罢了。用批注的形式与阅读文本对话，是帮助自己梳理思想的好方法，它让我们用自己的语言表达出来，是一种最积极有效的阅读方式和思考方式。在阅读的过程中，我们可以用批注写下自己的疑惑，写下自己在教育教学实践中出现的相关问题，写下自己最深的感受和思考。批注的内容可以是：自己对文中某个片断、某个观点的理解；表达和作者相同或不同的看法；牵引到自己经历过或者听说过的教育教学事件；与其他文献相互印证。

与阅读材料对话，刚开始时可能是很艰难的。或许会怀疑自己缺乏对话的能力，或者认为自己不适合读这些文本。但一定要坚持，只有经历并承受这种阅读的痛苦，才会慢慢步入一个新的天地，才会逐步发出自己的声音。

4. 交流比较

教师可以向同行们介绍自己为什么要阅读这本书，这本书对自己有怎样的影响。通过这样的交流,可以把书给读活了,读出书的价值与生命,并让自己不自觉地反思教育教学实践。教师还可以选择同一主题的相关文献进行阅读,在多种观点的交汇讨论中,会让自己形成比较明晰而深刻的认识。

第三节　掌握研究方法

教师开展研究有多种研究方法,比如文献研究法、问卷调查法、观察研究法、访谈研究法、实验研究法、比较研究法、经验总结法等。对于刚刚踏上教育工作岗位的新教师而言,不需要面面俱到地掌握上述所有研究方法。根据初涉校本教研的实际情况以及教师研究的情境性、微型化和草根化特征,新教师在步入工作岗位的1—3年之内有必要重点掌握案例研究、观察研究和叙事研究这三种研究方法。

一、学做案例研究

案例研究是非常适合新教师的一种研究方法。与规范严谨的实验研究相比,案例研究的特点是"先做后想"或"边做边想"。这种研究没有任何条件限制,无须提出明确的研究假设,无须选择样本和控制变量设计实验,而是通过对既成事实的教育教学事件进行分析、归纳,实现对研究对象进行解释性理解和互动性发展,所以非常适合新教师在实践中结合自身的教学实践或借鉴他人的教学成果开展研究。

(一) 什么是教育案例

有的教师认为案例就是一个事件或者一个故事。这种看法其实是对案例的误解。案例必须是一个事件,但不是所有事件都是案例。什么样的事件才算是案例呢? 含有疑难问题的事件,能给人带来思考的、有借鉴意义的事件才是真正的案例。如果一个事件没有问题,不能给人以启示,那就算不上案例。比如没有思考价值的一堂课的教学过程、学校的一次活动、师生的一次谈话,都不叫案例。同样,案例也必须是一个故事,但并不是所有的故事都是案例。什么样的故事才算案例呢? 一个有完整情节的、真实而非编造的故事就是案例。因此,案例就是在实践中发生的,含有疑难问题的、能给人带来思考和启迪的典型事例,具有问题性、典型性和故事性。

【案例】

"失恋"之诗[①]

学期初的一个下午,教室里的同学们都在静静地认真自学,只有小刘同学将头抬得很高,注视着另一个同学。我轻轻地走到那个同学身边,发现他正在聚精会神地看着手中的一张纸。我轻声说,可以给老师看看吗?他很不情愿地将那张纸给了我,我看到纸上写着一首诗:"天涯何处无芳草,何必要在(五)班找,本来数量就不多,况且质量也不高。"尔后两名同学对视了一下,小刘就趴到桌子上了。我走到讲桌前,沉思了片刻,便将那张纸放到了衣兜里,继续观察同学们的自学情况。可小刘却坐不住了,他不时抬起头偷偷地看看我,好像在等待着老师的批评。看了几次后,他发现我"无动于衷",便开始写作业了。

下课的铃声响了,我把小刘请到了无人的电工室,他耷拉着脑袋,用眼睛余光看着我。我让他坐下,他却哭了,边哭边说:"老师,我错了,我不该写这首诗,不该在自习课上传纸条,求老师不要在班级批评我。"我说:"老师要想在同学中批评你,就不会把你请到这里来。"他会心地点了点头。我说:"你能不能实话告诉老师为什么要写这首诗?"他想了想后,详细地叙述了他与我班一名女同学从友好相处到产生矛盾的经过。原来这首诗是他"失恋"后为了发泄内心的痛苦而写的。我因势利导,以诚相待,对他进行了耐心细致的教育引导。

最后我又将这首诗拿出来,对他说:"老师想和你一起将这首诗改动一下,你看怎样?"他爽快地答应了。我说:"老师改前两句,你改后两句。"他点头同意。我说第一句只需改动一个字,将"天涯何处无芳草"改为"天涯何时无芳草",第二句改为"何必非要现在找"。紧接着他又改了后两句:

---

① 本案例选自刘永和:《案例研究:反思型教师成长的"金光大道"》,《教育科学研究》,2009年第1期。

“本来学业就很紧，况且年龄又很小。”读着这首诗他开心地笑了，笑得那样轻松，笑得那样自信。

随后我又说：“十年之后，你找不到女朋友，老师帮你找，怎么样？”他连声说：“谢谢老师。”

这次潜隐式教育的尝试，使学生消除了对教师的对立情绪和戒备心理，平复了内心的波澜，学会了情感上的进退自如，从而在潜移默化中接受了教育，最终达到了转化的目的。实践告诉我们：以人为本，用人道主义的方式来处理师生之间的关系，必须尊重学生，热爱学生，理解学生；没有师爱，就没有教育。用淡化教育痕迹的方法处理学生问题，是一种无伤痛、有结果的教育，可以拉近师生的距离，促进和谐师生关系的形成，收到意想不到的效果。

这则教育案例较好地体现了案例的基本特征，有助于教师理解教育实例的“问题性”“故事性”和“典型性”要求，也有较好的“理性分析”，富有启发意义。

（二）什么是案例研究

案例研究是将教育实例作为研究对象，通过对教育教学的真实案例进行分析解读和理性思考，从而获取教育的新感悟，探索教育的新方法，总结教育的新经验，形成教育的新思想。概括地说，案例研究就是对已经发生的具有问题性、故事性和典型性的教育实例进行理性分析，而教育案例就是这种理性分析的结果。

【案例】

把赞美送给学生[①]

作为教师都有这样一种感觉，各班总有几个学生既不勤奋上进，也不惹是生非，对班级一切活动既不反对抗议，也不踊跃参加，虽然学业平平，却也不拖后腿。一般情况下，他们既得不到老师的表扬，也不会受老师的批评，

① 本案例选自刘永和：《案例研究：反思型教师成长的“金光大道”》，《教育科学研究》，2009年第1期。

是一些容易被忽视、被“遗忘”的学生。

我班的小阎同学就是这样一个似乎没有什么特色的学生。很长时间，我几乎没注意到她的存在。直到有一天，一件微不足道的小事改变了我对她的看法，好像也改变了她自己。那是一个中午，我站在班级门口，看着走廊里来回走动的学生，无意中发现走廊里撒落了一些饭菜，许多同学说着笑着绕道而过，好像没有注意到地上撒落的饭菜。这时，小阎走了过来，提醒大家不要踩到饭菜，然后急忙跑回教室拿来清扫工具，将饭菜扫净，又用拖布拖了一遍。我被这一幕感动了，回教室后，立刻在班级表扬了小阎，并赞美了她关心集体，为他人着想的好行为。此后，我又从几件小事上发现小阎性格中闪光的地方并及时给予表扬，使她真善美的精神得以激发和升华。渐渐地我发现她变了，上课特别认真，作业完成得特别好，学习成绩也有了很大的提高，还被同学们选为班级卫生委员。

实践使我懂得，教师一句激励的话语、一个赞美的眼神、一个鼓励的手势……往往能带来意想不到的收获。教师对学生小小的成功、点滴的优点给予赞美，可以强化其获得成功的情绪体验，满足其成就感，进而激发学习动力，培养自信心，促进良好心理品质的形成和发展，有助于建立和谐的师生关系，营造一个奋发向上的班集体氛围。请多给学生一点赞美吧，因为他明天的成功就蕴藏在你的赞美之中。

可以把案例研究拆解为“案例+研究”，前面的“案例”是描述，后面的“研究”就是“分析解读”和“理性思考”。在“研究”部分，要用教育理论对教育实例进行深度解读，对已有的教育实践进行理性开掘和理论解释。

（三）怎样做案例研究

可以依据五个步骤来开展案例研究。

1. 第一步：关注日常职业生活

案例研究中的“案例”要求有典型性，因此需要认真加以选择。选择案例的关键在于教师在日常教育教学生活中能够留心和积累。教师要有一种职业的敏感性，做一个有心人，自然而然地关注教育的每一个细节，比如关注教学目标的达成情况、关注课程改革、关注教学有效性、关注教学评价等。学会关注，教师就会发现在日常教育现象中隐藏着深刻的教育规律；学会关注，教师就会发现在一个习惯的教学行为里包含着深刻的教育哲理。

2. 第二步：依据主题描述实例

当教师留心和关注了教育教学的全部过程，就会发现很多预料之外的、生动有趣的、印象深刻的教育现象。这时，需要将它们记录下来，以备后面研究之用。对实例的描述，应讲究情节的完整与曲折，讲究细节的生动与真实，讲究主题的聚焦与凸显。教育教学生活中的一个故事、一个场景、一段课堂实录、一次课外活动、一次师生对话，等等，都是可以研究的教育实例。描述一定要有一个主题，依据主题选择“题材”，谋篇布局，突出重点，生动表达。描述的过程也是思考的过程、归纳的过程、研究的过程。

3. 第三步：聚焦主题专业阅读

在发现和描述实例的过程当中，可能已经有了一些初步的思考。但是这种思考还不是非常清晰和准确，还不是十分深入和深刻。这个时候，我们就需要去查找文献资料，开展专业阅读，去寻找理论的支撑和解释。比如：研究“把赞美送给学生”，就需要查找和学习教育激励的理论和策略；研究“学生做‘值日校长’”，就应该学习“主体性教育理论”，需要懂得“选择性、自主性、能动性、创造性”等主体性特征。只有这样，思考才能深刻，研究才会深入。

4. 第四步：基于案例辩证反思

在描述实例和专业阅读之后，教师就要开展辩证性反思，反思自己的思想认识和心理感受，反思自己的行为和做法，冷静思考、提炼总结。辩证性教育反思要求教师在反思的过程中，运用辩证法进行深入思考。要抓住事物的本质，分析事物的优点和缺点，防止肤浅的研究，以免以偏概全。

5. 第五步：提炼经验撰写案例

提炼经验指的是教师在教育理论的指导下，通过对实践活动中的具体情况进行归纳与分析，使之系统化和理性化，并上升为经验。经验一定要观点鲜明、正确，既有先进性、科学性，又有代表性和普遍意义。经验提炼要以客观事实为依据；要全面观察和分析，注意事物的普遍联系；要区分现象与本质，得出规律性的结论;结论要具有创新性。经验提炼的文本就是教育案例。

【案例】

对学生再多一点耐心[①]

本学期段考前的一个周五晚上六点四十左右,我班学生小徐请假,原因是生病。我觉得奇怪,怎么白天还好好的晚上就病了。而且他本学期已不止一次在周五请假了,其中一定有什么问题。他有上网爱好,该不会是上网去了?(关注,发现问题)

打电话到他家里,家长说他已经去学校。我把情况跟家长说了,并把自己的怀疑说出来。一小时后,家长把他带到了办公室,原来是从网吧"抓"回来的。经教育,他承认前几次的请假大多是去上网了。我耐心地询问他上网的原因,他说是因为考试心里紧张,想去放松一下。我知道这个理由或许是真的,或许还有迷恋网上游戏的因素,但是利用学习时间到网吧上网是不对的。我严肃地批评了他,并指出他违纪的严重性,让他写检查,保证以后不再犯类似的错误。考虑到他是团支书,平时工作积极,其他方面表现不错,所以我没有上报学校。但是,我明确地对他说,给他一个改过的机会,如有再犯,则报学校处理。结果他一学期没有再犯类似的错误,段考成绩也有进步。(描述,抓住重点)

造成学生上网的原因很多,归结起来有以下几点。(1)猎奇心态和追求个性张扬的心理是学生迷恋网吧的内因。处于青春期的中学生,喜欢猎奇,渴望了解书本以外的知识,渴望了解校园以外的多彩世界,更渴望能够有朋友倾诉心中的烦恼,互联网无疑满足了他们的这些需求。一些学生上网找网友聊天,主要是想释放在学校的压力,弥补在学校教育中不能张扬个性的缺憾。学校或班级如果能够创造更多的机会让学生展示自己的个性,满足他们在这个成长阶段特有的表现欲强的心理,则可减轻学生对网上世界的迷恋。(2)传统教育方式的滞后性所带来的负面效应。首先,学校变

---

① 本案例选自刘永和:《案例研究:反思型教师成长的"金光大道"》,《教育科学研究》,2009年第1期。

成了真正的“围城”。在各个领域日益开放的今天,我们的学校却变得越来越封闭。其次,教师成了管制的“帮凶”。在诸多因素的控制下,学生孕育着更大的叛逆。网络给他们提供了自由空间,就自然成了他们畅游的世界。小徐同学说上网的理由是缓解考试压力,调节单调的学校生活,就是出于这样的原因。(3)缺乏正确的上网引导,致使学生没有正确认识互联网的作用,把上网当作休闲娱乐的工具。由于学校在利用网络进行教学方面做得少,学生不能认识到学习方法、资料以及其他很多知识都可以在网上查到,所以形成了一种误区,许多学生把上网当作违纪行为,当作很神秘、很过瘾的事情。(反思,全面深入)

面对违纪上网的学生,如何做好思想工作,是很多班主任都思考过的问题。有的如暴风骤雨,一阵狠批,然后上报学校,纪律处分;有的耐心教育,苦口婆心,动之以情,晓之以理;有的软硬兼施,用尽心机。其实,无论哪种方式都不是万能的,因为学生的情况是千差万别的。但很重要的一点是,教师应该真正从学生的角度去考虑问题、解决问题,让学生感觉到你是真正想帮助他改正他自己也认为是错误的做法。教师应尽量换位思考,给学生申辩的机会,给他们多一些信任与改过的机会,这也应该是一种更亲和、更有效的教育。(总结,提炼提升)

上述案例体现了一个较为完整的案例研究过程。案例研究过程中的第三步“聚焦主题专业阅读”一般不专门写入案例文本中,但从案例的叙述中依然可以看到研究者开展专业阅读的痕迹。

二、学做观察研究

观察法是一种最常用、最基本的研究方法,作为教师研究自己教育教学中的问题的校本教研就更离不开它了。在运用观察法时,教师使用最多的就是课堂观察,比如听课活动就属于课堂观察。

(一) 什么是观察法

观察法是指在自然条件下,研究者为一定目的而对被观察者进行有计划的感知、观测,并对所观察得到的材料进行整理、归纳、分析,进而得出研究结论的一种研究方法。观察法属于质性研究活动中的一种方法。为了更好地掌握观察法,有必要对科学观察和日常观察进行比较。

1. 不同之处

科学观察不同于日常观察。日常观察一般没有什么目的和计划,并且往往是随意的、零散的、不系统的;科学观察是具有目的性、计划性和系统性的。比如,一位新教师计划观察教研组内一位教师的课堂提问,那么在听课时她就要将注意力集中在教师提问的有效性和学生对课堂提问的反应上,而对课堂上出现的其他情况,比如学生分心、吵闹、干扰其他学生学习等,则不必关注。日常观察不需要对观察材料做出实质性、规律性的描述和解释;科学观察则必须对观察材料做出实质性、规律性的描述和解释。

2. 相似之处

科学观察和日常观察相似的地方在于,研究者进入观察现场,在自然情景中进行观察,对被观察者的活动、言行等自然现状不施加人为的影响,具有自然性。比如,研究者在某一课堂上观察学生的动手操作情况,这时出现了个别学生不参与操作的情况,此时研究者是不能站出来要求这些学生参与操作的,否则收集的研究资料就不准确了,也就没有了利用价值。

(二) 常用的观察方法

教师常用的观察方法主要有以下几个。

1. 描述性观察

即通过详细记载时间或行为发生、发展的过程而获取资料。教师可以采取日记描述或轶事记录的方式进行描述性观察。

(1) 日记描述。通过日记来纵向记录事物的连续变化、新的发展或新的行为。它要求在较长时间内重复观察同一研究对象,记载要详细、具体、有背景、有情节,能提供发展的完整次序。缺陷是比较费时、费力。日记描述所研究的对象大多数是婴幼儿,比如著名心理学家皮亚杰就是以主题日记形式对自己孩子的认识发展进行观察研究的。

(2) 轶事记录。轶事是指独特的事件。轶事记录也是描述性的,但它不是连续记载新的发展或新的行为，而是有重点地记录某些有价值的行为或研究者感兴趣的事例。它不受时间限制，不需要特殊的情境，不需要特殊的步骤，简单易行。

【案例】

对一名学生违纪行为的轶事记录及分析①

学生违纪行为的轶事记录

目标行为：学生的违纪行为　班级：三（1）班教室 观察时间：14:10—14:50　课程：语文		
先行事件	学生行为	行为结果
14:10 语文课开始	吵闹着走进教室	教师：安静地走进教室！"上课铃声没有听到吗？"
14:15 老师要求同学讨论交流	发出怪音，埋怨同桌推了他的课桌	教师："我说过多少遍了，在课堂上不许怪叫。"
14:21 老师要求朗读课本	趴在桌子上用卷笔刀削铅笔，不读书	教师瞪了该生一眼
14:26 老师要求自己动笔写短句	转身与后座同学大声说话	教师："如果自己不想学习，请不要打扰别的同学学习。"
14:28 同学写短句，老师在指导	不停地尝试与周围同学讲话	教师敲其桌子，并责问："短句呢？你写好了？"
14:29 老师要求展示所写的短句	高高举起手，想站起来	教师看了他一眼，指明其他同学发言
……		

这是一份结构简单的轶事记录，是笔者针对一名三年级学生的违纪行为所做的轶事记录和分析。对于上面的轶事记录，笔者和任课教师一起做了这样的分析。首先，考察记录的先行事件，我们发现这些先行事件都具有一个共同的特点，即都是教师给予了自主学习的机会。因此，我们初步得出这样的结

① 本案例选自戚小丹：《轶事记录：学生行为观察的有效方法》，《中国德育》，2016 年第 19 期。

论：当教师给予学生独立学习的机会时，该生极易出现违纪行为。其次，通过考察行为结果，我们发现每当该生违纪后，教师总是倾向于采取高强度的制止指令，而当该生表现出参与课堂学习的愿望时，教师反而不予理睬。

就分析结果而言，我们最后达成了如下两点认识：

（1）当教师给予班级学生独立学习的机会时，要加强对该生的纪律约束。建议教师可以通过布置个性化的任务或者其他引起注意的方式对该生进行行为约束。

（2）教师需要尝试运用不同强度的制止指令对该生违纪行为加以管理。建议教师学会从柔性管理向刚性管理过渡，灵活运用各种不同强度的管理策略，包括扫视、提醒纪律、改变座位安排、同伴表扬甚至警告、取消活动等。

不管是日记描述还是轶事记录，描述都要具体，要写出具体的行为，不要归纳或用抽象的形容词和副词，尽可能避免使用研究者自己的描述词和解释词。

2. 取样观察

取样观察不是详细地描述所有行为或事件，而是缩小范围，选择有代表性的样本进行聚焦性的观察，然后以样本状况推断总体情况。取样观察大致有以下四种。

（1）时间取样。即以一定的时间间隔为取样标准来观察记录预先确定的行为是否出现以及出现次数。它不必详尽地记录、描述被试的行为表现，只需在预先确定的时间段里观察记录确定的行为发生与否，发生的次数，以及持续的时间。

【案例】

2—5岁学前儿童游戏类型的观察[①]

美国心理学家帕顿（M. B. Parten）在20世纪20年代中期进行了一项有关学前儿童在游戏中的社会参与程度的研究。她根据儿童在游戏中的社会参与程度，将游戏分成6种活动类型：无所事事、旁观、单独游戏、平行游戏、联合游戏、合作游戏，对每一类型赋予操作定义，并设计了观察记录表。

---

① 本案例选自《学前教育科研方法》，华东师范大学出版社2006年版。

6种游戏类型操作定义

游戏类型	操作定义
无所事事	儿童没有做游戏，只是碰巧观望暂时引起他们兴趣的事情，如没有可注视的就玩弄自己的身体，或走来走去，爬上爬下，东张西望。
旁观	儿童基本上观看其他儿童的游戏，有时凑上来与正在做游戏的儿童说话，提问题，出主意，但自己并没有直接参加游戏。
单独游戏	儿童独自一人游戏，只专注于自己的活动，根本不注意别人在干什么。
平行游戏	儿童能在同一处玩，但各自玩各自的游戏，既不影响他人，也不受他人影响，互不干涉。
联合游戏	儿童在一起玩同样的或类似的游戏，相互追随，但没有组织与分工，每人做自己想做的事情。
合作游戏	儿童为某种目的组织在一起进行游戏，有领导、有组织、有分工，每个儿童承担一定角色任务，并且相互帮助。

时间取样法观察记录表

游戏类型 / 被试代号	无所事事	旁观	单独游戏	平行游戏	联合游戏	合作游戏
1 2 3 4 5 ⋮						

帕顿在规定的游戏时间内，依次观察每个儿童一分钟，并根据儿童社会参与程度和6种游戏类型的操作定义，判断每个儿童这一分钟的行为属于哪种类型，记入观察记录表。通过对一系列观察资料的整理分析，表明2—5岁学前儿童的社会参与程度随年龄的增长表现出一定的顺序性，即年龄较

小的儿童往往喜欢单独游戏，随着年龄的增长逐渐发展到平行游戏，再发展到社会化程度较高的联合游戏和合作游戏。

（2）事件取样。即观察前选定所要观察的行为或事件，观察中只注意观察这些选定的行为或事件。当确定所要观察的事件时，要进行现场判定并将事件完整记录下来。比如观察学生的争执事件，记录争执前发生的事件、争执时的具体行为、争执持续的时间、争执的结果和后果如何等。事件取样研究的事件记录比较完善，便于分析前因后果，同时事件取样不受时间限制，因此可以研究多种行为和事件。

【案例】

儿童争执事件200例分析①

大卫（H.C.Dawe）在20世纪30年代进行了有关学前儿童争执行为的研究。该研究的观察内容是幼儿园儿童在自由活动时间内自发产生的争执事件，观察对象为40名2—5岁的儿童，其中男童19人，女童21人，观察过程是争执事件一发生便用秒表计时，并按事先拟订好的观察记录内容填写观察记录表（见下表）：

儿童争执事件观察记录表

姓名	年龄	性别	争执时间	发生背景	行为性质	做什么	说什么	结果	影响

经过三个多月，58小时的观察，共记录了儿童争执事件200例。观察结果是200例争执事件中68例发生在室外，132例发生于室内；平均每小时发生争执事件3—4次；争执时间持续1分钟以上的只有13例；平均争执持续时间不到24秒；室内争执持续时间比室外争执持续时间短；男孩争执多

① 本案例选自《学前教育科研方法》，华东师范大学出版社2006年版。

于女孩，攻击性水平也高于女孩；争执常发生在不同年龄组，相同性别的儿童之间；随年龄增长，争执事件减少，侵犯性质增强；几乎所有的争执都伴有动作，如冲击、推拉等；争执中，偶尔会有大声地喊叫或哭泣，但无声争执占大多数；导致争执发生的原因往往是对占有物品的不同意见；大多数争执自行平息，往往是年幼儿童被迫服从法定年长儿童或年长儿童自愿退出争执；争执平息后，恢复常态很快，无耿耿于怀、愤恨的症候。

（3）个体取样。即对单个被试连续取样，以个体为单位，在规定时间内，记录关于这个个体的所有行为和事件，然后再选择另一被试进行观察，如此反复进行，最终获得多个个体组成的样本。在个体取样中，最重要的一点就是被试的选择要保证随机性，否则被试不具有代表性，收集到的资料会失去其应有的价值。例如，选择一个初二年级的学生观察并记录其课堂听讲的情况，在每节英语课的前二十分钟，观察者首先要选择一个不同的学生进行观察，作为反映这个班所有学生的情况，从而获得资料。

（4）场所取样。即选取某一场所作为观察的对象，比如观察学生在操场或食堂内的行为表现。

取样观察法的最大优点就在于记录简单、结果数量化、便于分析，但是记录结果没有描述法那样详细、具体，缺乏事件和行为发生的背景资料。

3. 评价观察

在观察前，要先确定观察的行为，并对这些行为确定标准，划分不同的等级。观察者一边观察，一边还要根据等级标准和自己的理解，给予观察目标以相应的等级。评价观察法的优点是使用方便，而且测量也很迅速，在实践中运用较为广泛，缺点是容易受到观察者主观偏见的影响。

【案例】

青年教师教学情况观察①

某幼儿园要了解青年教师的教学工作情况，以评选优秀青年教师。于是，幼儿园邀请了几位同行作为观察者，对每位青年教师的教学情况进行观

① 本案例选自《学前教育科研方法》，华东师范大学出版社 2006 年版。

察。在多次观察之后，观察者用教学情况评定量表对每位青年教师的教学情况进行等级评定。

幼儿园教师教学情况评定量表

姓名________ 性别________ 年龄________ 任教班级________

评定内容	评定等级				
	1	2	3	4	5
能较好地组织与控制儿童					
对儿童表示亲近					
注意儿童的需求与问题					
对儿童能够正面强化					
对工作表现出喜爱与热情					
认真备课					
安排班级活动具有灵活性					
允许儿童选择和控制玩具					
鼓励儿童积极探索					
严格遵守活动作息时间					

评定者________ 日期________

评定按5点等级量表进行，即每一项内容分5个等级，并赋予等级分：1——总能做到（5分），2——常能做到（4分），3——有时能做到（3分），4——很少能做到（2分），5——不能做到（1分）。最后，将观察者评定的每位教师的等级分累计，分数最高的那位教师便是该幼儿园应受表扬奖励的青年教师。

（三）观察研究的基本程序

教师在运用观察法进行教育教学研究时可以按以下步骤进行。

1. 第一步：明确观察目的，制订观察计划

在确定研究问题时，观察目的就大体确定了。在确定了观察目的，又收集了有关观察对象的材料，就可以开始制订观察计划了。观察计划一般包括如下内容：(1)观察目的；(2)观察对象，选取具有代表性和典型性的观察对象；(3)观察内容，列出需要通过观察获得材料的要目；(4)观察过程，包括选择观察的途径，安排观察的时间、次数和位置，选择观察的方法和掌握观察的密度等；(5)观察记录表、速记符号、观察仪器等；(6)注意事项；(7)观察人员分工。

【案例】

对文科学生在理科课堂上学习情况的观察计划[①]

1. 观察研究的目的：了解文科学生在理科课堂学习中的表现，以便为改变文科学生在理科课堂中的不良表现提供依据。

2. 观察对象：6 名高二年级学生，优、中、差生各 2 名（3 名男生，3 名女生）。

3. 观察的内容：课堂学习行为主要指听讲、做笔记、回答教师提问、向教师提问题、参与讨论、课堂练习；非学习行为主要指和同学说话、睡觉、吃东西、喝水、东张西望、做其他事情等，还包括学生在课堂上的情绪状态。

4. 观察的取样和安排：学科取样，抽取物理、化学、生物三科；时间取样，观察两周，每周每科听三节，总共 18 节。

5. 观察记录表：

学生课堂学习情况观察记录表（样例）

学科________　听课时间____　任课教师________

（记录时，每节课有 45 分钟。该表省略了中间段，以……代替）

观察内容		1	2	3	4	……	44	45	总计
学习行为	听讲								
	笔记								
	答问								
	……								
非学习行为	说话								
	睡觉								
	张望								
	……								

附：记录符号。▲听讲认真；△不认真听讲；⊙正确完成了课堂练习；○没有正确完成课堂练习。

① 本案例选自张艳：《中小学教师怎样进行课题研究——教育科研方法之教育观察法》，《教育理论与实践》，2008 年第 6 期。

6. 观察的注意事项：(1)在观察前要熟悉观察内容，对于观察表所包含的观察项目，基本达到熟记程度；(2)在正式观察前要进行预试观察；(3)观察时不要以研究者的身份自居，要与观察对象保持良好的关系，保证观察对象的常态。

7. 观察人员分工(略)。

2. 第二步：进行实际观察，做好观察记录

观察者进入现场，按照观察计划，有步骤地进行系统观察。进行实际观察应尽量按计划进行，不要轻易更换观察的重点，超出原定的范围就可能脱离原定的观察目的。观察时，要充分运用各种感官，获得尽可能多的信息。

教师观察的途径与方法主要有：(1)在实际工作中观察，即在自己的教育教学活动中，随时观察学生的反应；(2)参观，如参观学生的作品、去学生的家里进行访问以及外出学习观看先进典型等；(3)听课，以旁观者的身份，冷静地分析其他教师和学生的教法与学法，寻找做得更好的方法；(4)参与其他教育活动，如学校里的升旗仪式、义务劳动、班队会、晚会等教育活动是全面了解学生的好机会。

做观察记录，应符合准确性、完整性和有序性的要求。为此，必须及时进行记录，不要单纯依赖大脑记忆。

3. 第三步：整理观察资料，研究得出结论

观察者的观察结束后，应整理、研究所得到的观察材料，以便得出结论，然后撰写研究报告。对记录资料的初步整理主要包括以下几项工作：删去一切错误材料、补充遗漏材料、及时纠正和修补资料。对于当时概括的记录进行细节补充，对于当时未记录的资料及时进行补记，对反映特殊情况的材料另进行处理。

观察报告的格式主要包括以下几个方面：首先要介绍观察的背景及观察所要达到的目标；接下来阐述观察的内容、观察的步骤、如何观察以及观察的结果；最后要写出观察的经验体会、理性思考、问题和建议。

三、学做叙事研究

“叙事”源自文学，是以小说为主的叙事文学的主要元素和手法。现在叙事被运用到教师开展研究上，教师以“讲故事”的方式把自己的教学经历及经验展

现给别人看，在一定程度上“叙事”比起正规的教育研究少了很多繁文缛节，多了些许自由和随意。这也许更适合在研究道路上刚刚起步的新教师。

（一）什么是教育叙事

所谓教育叙事就是讲述教育中已经发生或者正在发生的故事，它是将各种教育经验组织成有现实意义的基本方式。华东师范大学刘良华教授认为，教育叙事是教师以叙事、讲故事的方式表达对教育的理解和解释。它不直接定义教育是什么，也不直接规定教育应该怎么做，它只是给读者讲一个或多个教育故事，让读者从故事中体验教育是什么或应该怎么做。多数情况下，是教师本人采用讲故事的方式叙述自己的教育经历和体验，实质是反思自己的教育教学实践，“以叙事的方式反思并改变着自己的生活”。①

【案例】

丑小鸭为什么会变成白天鹅?②

按教学计划，这周要讲授安徒生的童话作品《丑小鸭》。以前有过教学《皇帝的新装》的失败，心中似留下一道抹不去的阴影——对篇幅极长的童话体裁我似乎没有熟练驾驭的本领。所以这次提前几天，我就开始考虑教学方案。网上和手头的资料虽多，却没有太多实用的价值，自己去组织设计，灵感又迟迟不肯光顾。冥思苦想之下，只有慨叹：备课的痛苦谁人知！

终于，想出一个不算办法的办法：先布置学生自学，看看他们有什么好的想法，到时再做定夺不迟。提前两天我便把作业布置了下去：自学《丑小鸭》，把自己的所感所悟形成文字《我眼中的“丑小鸭”》。要求有二：第一，不得参阅任何资料；第二，提倡个性化的分析和解读。

没想到，这个“没有办法的办法”竟成了“最好”的办法。

课上，学生对丑小鸭形象的解读可以说是异彩纷呈，五花八门，真正达到了我预期的培养学生创造力，引导他们对文章进行“个性化”解读的目的。在学生自学成果交流过程中，我发现多数同学在“丑小鸭为什么会变

---

① 刘良华.论教育“叙事研究”[J].现代教育论丛，2002(04)：52－55.

② 本案例来源于网络，臧传美《丑小鸭为什么会变成白天鹅——教学叙事案例》。

成白天鹅”这个问题上有不同的观点和阐释。于是，在几个同学发言之后，我把这一问题抽取出来，抛给学生，以期通过他们的深入论辩和分析对课文有进一步的理解与认知。而学生的观点之多是我在抛出这个问题之前所没有想到的。

“因为它没出生时就是一个天鹅蛋，否则无论如何它也变不成一只白天鹅的。”

“别说天鹅蛋，就算它是凤凰蛋，如果没有承受痛苦的耐力和意志，恐怕它也挨不到变成白天鹅的那一天吧?!”

“丑小鸭的‘丑’也是它能变成白天鹅的原因……”

“丑小鸭变成白天鹅应该感谢收留它的老太婆……”

“丑小鸭变成白天鹅应该感谢嘲笑过它的野鸭、母鸡和猫儿……”

虽然有些同学的观点稍显牵强，语言略带稚嫩，但那毕竟是经过他们自己认真思考而得出的结论。主动探究的过程比得出一个结论更让人欣喜。爱因斯坦曾经说过：“提出一个问题比解决一个问题更重要。”我想，这“提出一个问题”的实质亦即“主动探究的过程”吧！

在以上论辩告一段落之后，我又伺机抛出一个问题：“在它自身条件与它历经挫折和磨难却永不言败之间，哪一个更为重要?”学生又是各执一词，争得面红耳赤。正当难解难分之时，一名平日并不活跃学生的一句发言把全班同学，包括我在内，给震惊了——“它是天鹅蛋那是科学方面的问题，而后者是文学方面的问题，哪个更重要得看从哪个角度说”。几秒钟后，大家才反应过来，教室中爆发出热烈的掌声。这是一个多么“个性”的认知！一个多么“独特”的解读啊！掌声中，有赞许，有敬佩，但更多的是对这位同学观点的会意与认同。

“巧妙利用了科学方面的规律，又经过了文学的加工和渲染，丑小鸭的形象才有了真实而又能打动人心的魅力！”水到渠成的结论为本节课画上了一个圆满的句号。

这节课，我觉得特别累！累在我要时时跟着学生的思路走，累在我要刻刻逼迫自己与学生一起去迸发创新的火花。这节课，我又觉得特别快乐！乐在听到那么多精彩的发言，乐在与学生一同感受了“快乐思维”的真谛。

于是，想起某位同仁的一句话——“累并快乐着”！

以上是一位教师将自己的某节课堂教学叙述出来，成为一篇教学叙事。教育叙事特别适合教师进行研究。因为教师的生活是由事件构成的，这些事件就如同源于教师经验的短篇故事。对教育事件的叙说，能使教师看到平时视而不见的例行事项的意义，并把自己遇到了什么问题、怎样遇到这个问题和怎样解决这个问题的整个过程叙述出来。除了课堂教学的叙事以外，教师还可以叙述课堂以外的生活事件，比如管理叙事、德育叙事等。教师一旦以类似于“自传”的方式叙述自己生活中的教育故事，也就意味着教师开始以自己的生命经历为背景去反观自己和观察世界，内在地承受着对自己的言行给出合理解释的思想压力。这就促使教师进入沉静思考的层面，不得不倾听自己内心深处的声音，不得不站在自己的角度反思和挖掘自我，从而可能激发出许多连自己都意想不到的想法。这意味着他们开始不再依赖别人的思想而生活。这种教育“记叙文”使发生的事件不再随记忆淡忘而成为无意义的东西，它以记述下来的形式保留了“历史”，给看似平凡、普通、单调、重复的活动赋予独特的韵味，从而固守了一份对世界和生活创造的意义。它比传统的教育论文更能引起读者的共鸣，更能体现作品的研究价值。

有老师会问，教育叙事和案例研究有什么不同吗？两者在具体方法和手段上还是存在差异的。上海市教育科学研究院张肇丰老师认为，叙事是一种表达方式，案例是一个特定的情境。教育叙事通过对人、事、物的描述，反映研究者的经验和看法。案例研究经常是以叙事为主要表达方式的，此时它们可以被看作是同一概念。但是，某些叙事缺少明显的情境性，如传记类的文字，往往时间跨度大，场景转化多，但情境特征不太明显，这时的叙事不能等同于案例；另外，案例研究的表述方式并不局限于叙事，它还包括议论和说明等重要的形式。有相当多的案例研究，叙事在其中只占很少的比重，而主要的篇幅在于对所叙之事的讨论和分析。在这时，案例研究是以叙事为基础、以议论说明为主要表达方式的。另外，思维方式上，叙事偏重感性认识，案例则兼顾理性认识。可见，教育叙事与案例研究是交叉概念。①

---

① 张肇丰.叙事研究与案例研究的性质和应用[J].课程.教材.教法，2010，30(02)：14－18.

（二）怎样写教育叙事

1. 教育叙事的基本要素

教师要写好教育叙事，必须先明确教育叙事的七个基本要素。

（1）时间。时间是教育叙事中的关键要素，也是教育叙事客观性和真实性的主要体现。

（2）人物。人物是教育叙事的核心，描绘人物精神世界的丰富状态及其变化动因和轨迹是教育叙事的主要追求。

（3）地点。明确的空间位置也是教育叙事真实性的主要保证。空间位置存在着多样性、复杂性、变换性，要注意多个角度的透视与转换。

（4）事件。事件是教育叙事的意义载体。事件描绘得越具体、越生动，教育叙事所反映的意义就越突出、越清晰、越深刻。

（5）情感。情感是教育叙事的主线，以情感人是教育叙事的最基本要求。情感描绘，既要非常细致，在细微处见功夫，又要注意取舍，在真实的基础上服务于整个叙事主旨的追求。情感发掘要着力于自我真实心灵的解剖。

（6）原因。教育叙事需要强烈的质疑和求索精神，要对自己的内心世界进行深入的思考和批判。要对事件、情感、结果的原因进行全面的分析与思考，力图打破常规的看法和自己的直觉感受，用理性的严格对深层的人性进行反省与审视。

（7）思考。教育叙事要在经验中升华理论。要注意吸收各种理论的精华，并以精练的语言方式将其表现出来。

2. 教育叙事的写作思路

教师可以遵循以下写作思路：

（1）确立主题。告诉读者这个教育叙事所要反映的是什么问题。叙事的“主题”是从某个或几个教学事件中产生，而不是将某个理论问题作为一个“帽子”，然后选择几个教学案例作为例证。

（2）介绍背景。向读者讲述事件有关的时间、地点、人物、起因等。不需要面面俱到，关键是要说明事件的发生是否有什么特别的条件或原因。

（3）筛选材料。应该根据主题，从各种各样的问题情境中，有针对性地做出判断和选择，叙述特定的内容。

(4) 融入思考。事件本身只是表面现象,心理与思想则是内在依据。对于叙述的主题和内容,要有适当的思考和分析。好的教育叙事不应该只是纯客观的记叙,应该融入叙述者个人在事情发展过程中不同阶段的感受、体验,特别是伴随这种体验、感受而带来的思考、反思。在叙述中融入自己的思考、反思,会使得经验更显得厚重,说明教师对特定教育教学问题有了较深层次的把握,形成了含有一定规律性的认识。

形式可以是边叙边议,也可以是先叙后议。边叙边议就是在故事叙述中穿插教育理论。先叙后议是在整体上保持叙事情节的完整性,在叙事结束后再给出理论解释或形成扎根理论。两种形式各有千秋,教师可根据自己的研究需要进行叙事的理论提升。以下是一篇边叙边议的教育叙事,可供教师参考。

【案例】

沉默后的约定①

离下课约还有五分钟,一件意想不到的事情发生了……当时,我正和同学们兴致勃勃地讨论练习1中成语的意思,大家说得头头是道,我也暗自高兴。理解完"卓尔不群"的意思,我发现韦同学正低着头,瞧她的神态,思想已游离于课堂之外。顿时,内心深处涌起一丝不满——怎么搞的?于是,我不由自主地请她重复一下"卓尔不群"的意思,真实的想法是"惩罚"她一下。听到我叫她,她连忙抬起头环顾四周,然后扭扭身子,慢吞吞地站了起来,低头看了看书,又抬头看了看我,课堂上出现了短暂的沉默。

我暗自思索:是让她坐下去了事呢?还是继续?对,关注一切学生的发展,我只要加以引导,她一定会知道。

"那'群'是什么意思?"我降低问题的难度。

原以为教学即将顺利进行,可谁知她抬起头,扫了我一眼,牙齿咬住嘴唇又低下了头。

我耐住性子,重复了我的问题,这下她涨红了脸,但仍旧没吐出半个字,周围却响起了窃窃私语声。我暗自提醒自己:耐心!"那你能用'群'组个词吗?"

---

① 本案例选自王丽丽:《我与学生的约定》,《新课程》2006年第12期,有改编。

我满怀希望,因为在我看来,这个问题太简单了。

沉默继续控制着绝对优势,我拼命压住心底的怒火,“你能用‘群’组词吗?”

我知道,我的声音变得严厉了。

“快说呀,群众……”旁边的同学似乎也觉察到了不对劲,开始悄悄提醒她。可她用那双蓄满泪水的眼睛看了看我,仍旧保持沉默。

我在生气之余,内心深处隐约有个念头一闪:难道我错了?

最后,我以“我们找个机会谈谈!”结束了这段“对峙”。

回到办公室,我独自生着闷气。韦同学是一名心思细腻的学生,其作文中渗透出的“多愁善感”说明她是一个内心世界很丰富的女孩,只是平时性格内向,难得听到她的声音,即使说话也是嘤嘤细语,和她交流更是“惜字如金”。今天的一幕,应该说是在情理之中,可我为什么非要逼着她说话呢?是为人师者的脸面吗?还是……

这时,那双泪眼婆娑的眼睛浮现在我的脑海里,一种不安和自责悄悄袭上心头。我真的错了!我不该那样做!

就在当天,我和她妈妈通了电话,在和她母亲的交流中,我了解到韦同学在家也是沉默少言,尤其是你越要她说,她越说不出来。我决定找她谈话。

第二天,我们坐到了一起,她不安地绞着手,话未说,眼先红,“老师,我不是故意那样做的。”

她的声音有些哽咽。我一震,不知说什么好,却不由自主地连连点头。

“有什么原因吗?”我带着歉和悔问。

依旧是惯有的寡言,“我也不知道,就是说不出来。”

“这样吧,”我深深地吸了一口气,“我们来个约定,下一堂课,我还要请你发言。当然,我更希望你自己举手。”

她诧异地抬起头,似乎不相信谈话就这样结束了,虽然依旧沉默,但从她的点头中我还是发现了她眼睛后面隐藏的一丝笑意。

第二天,我带着一份激动和期盼走进课堂,因为我将实现一个约定。上课之余,我分了分神,偷偷观察她的“动静”,等待着……她的眼神不时地和我交会,我则向她示意。终于,那只手悄悄地举起了一半,虽然内心已急不可待,可我故作平静地请她回答问题,尽管声音还是不够响亮,但已经足以引起同学们的诧异。我们俩会心一笑。

我如释重负，我真不该那样逼她！我告诫自己，我再也不要这样的约定！生命之中有不断涌动的情感，成长中的孩子关注自我，追求理解，他们希望与老师交流，从而获得成长的资源与养分。当老师与学生打开心灵，当老师与学生真情涌动，才能为教育注入生机。富有生机的教育，触及心灵，感动人心。

思考

1. 校本教研如同一袋大米，有的人会把它当成每天的口粮满足每天的食欲；有的人会把它作为资本，用它来换钱换物；也有的人将其背在背上，将其作为沉重的负担。你把它当作什么呢？请说明理由。

2. 随着移动智能设备的普及，教师阅读更加方便快捷，但也带来一些负面影响，如有些教师以碎片化阅读代替了深度阅读和严肃阅读，导致丧失思辨推导能力，还有的教师不考虑自身实际，盲目跟随畅销榜看书，不消化，等等。请问你有什么办法来应对“读过的书过后就忘”？又是如何平衡数字阅读和传统阅读的？

3. 曾经有人说过“教育叙事和教育反思时刻是共存的兄弟”，你觉得这句话正确吗？请结合你自身的教学实践说明理由。

后　记

本书是上海市普陀区教育学院与上海教育出版社通力合作完成的,是为新教师量身定制的一本专业成长行动指南。它以有效提高新教师教育教学的实际操作能力为重点,以期更好地把见习教师规范化培训四个模块、18个要点的培训内容落到实处,使新教师尽快"站稳讲台"。

本书的编写得到了各方面的支持,特别感谢上海师范大学吴国平教授和上海教育出版社宁彦锋主任的指导和帮助,非常感谢上海市师资培训中心教师专业发展管理部许伶萍主任的关心和支持。

本书编委会成员的分工如下:

杨杰、刘友霞、赵群负责本书的组织策划、统筹推进、书稿讨论修改等工作。第一章由黄颂康撰写,第二章由胡风云撰写,第三章由王艳峰撰写,第四章由钱铁男撰写,第五章由周婷撰写,第六章由吴华清撰写。孟备、周萍参与了本书编写的部分协调和资料收集工作。吴洁、蔡盈盈承担了整个编写过程的后勤保障工作。

本书编委会

2019年6月

图书在版编目（CIP）数据

站稳讲台：新教师行动手册 / 杨杰主编. — 上海:上海教育出版社,
2019.8（2023.10重印）
ISBN 978-7-5444-9398-7

Ⅰ.①站… Ⅱ.①杨… Ⅲ.①师资培养 – 手册 Ⅳ.①G451.2-62

中国版本图书馆CIP数据核字(2019)第170527号

总 策 划　刘　芳
策划编辑　宁彦锋
责任编辑　公雯雯　茶文琼
封面设计　王　捷

站稳讲台——新教师行动手册
杨　杰　主编

出版发行　上海教育出版社有限公司
官　　网　www.seph.com.cn
地　　址　上海市闵行区号景路159弄C座
邮　　编　201101
印　　刷　上海展强印刷有限公司
开　　本　700×1000　1/16　印张 16　插页 1
字　　数　245 千字
版　　次　2019年10月第1版
印　　次　2023年10月第2次印刷
书　　号　ISBN 978-7-5444-9398-7/G·7757
定　　价　48.00 元